Prof. Dr. Christfried Böttrich / Kerstin Offermann

W0247303

Ökumenische Bibelwoche 2020/2021
Arbeitsbuch

In Bewegung –
in Begegnung

Exegesen, Bibelarbeiten und Anregungen
zum Lukasevangelium

Texte zur Bibel 36

neukirchener

Wir haben uns bemüht, alle Rechteinhaber ausfindig zu machen und zutreffend zu benennen. Wir bitten um Kontaktaufnahme zur Neukirchener Verlagsgesellschaft, sollten Rechte nicht oder nicht ausreichend angegeben sein.
Die Rechte an den Cartoons liegen bei Johann Mayr (www.johannmayr.de).

Zur 83. Bibelwoche 2020/2021
herausgegeben von der Arbeitsgemeinschaft Missionarische Dienst in der Evangelischen Kirche in Deutschland, der Deutschen Bibelgesellschaft und dem Katholischen Bibelwerk e.V., Stuttgart

Bibliografische Information der Deutschen Nationalbibliothek:
Die Deutsche Nationalbibliothek verzeichnet diese Publikation in der Deutschen Nationalbibliografie; detaillierte bibliografische Daten sind im Internet über http://dnb.d-nb. de abrufbar.

© 2020 Neukirchener Verlagsgesellschaft mbH, Neukirchen-Vluyn
Alle Rechte vorbehalten
Umschlaggestaltung: Grafikbüro Sonnhüter, www.grafikbuero-sonnhueter.de,
unter Verwendung eines Bildes von Christiane Oellerich, „Die Emmausjünger", 2018, Mischtechnik auf Papier, 38,8 x 36,8 cm
Lektorat: Ernst Neumann, Bonn
DTP: Breklumer Print-Service, www.breklumer-print-service.com
Verwendete Schriften: Clan, Swift
Gesamtherstellung: Finidr, s.r.o.
Printed in Czech Republic
ISBN 978-3-7615-6747-0

www.neukirchener-verlage.de

Inhalt

Zum Geleit

Klaus Douglass

Als ich noch Gemeindepfarrer war, predigte ich Sonntag für Sonntag über einen Bibeltext. Die Reaktion der Gemeindeglieder war einerseits sehr erfreulich. Sie meldeten mir zurück: „Wir hätten nie gedacht, dass dieses alte Buch eine derartige Relevanz für unser Leben besitzt." Darüber freute ich mich natürlich, denn ich bin davon überzeugt, dass es im Grunde keine wichtigere, relevantere und inspirierendere Quelle für unseren Glauben und unser Leben gibt als die Bibel. Als ich meine Gemeindeglieder jedoch fragte, ob sie denn nun verstärkt selbst in der Bibel lesen würden, antworteten sie mit entwaffnender Ehrlichkeit: „Nein."

Behutsam fragte ich nach, warum das nicht so sei. Die Antwort lautete: „Ach, wir haben's ja versucht. Aber mal ganz ehrlich: Das, was du uns da Sonntag für Sonntag präsentierst, das kriegen wir selbst so nicht hin. Wir schlagen die Bibel auf, aber das, was wir uns selber dazu erarbeiten, ist nie so gut wie das, was wir in der Predigt zu hören bekommen. Also haben wir wieder aufgehört, selbst in der Bibel zu lesen, und freuen uns stattdessen auf den Gottesdienst."

Mich erschreckte diese Rückmeldung zutiefst. Ich registrierte, dass ich in jahrelanger Predigttätigkeit das genaue Gegenteil von dem erreicht hatte, was ich eigentlich wollte. Ich hatte die Leute nicht ermutigt, sondern entmutigt, in der Bibel zu lesen. Und dachte an das bekannte chinesische Sprichwort: „Gib jemandem einen Fisch, so hat er einen Tag lang zu essen. Lehre ihn fischen, dann hat er für sein Leben genug." – Ich hatte meinen Gemeindegliedern Sonntag für Sonntag einen fertigen „Fisch" zubereitet. Aber ich hatte ihnen nicht beigebracht, selber zu fischen. Und mir auf diese Weise eine Gruppe von Predigtkonsumenten statt mündiger Christinnen und Christen herangezogen.

Die Fähigkeit, die Bibel mit Lust und persönlichem Gewinn zu lesen, fällt freilich nicht einfach vom Himmel. Sie ist eine Kunst, die man lernen kann, aber auch lernen muss. Jeder Mensch ist in der Lage, bei entsprechender Anleitung mit einiger Übung die Bibel so zu lesen, dass es ihm „etwas gibt". Dass er Gott darin sprechen hört, Inspiration für sein Leben erfährt und Orientierung für den Alltag daraus empfängt.

Darum aber muss es in der Gemeinde Angebote geben, die den Menschen die Fähigkeit zum eigenen Bibelstudium vermitteln. Hauskreise sind da sicherlich ein geeignetes Mittel. Oder aber Bibelwochen. In ihnen kann man sich in eine Art Kompaktkurs innerhalb von sieben Tagen ein ordentliches Stück aus der Bibel gemeinsam mit anderen erarbeiten. In diesem Jahr geht es um das Lukasevangelium. Es geht um das Leben und Lehren, Sterben und Auferstehen Jesu. Letztlich also ums Zentrum des christlichen Glaubens. Bitte nehmen Sie sich die Zeit.

Ich war auf der Tagung dabei, auf der Professor Christfried Böttrich einer Gruppe von rund 30 Interessierten die ersten Grundlagen zu dieser Bibelwoche präsentiert hat. Die Ergebnisse dieser Tagung wurden von Kerstin Offermann wie immer liebevoll und fachkundig moderiert, bei weiteren Treffen und Tagungen in verschiedenen kleineren Gruppen weiterentwickelt.

Das Ergebnis liegt hiermit vor: eine Arbeitshilfe, die Gruppen wie Einzelpersonen Lust macht, verstärkt in der Bibel zu lesen, sich inspirieren zu lassen von diesen alten und doch so modernen Texten und dem Geheimnis der Person Jesu etwas weiter auf die Spur zu kommen. Ich danke allen an der Entwicklung dieser Arbeitshilfe Beteiligten und wünsche allen, die damit arbeiten, von Herzen Gottes Segen.

Klaus Douglass, Pfarrer und Direktor von midi, Berlin

Vorwort

Liebe Leserin, lieber Leser,

Endlich wieder nach draußen! Es ist noch gar nicht lange her, dass wir es sehr genossen haben, endlich wieder die Wohnung verlassen, Familien und Freunde treffen oder essen gehen zu können.

Was vor kurzer Zeit noch selbstverständlich war, erschien dadurch sehr wertvoll: in Bewegung zu sein und Menschen zu begegnen. Beides wird in diesem Buch gefeiert, und zwar aus der besonderen Perspektive des Evangelisten Lukas. Unterwegs zu sein, mit Menschen und zu Menschen, mit Jesus Christus und zu ihm hin, prägen die Geschichten des Lukasevangeliums und ist der Stoff, aus dem diese Ökumenische Bibelwoche gewebt ist.

Besonderer Dank geht dafür an Prof. Dr. Christfried Böttrich von der Universität Greifswald, der mit seinen lebensnahen Exegesen die Grundlage für diese Bibelwoche lieferte. Herzlichen Dank auch an Christiane Oellerich für ihre lebendigen und bewegenden Kunstwerke zu den Texten. Herzlichen Dank an die Autorinnen und Autoren der vielfältigen Texte und Materialien, die diese Bibelwoche zu dem ökumenischen Schatz machen, den Sie nun entdecken können. Herzlichen Dank an alle Teilnehmenden von Workshops und Konferenzen, die durch ihre Ideen, Diskussionen, Geschichten und Begegnungen dieses Material bereichert haben.

Die biblischen Geschichten so diskursiv in der Begegnung mit verschiedenen Menschen und ihrer Erfahrung neu zu hören und zu verstehen, das entspricht dem Anliegen des Lukasevangeliums, wie Sie im Folgenden lesen können. Dazu wünschen wir Ihnen eine geistreiche, gesegnete Lektüre.

Ihre

Kerstin Meyer

Einleitung

Begegnungen machen unser Leben reich. Sie erfreuen das Herz, fördern den Geist, tun uns gut. Sie sind auch schwierig, verunsichern, erschrecken und wirken verstörend. Sie geschehen zufällig oder mit Absicht, sind geplant oder schicksalhaft. Alltäglich und schnell vergessen oder prägend, sogar lebensentscheidend. Wir begegnen anderen Menschen, virtuell oder real – welchen Unterschied das macht, haben wir dieses Jahr hautnah erlebt. Auch, wie essenziell es für uns ist, anderen zu begegnen. In diesen Begegnungen begegnen wir uns aber auch selbst, lernen neue Seiten an uns kennen, erschrecken vielleicht über uns oder stellen erstaunt fest, was alles in uns steckt. Und wir begegnen Gott.

In dieser Ökumenischen Bibelwoche finden sich ebenfalls die unterschiedlichsten Arten von Begegnungen. Das Lukasevangelium ist voll von Menschen in Bewegung die sich begegnen. Der Verfasser des Lukasevangeliums ist ein hervorragender Erzähler. Er zieht seine HörerInnen und LeserInnen in diese Bewegung und Begegnung mit hinein. Er spielt uns den Ball zu und lässt uns einsteigen in die Kommunikation, die er inszeniert hat. Wir sollen uns mit den Personen seiner Geschichten identifizieren. Dabei können wir oft gar nicht anders als Partei zu ergreifen. Lukas lässt bewusst „Leerstellen" – offene Fragen, nicht erzählte Beweggründe, Brüche in der Geschichte, offene Enden, die uns dazu ermutigen, unsere Erfahrungen in die Geschichte mit einzubringen.

So begegnen wir den Personen, so begegnen wir aber auch uns selbst: Ja, das kenne ich von mir! Ist das bei uns auch so? Hat das was mit mir zu tun? Und so begegnen wir auch Gott. Denn das Lukasevangelium behauptet: Ja, das hat mit euch zu tun! Ihr begegnet dem Auferstandenen Christus beim Lesen der Texte, beim Darübernachdenken und -reden, beim gemeinsamen Unterwegssein mit den Geschichten. Und die Frage, die sich durch das Lukasevangelium durchzieht, stellt sich jedem und jeder von uns persönlich – Wer ist Jesus Christus? Immer geht es in den Geschichten darum, wie nah die Personen Jesus kommen möchten, oder wie sehr sie ihn auch auf Abstand halten wollen. An der Nähe zu Jesus entscheidet sich auch die Nähe zueinander. An der Nähe zu Jesus entscheidet sich auch die Nähe zum „Reich Gottes". Wie nah man in Gottes Welt hineingezogen wird, wie nah man Frieden und Gerechtigkeit, Überfluss und Liebe heute schon erfahren kann, das entscheidet sich an der Antwort auf die Frage: Wer ist Jesus Christus – für dich?

Er ist nah, wenn Menschen, wenn wir, über die aufgeschriebenen Geschichten und über ihn reden; wenn wir unsere Fragen dazu stellen, wenn wir versuchen zu begreifen, was das mit uns zu tun hat. Er selbst erklärt „die Schrift", sodass Herzen zu brennen beginnen. Lukas geht davon aus, dass diese Erfahrung sich wiederholt, immer wieder, durch die Geschichte, auch bei uns. Die Geschichten des Lukasevangeliums erzählen, wie das Reich Gottes exemplarisch und modellhaft erfahrbar wurde und immer wieder wird: dort, wo Menschen mit Jesus und miteinander unterwegs sind. Das ist die Hoffnung hinter jeder Ökumenischen Bibelwoche, hinter jeder Exegese und Bibelarbeit: Jesus begegnet uns und wir erleben Reich Gottes mitten unter uns. Die Hoffnung ist begründet. Wir setzen auf die Gegenwart des Heiligen Geistes mitten unter uns. Wir beten darum, gemeinsam mit dem Autor des Lukasevangeliums.

Das vorliegende Material ist in gewohnter Weise vielfältig und praxisnah. Es besteht im Wesentlichen aus drei Teilen: den Exegesen, den Beobachtungen und Fragen an die Texte für uns heute und den fertig ausgearbeiteten Bibelarbeiten zur direkten Umsetzung. Wie immer kann je nach Interesse und Zugangsweise auch diesmal wieder jeder dieser Teile für sich genommen werden.

Ergänzend, begleitend und bereichernd finden Sie im Zusatzmaterial anregende Materialien, Bilder, Texte, Geschichten, Kunstwerke. Stöbern Sie nach Herzenslust. **Anders als in den letzten Jahren ist diesmal dem Buch keine DVD beigegeben. Stattdessen werden die Materialien als Download angeboten. Die Zugangsdaten stehen am Ende dieses Kapitels.**

Im Downloadbereich finden Sie unter anderem folgende Inhalte: die Jugendbibelwoche, Meine Woche mit der Bibel, Arbeitsbuch und Teilnehmerheft der Ökumenischen Bibelwoche als PDF, die Bilder von Christiane Oellerich, Medienempfehlungen, ein spannendes Bible Art Journaling zum Gleichnis der Witwe und des Richters, und weiterführende Materialien zu den Einheiten. Bei den weiterführenden Materialien möchte ich vor allem auf den Glaubens- und Lebenskurs „Stufen des Lebens" hinweisen, der die siebte Einheit begleitet.

Als ergänzende Lektüre zur Grundlage der Bibelwoche, dem Lukasevangelium, seien an dieser Stelle noch drei hilfreiche Publikationen des Katholischen Bibelwerks genannt: *Gottesglanz und Menschenwelt* (lectio Divina Bd. 14, 2016), *Zeichen erkennen* (lectio divina Bd. 12, 2015); und der Lukas-Kommentar von Thomas P. Osborne *Die lebendigste Jesuserzählung* (2016).

Die sieben Einheiten der Ökumenischen Bibelwoche sowie der Ökumenische Bibelsonntag können jeweils auch für sich stehen oder nur in Auswahl umgesetzt werden. Wir haben uns jedoch methodische Elemente überlegt, durch die sich die sieben Einheiten verbinden lassen: In jeder Einheit finden Sie Gebetsanliegen, die sich aus der jeweiligen erzählten Begegnung ergeben. Gestalten Sie in jeder Einheit eine Gebetszeit, in der sie die Menschen einladen, mit Ihnen für andere Menschen zu beten – auch das ist eine Form der Begegnung mit anderen und mit Gott. Eine Ideensammlung zur Gestaltung solcher Gebetszeilen findet sich im Zusatzmaterial.

Legen Sie bei jeder Einheit Fußspuren aus – in unterschiedlicher Größe, Form und Farbe. Bitten Sie die TeilnehmerInnen, sich jeweils eine davon auszusuchen. Diese Fußspur steht für eine der erzählten Personen aus der jeweiligen Geschichte. Bitten Sie die TN, einen Gedanken aufzuschreiben, der ihnen an dieser Person wichtig geworden ist. So können die TN eine eigene Geschichte voller Begegnungen auf dieser Reise mit und durch das Lukasevangelium gestalten.

Vorschläge für Lieder, die zu den jeweiligen Einheiten passen, finden Sie in den ausgearbeiteten Bibelarbeiten.

Wir wünschen Ihnen eine gewinnbringende Lektüre und würden uns über Rückmeldungen unter info@mi-di.de sehr freuen.

Das Zusatzmaterial kann über folgende Adresse abgerufen und heruntergeladen werden:
**neukirchener-verlage.de/bibelwoche
Code: 2020Lukas**

Lo-be den Herrn, mei-ne See-le, und sei-nen hei-li-gen Na-men. Was er dir Gu-tes ge-tan hat, See-le, ver-giss es nicht A-men. Lo-be, lo-be den Herrn, lo-be den Herrn, mei-ne See-le. Lo-be, lo-be den Herrn, lo-be den Herrn, mei-ne See-le. 1.Der mei-ne Sün-den ver-ge-ben hat, der mich von Krank-heit ge-sund ge-macht, den will ich prei-sen mit Psal-men und Wei-sen, von Her-zen ihm e-wig-lich sin-gen.

Lobe den Herrn meine Seele

Text: Norbert Kissel (nach Ps 103)
Melodie: Norbert Kissel
© 1991 SCM Hänssler, Holzgerlingen

Steh auf, bewege dich (Kanon)

Text: Thomas Laubach   Musik: Thomas Quast

1. Steh auf, be-we-ge dich! Denn schon ein ers-ter Schritt ver-
2. Brich auf, be-we-ge dich! Denn nur ein ers-ter Schritt ver-

än-dert dich, ver-än-dert mich. Steh auf, be-we-ge dich!
än-dert dich, ver-än-dert mich. Brich auf, be-we-ge dich!

Copyright: alle Rechte im tvd-Verlag, Düsseldorf

Weitere Liedvorschläge

Einheit 2 – Rufen und berufen

EG 260	Gleich wie mich der Vater gesandt hat
EG 268 / GL 825	Strahlen brechen viele aus einem Licht
EG 382 / GL 422	Ich stehe vor dir mit leeren Händen
EG 419 / GL 440	Hilf, Herr meines Lebens

Einheit 3 – Geben und vergeben

EG 351	Ist Gott für mich, so trete gleich alles wider mich
EG 353	Jesus nimmt die Sünder an
EG 379 / GL 429	Gott wohnt in einem Lichte

Herr, ich komme zu dir von Albert Frey

Einheit 4 – Hören und handeln

EG 361 / GL 318	Befiehl du deine Wege
EG 369 / GL 424	Wer nur den lieben Gott lässt walten
EG 380	Ja, ich will euch tragen

Einheit 5 – Heilen und danken

EG 299 / GL 277	Aus tiefer Not schrei ich zu dir
EG 320	Nun lasst uns Gott, dem Herren Dank sagen und ihn ehren
EG 325	Sollt ich meinem Gott nicht singen
EG 383	Herr, du hast mich angerührt
EG 395 / GL 825	Vertraut den neuen Wegen

Einheit 7 – Kommen und gehen

EG 66	Jesus ist kommen
EG 83	Ein Lämmlein geht und trägt die Schuld
EG 91	Herr stärke mich, dein Leiden zu bedenken
EG 93	Nun gehören unsre Herzen
EG 112	Auf, auf mein Herz mit Freuden
EG 134	Komm, o komm, du Geist des Lebens
EG 195	Allein auf Gottes Wort will ich mein Grund und Glauben bauen

Psalm zur Bibelwoche – Lukas 1,46-55

Da sagte Maria:

„Von ganzem Herzen preise ich den Herrn
[47] und mein Geist jubelt vor Freude über Gott, meinen Retter.
[48] Denn er hat mich, seine Dienerin, gnädig angesehen, eine geringe und unbedeutende
Frau. Ja, man wird mich glücklich preisen – jetzt und in allen kommenden Generationen.
[49] Er, der Mächtige, hat Großes an mir getan. Sein Name ist heilig,
[50] und von Generation zu Generation gilt sein Erbarmen denen, die sich ihm un-
terstellen. [51] Mit starkem Arm hat er seine Macht bewiesen; er hat die in
alle Winde zerstreut, deren Gesinnung stolz und hochmütig ist.
[52] Er hat die Mächtigen vom Thron gestürzt und die Geringen emporgehoben.
[53] Den Hungrigen hat er ´die Hände` mit Gutem gefüllt, und die Rei-
chen hat er mit leeren Händen fortgeschickt.
[54] Er hat sich seines Dieners, ´des Volkes` Israel, angenommen, weil er
sich an das erinnerte, was er unseren Vorfahren zugesagt hatte:
[55] dass er nie aufhören werde, Abraham und seinen Nachkommen Erbarmen zu erweisen."

Arbeitshilfen für Kinderbibelwoche zur Ökumenischen Bibelwoche

Friedemann Heinritz, Kirche unterwegs der Bahnauer Bruderschaft e. V., Weissach im Tal

Erstmalig kooperieren ökumenische Bibelwoche und Kinderbibelwoche zusammen. Zur Ökumenischen Bibelwoche 2021 entwickelten wir die vorliegende Arbeitshilfe für Kinderbibelwoche „Schalom – Komm, wir suchen Frieden". Sie setzt fünf der sieben Lukastexte der Ökumenischen Bibelwoche in ein Kinder-Bibel-Programm um. Gemeinden, so ist die Idee, haben mit dem vorliegenden Material zur Ökumenischen Bibelwoche und der Arbeitshilfe für Kinderbibelwoche die Gelegenheit, über verschiedene Zielgruppen hinweg Begegnungen mit dem Lukasevangelium zu ermöglichen und das Gespräch zwischen den Generationen über den christlichen Glauben zu fördern.

Kinderbibelwoche berührt Erwachsene mit der biblischen Botschaft

Diese Kooperation nimmt auf, was vielerorts im Kontext der Kinderbibelwochen-Arbeit praktiziert und erlebt wird. Die Kinderbibelwoche, abgekürzt KiBiWo, spricht neben Kindern auch Erwachsene mit der biblischen Botschaft an: Die Mitarbeitenden, die sich in der Vorbereitung der KiBiWo mit der Bibel auseinandersetzen. Die Eltern, die als Zaungäste im Kinderprogramm dabei sind, und die Gemeinde, die von der KiBiWo-Dynamik erfasst wird.

Manche Gemeinden ergänzen daher die KiBiWo mit einer Bibelwoche oder entsprechenden Veranstaltungen für Erwachsene. Aus diesem Grund bieten wir als Kirche Unterwegs schon seit vielen Jahren KiBiWo und Bibelwoche auch im Doppelpack an und haben etliche Arbeitshilfen für KiBiWo mit Programmbausteinen für Mitarbeiterabende oder -kurse ausgestattet. So ist in vielen Gemeinden die KiBiWo zu einem zentralen Baustein der Gemeindeentwicklung geworden.

Die KiBiWo als Chance für die Ökumenische Bibelwoche

Mit der Kinderbibelwoche kann die Ökumenische Bibelwoche Erwachsene erreichen, die sonst für sie unerreichbar bleiben: Mitarbeitende, Eltern, die Zaungäste der KiBiWo. All diese sind selten TeilnehmerInnen der Bibelwoche.

Mit der Ökumenischen Bibelwoche können z.B. die inhaltliche Vorbereitung der KiBiWo-Mitarbeitenden oder ein Angebot für Erwachsene parallel zu den Gruppenangeboten der Kinder gestaltet werden. Die Bibelwoche kann auch zusammen mit der KiBiWo als Veranstaltungspaket angeboten werden.

Die positiven Erfahrungen, die Erwachsene bei der KiBiWo sammeln, können zu einer intensiveren Auseinandersetzung mit der Bibel motivieren. Das Erleben der biblischen Geschichten als Bibeltheater bei der KiBiWo etwa öffnet einen Zugang zum Bibeltext. In der Kooperation zwischen Bibelwoche und Kinderbibelwoche besteht die Chance, den – aus Sicht der Bibelwoche unerreichten - Erwachsenen der KiBiWo einen auf sie zugeschnittenen Zugang zur Bibel und eine intensive persönliche Auseinandersetzung zu ermöglichen.

Kurzvorstellung des KiBiWo-Programms

Zu fünf der sieben Lukastexte sind freizeitpädagogische Kinderprogramme zum Thema „Schalom – Komm, wir suchen Frieden" entstanden. Die Arbeitshilfe enthält theologisch-didaktische Einführungen, ausgearbeitete Bibeltheater, Gesprächsimpulse sowie Spiel- und Bastelanleitungen und liturgische Bausteine. Sie ist auf vier Kinderprogramme und einen Familiengottesdienst angelegt.

Die Arbeitshilfe kann direkt auf **www.kircheunterwegs.de** bestellt und parallel zur Ökumenischen Bibelwoche umgesetzt werden. Sie kostet im Einzelpreis 8,00 €. Es gibt Staffelpreise.

Schalom – Komm, wir suchen Frieden

Lena Maiers zweites Kinderzimmer ist die Sitzbank vor der Haustüre ihrer Eltern. Dort verbringt sie viel Zeit. Als Schülerin der vierten Klasse sind ihr gute Freundschaften sehr wichtig und sie möchte etwas dazu beitragen, dass die Menschen friedlicher miteinander umgehen. Als sie in der Zeitung liest, dass die Stadt einen Kinder-Gemeinderat gründet, ist sie Feuer und Flamme und sprudelt nur so mit Ideen. Doch niemand fragt Lena und so bleibt Lena auf ihrer Sitzbank vor ihrer Haustüre sitzen.

Da lernt Lena den Briefträger Frieder kennen. Er ist als Postbote für den Zustellbezirk von Lena verantwortlich. Frieder ist sehr kontaktfreudig. Er redet gerne mit den Menschen. Er weiß sehr viel. Nicht nur von seinen Kunden, sondern auch von der Bibel. Die Bibel ist für ihn ein lebendiges Buch, in dem er Geschichten von Streit, vielmehr von Versöhnung und Frieden entdeckt. Vor allem von Jesus ist Frieder beeindruckt. Lena und Frieder kommen Tag für Tag miteinander ins Gespräch. Jeden Tag erzählt Frieder ihr eine neue Jesus-Geschichte aus dem Lukasevangelium. Damit eröffnet er Lena neue Perspektiven und Handlungsmöglichkeiten für ihre Situation und vermittelt ihr, wie Frieden erlebt und gelebt werden kann. Frieders Jesus-Glaube steckt an. Ihr Interesse an Jesus und dem Bibelbuch ist geweckt. Ob sie ihren Frieden mit sich und der Welt findet?

1. Du wirst Frieden teilen

Die Berufung des Petrus, Lk 5, 1-11

Frustriert sitzt Lena auf der Bank vor ihrem Haus. Die Stadt gründet einen Kinder-Gemeinderat und sie kann nicht mitmachen. Und dass, obwohl sie viele Ideen und Verbesserungsvorschläge einbringen könnte. Da kommt Frieder vorbei. Frieder ist der neue Briefträger. Sie kommen miteinander ins Gespräch. Da erzählt Frieder eine Geschichte von einem, der für eine große Mission berufen wurde. Auch Lena könnte mitmachen ...

Gruppenangebote
– Gesprächsimpulse: Wie wir Friedensboten werden können.
– Kennenlern-Spiel: Der rasende Reporter.
– Segelboot bauen und weitere Bastelideen.

2. Du bekommst Frieden geschenkt

Salbung der Sünderin, Lk 7, 36-50

Peter hat es wieder geschafft. Obwohl er mehrfach den Unterricht störte, hat er sich um eine Strafe herumdrücken können. Darüber regt sich Lena mächtig auf. Gerechtigkeit muss sein. Als Frieder ein Päckchen für Lenas Papa abgeben möchte, erzählt er ihr die Geschichte von einer Frau, mit der niemand mehr etwas zu tun haben wollte, weil sie die Regeln gebrochen hatte. Als endlich einer kam und von Vergebung redete und diese Frau zu sich ließ, da atmete sie auf – doch der anwesende Gesetzeslehrer protestierte. Auf welcher Seite steht nun Lena?

Gruppenangebote
- Gesprächsimpuls: Liebe zeigen.
- Bienenwachssalbe und weitere Bastelideen.

3. Du findest Frieden – im Hören und Tun

Maria und Marta, Lk 10, 38-42
Lena will mithalten und auch im Rampenlicht stehen. Darum geht sie mit Freundin Kathi zum Fußballspielen. Doch das war keine gute Idee. Sie trifft kein Tor und wird zum Gespött. Als sie diese Blamage Frieder erzählt, weist Frieder sie auf eine Schwestern-Szene hin. Die eine wollte unbedingt, dass ihre Schwester das gleiche tut wie sie – Jesus hatte einen anderen Vorschlag.

Gruppenangebote
- Gesprächsimpuls: Wie wir auf Jesus hören und für Jesus etwas tun können.
- Bibel-Entdecker-Club: Einführung ins Bibellesen.
- Erlebnispädagogische Spiele.
- Friedenstaube aus Martas Backstube und andere Bastelideen.

4. Du darfst um Frieden betteln

Richter und bittende Witwe, Lk 18, 1-8
Lenas Eltern haben sich getrennt und Lena fühlt sich mitverantwortlich. In ein paar Tagen hat Lena Geburtstag. Sie lädt ihre Mutter ein, die leider absagt. Als Überbringer der schlechten Nachricht kriegt Frieder Lenas Wut unmittelbar ab: „Kann dieser Friedens-Jesus nicht auch bei meinen Eltern Frieden machen?" Frieder versucht Lena mit der Geschichte einer hartnäckigen Frau zu ermutigen: Sie hat solange um Hilfe gebettelt, bis ihr geholfen wurde. Doch wie kann die Hilfe für Lena aussehen?

Gruppenangebote
- Impuls: Beten – Gott um Hilfe bitten.
- Fortführung Bibel-Entdecker-Club.
- Gebetswürfel und weitere Bastelideen.

5. Friede sei mit dir

Emmausjünger, Lk 24, 13-35
Josefine ist neu in der Klasse. Und alle wollen mit Josefine befreundet sein. Lena bleibt auf einmal außen vor. Sie fühlt sich jetzt im Stich gelassen und unverstanden. Auch Frieder hat keine bessere Idee, als die Geschichte von einem Toten zu erzählen. Wie soll Lena neue Hoffnung bekommen, wie soll Frieden in ihr aufgewühltes Herz einziehen?

Familiengottesdienst mit Bibeltheater und Predigtgedanken
Sven Körber / Stephan Zeipelt

Auch in diesem Jahr laden wir Jugendliche und junge Erwachsene zur Ökumenischen Bibelwoche ein – mit einem Programm, das sie altersgerecht anspricht. In vier Praxisentwürfen bieten wir die Möglichkeit, sich mit einzelnen Texten aus dem Lukasevangelium zu beschäftigen. Dabei ist ein kleiner Pool von Ideen und Bausteinen herausgekommen.

1. Hüpfen und hoffen. | Maria besucht Elisabet
(vgl. Lukas 1,39-56)
Der Anfang dieser Jugendbibelwoche nimmt uns mit hinein in die Zeit vor Jesu Geburt. Wir lesen von der Begegnung zweier Frauen, die beide einen Sohn erwarten. Maria und Elisabet sind Menschen, denen Gott wichtig ist. Sie leben in einer Erwartungshaltung, bringen Offenheit mit, fragen und suchen. Sie hoffen und erleben, dass Gott eingreift.
In dieser Einheit sprechen wir über persönliche Glaubenshoffnungen.

2. Rufen und berufen. | Jesus wählt Petrus aus.
(vgl. Lukas 5,1-11)
Die ersten Jünger. Jesus sucht sich Menschen, die ihm nachfolgen. Er möchte nicht auf Menschen verzichten, will Männer und Frauen gebrauchen. Dies wird in der Begegnung zwischen Jesus und Petrus am See Gennesaret deutlich.
In dieser Einheit spüren wir dem nach, wer uns in unserem Leben ruft, und wollen dabei auch auf die Worte Jesu hören.

3. Heilen und danken. | Ein Geheilter dankt Jesus.
(vgl. Lukas 17,11-19)
Jesus trifft auf zehn an einer Hautkrankheit leidende Menschen. Diese werden auf wundersame Weise geheilt, einer wendet sich danach Jesus zu. Eine Begegnungsgeschichte, in der Ausgrenzung überwunden und Integration vollzogen wird.
In dieser Einheit entdecken wir, dass Dankbarkeit etwas mit Erkenntnis und Einsicht zu tun hat.

4. Kommen und gehen. | Der Auferstandene begleitet zwei Jünger.
(vgl. Lukas 24,13-35)
Die bekannte Begegnung zwischen Jesus und zweien seiner Jünger, die sich auf dem Weg in den Ort Emmaus befinden, ist die ermutigende Zusage, dass der auferstandene Jesus Christus uns auf unserem Lebensweg begleitet und uns hilft, auf dem Weg des Glaubens weiterzugehen.
In der letzten Einheit wollen wir konkret schauen, wie wir im Glauben an den Auferstandenen wachsen können.

Parallel zu diesen vier Einheiten ermutigen wir, sich mit allen Teilnehmenden per Messenger-Dienst, zum Beispiel in einer geschlossenen Gruppe bei WhatsApp, auszutauschen. Dazu bieten wir ergänzendes Material an, in dem weitere Textabschnitte thematisiert werden und ein kurzer Überblick über das gesamte Lukasevangelium gegeben wird. So wird auch die Möglichkeit gegeben, dass Teilnehmende sich zwischen den Treffen näher mit den Themen und Texten beschäftigen.

Wie sind die einzelnen Einheiten aufgebaut?

Jede Einheit ist ähnlich aufgebaut. Zuerst bietet eine Verlaufsskizze einen schnellen inhaltlichen Überblick. Neben einer Materialliste und Hinweisen zur Gestaltung gibt es noch eine kurze thematische Zusammenfassung.

Anschließend beginnt der eigentliche Praxisentwurf. Nach einem kurzen Rückblick auf die letzte Einheit wird mit einem **Türöffner** als Aufwärmaktion begonnen. Eine (spielerische) **Aktion** führt ins Thema ein. Ein kurzer Impuls fasst den Text(abschnitt) aus dem Lukasevangelium **In der Bibel** zusammen. Danach greifen die Teilnehmer selber zur Bibel: **Lest die Bibel.** Von da aus können die Teilnehmenden eine Brücke ins eigene Leben schlagen: **Werdet aktiv.** Jede Einheit endet mit einer kreativen Gebetsidee: **Sprich mit Gott.** Für jede Einheit sollten ca. 90 Minuten eingeplant werden.

Das Material kann unterschiedlich genutzt werden. Zum Beispiel als Themenabendreihe im Jugendkreis, integriert in den Konfirmandenunterricht oder als Bibelarbeiten auf einer Freizeit. Gerne können bei der Durchführung auch eigene Ideen einfließen.

Über Feedback, Anregungen und Kritik freuen wir uns.
Sven Körber, Stephan Zeipelt

Meditationen zu den Bildern von Christiane Oellerich

Johannes Beer

Zum Lukasevangelium gibt es unendlich viele Bildwerke. Kaum ein Bibel-Illustrator hat sich diesem Evangelium entzogen, das so anschaulich schildert, sodass schon die alte Kirche vermutete, dass der Autor Lukas ein Maler gewesen sein müsse. Kirchliche Malerei, Altäre und Ikonen nehmen die Erzählungen des Lukas auf, sodass wir alle zu jeder Geschichte mindestens ein Bild vor unserem inneren Auge haben. Meist sind es sogar mehrere. Dies gilt natürlich auch für die ausgewählten Texte der Bibelwoche. Und es ist hochspannend dabei, sich mit diesen Bildern auseinanderzusetzen. Dann stellen wir fest, dass jedes Bild immer eine Interpretation des Textes ist. So können wir zum Beispiel auf den sehr unterschiedlichen Darstellungen zum ersten Bibelwochentext von Maria und Elisabet sehr gut erkennen, wie unterschiedlich die Beziehung der beiden Damen aufgefasst wird. Oder auch bei der Fischzugerzählung sehen wir, ob Jakobus und Johannes überhaupt Beachtung finden und wo und wie der Kniefall des Petrus, der ja eigentlich in dem mit Fisch gefüllten Boot geschah, ins Bild gesetzt und damit ausgelegt wird.

Natürlich kann man auf vorhandene Darstellungen als Bilder für die Gestaltung der Bibelwochenabende zurückgreifen. Spannend ist aber doch, wie eine zeitgenössische Künstlerin sich diesen Texten genähert und sie ins Bild gesetzt hat. Wir wollen ja auch sonst zeitgemäße Predigten und Bibelarbeiten.

Selbstverständlich kennt jede Malerin und jeder Maler viele dieser Darstellungen. So ist es für eine zeitgenössische Künstlerin eine Herausforderung, sich neu mit diesen bekannten Texten zu beschäftigen und dabei neue, unabhängige Werke zu schaffen.

Christiane Oellerich hat das gerne getan. Sie, die sonst gerne mit realistischen Elementen in ihren Bildern arbeitet, hat sich dabei entschieden, von dem Figürlich-Realistischen wegzugehen und sich der Abstraktion zuzuwenden. Dadurch kommen für uns weniger die einzelnen Personen dieser Begegnungstexte in den Blick. Wir schauen nicht auf Kleidung und Accessoires – wir sehen Formen und Farben, nehmen Spannungen und Beziehungen wahr. So können wir durch diese Bilder von Christiane Oellerich den Beziehungen und Situation der biblischen Personen in diesen Begegnungserzählungen des Lukasevangeliums nachspüren.

Christiane Oellerich wurde 1957 in Bremerhaven geboren. Von 1977 bis 1983 hat sie an der Hochschule der Künste in Berlin studiert, wo sie zuletzt Meisterschülerin bei Hans-Jürgen Diehl war. Sie lebt und arbeitet in Langen bei Bremerhaven.

Einleitung in das Evangelium nach Lukas

Prof. Dr. Christfried Böttrich

Neustart – Evangelium 3.0

Lukas ist nicht der Erste, der eine Jesus-Christus-Geschichte schreibt. „Evangelium" im Sinne einer Gattungsbezeichnung wird man erst später dazu sagen. Zur Zeit des Lukas spricht man noch von „Erzählungen über die unter uns geschehenen Ereignisse" (Lk 1,1). Solche Erzählungen gibt es gegen Ende des 1. Jh.s schon mehrere. Dazu gehören Sammlungen von Jesusworten, Wundererzählungen, Gleichnisse und ein knapper Passionsbericht – mit dem Markusevangelium dann aber auch schon ein erster Versuch, diese „Ereignisse" in einen großen Erzählzusammenhang zu bringen. Andere, wie etwa Matthäus, bauen darauf auf. Sollte das nicht eigentlich genügen? Warum unternimmt es Lukas ein weiteres Mal, diese Geschichte von neuem zu erzählen? Sein kurzes Vorwort (Lk 1,1-4) gibt darüber Auskunft.

Das lukanische Vorwort ist etwas ganz Besonderes. Für gewöhnlich treten die Evangelisten hinter ihren Text zurück und sind nur noch andeutungsweise an ihrem Stil oder ihren theologischen Akzenten zu erkennen. Ganz anders Lukas! Zwar nennt auch er seinen Namen nicht – aber er stellt sich, offen und selbstbewusst, gleich zu Beginn mit seinem literarischen „Ich" vor: „… habe auch ich mich entschlossen, der ich von Anfang an alles akribisch recherchiert habe, es für dich im Folgenden aufzuschreiben …" (Lk 1,3). Das ist bemerkenswert. **Lukas versteht sich selbst als Schriftsteller und Theologe. Er ist nicht einfach nur ein Werkzeug des Geistes Gottes, das aufs Blatt bringt, was ihm diktiert wird** – nein: er ist einer, der „akribisch recherchiert", der den Dingen „von Anfang an nachgeht", der sich zu seinem Vorhaben selbst „entschließt" und der das anvisierte Publikum über seine Arbeitsweise in Kenntnis setzt. Lukas verfolgt einen Plan und versteht sein Handwerk. Er lässt sich dabei gleichsam über die Schulter blicken und tut, was alle anständigen Geschichtsschreiber seiner Zeit tun: Er verfasst ein Vorwort. Wenn man die Vorworte seiner antiken Schriftstellerkollegen liest, findet man das gleiche Schema vor:

a. Das Thema wird genannt,
b. Vorgänger werden erwähnt,
c. Abfassungsverhältnisse werden umrissen,
d. Wahrheitsstreben wird beteuert,
e. Auf sorgfältige Recherche wird verwiesen,
f. Ein Mäzen wird angesprochen,
g. Die leitende Absicht wird formuliert.

Das alles bringt auch Lukas in den einleitenden vier Versen unter.

Trotzdem: Warum eine neue Großerzählung von Jesus Christus? Ist denn nicht schon alles gesagt? Lukas deutet zwei Punkte an, die ihn zu seinem Projekt veranlassen. Der erste zeigt sich nur bei genauerem Hinschauen. Er steckt in dem Wörtchen *katexēs*, das sowohl „der Reihe nach" als auch „im Folgenden" bedeuten kann. Lukas hat sich nämlich entschlossen, alles *katexēs* für einen gewissen Theophilus aufzuschreiben (Lk 1,3). Verweist er damit nur auf das, was im Folgenden kommt – oder hat er Grund, eine Korrektur vorzunehmen? Haben seine Vorgänger die Dinge etwa noch nicht in der richtigen Reihenfolge aufgeschrieben? In der Tat: Lukas sortiert in der Anlage seiner Erzählung einiges um, zieht gegenüber Markus verschiedene Episoden nach vorn und schiebt andere nach hinten. Natürlich hat Lukas darüber hinaus (wie schon Matthäus) auch noch sehr viel Neues zu bieten. Die Passagen, die nur er alleine bietet, machen beinahe ein Drittel seines ganzen Textes aus. Es ist also noch längst nicht alles gesagt. Hier spricht vor allem Lukas, der Historiker. Der zweite Punkt wird offen angesprochen: Lukas schreibt, damit ein gewisser Theophilus „die Tragfähigkeit derjenigen Worte" erkennt, in denen er unterwiesen worden ist. **Lukas setzt mit seiner Erzählung also schon etwas voraus. Er vermittelt keine Erstinformationen.** Sein exemplarischer Adressat verfügt über Grundkenntnisse, die aber noch vertieft und gefestigt werden müssen. Hier spricht vor allem Lukas, der Theologe.

Die Verständigung über den Grund der Lehre bzw. über den gemeinsamen Glauben erfolgt im Modus der Erzählung. Man kann das auch – wie Paulus in seinen Gemeindebriefen – auf argumentative Weise tun. Aber Lukas ist eben Erzähler, wie alle antiken Historiker auch. Er bringt die frohe Botschaft von Jesus Christus in Gestalt von Geschichten zur Sprache. Seine Theologie ist eine narrative Theologie, die das Zielpublikum weiterbilden will. Damit befindet sich Lukas in bester Gesellschaft. Denn die frühe Christenheit hat es (aus gutem Grund) nicht bei einer einzigen Evangelienerzählung belassen, sondern hat deren gleich vier in ihren Kanon aufgenommen: viermal das Gleiche – und doch nicht dasselbe. Das „Evangelium" als Glaubenszeugnis von Menschen erklingt notwendigerweise vielstimmig. Diese Vielstimmigkeit bewegt sich jedoch – ähnlich einer Partitur – in einem vorgegebenen Rahmen. Deshalb ist der Vier-Evangelien-Kanon auch keine Hypothek, die es mitzuschleppen gälte, sondern die einzig angemessene Art überhaupt, das „Evangelium von Jesus Christus" sachgemäß zu formulieren. Lukas übernimmt dabei einen profilierten, unverzichtbaren Part.

Lukas und seine Gemeinde

Wir haben uns daran gewöhnt, den Autor des dritten Evangeliums „Lukas" zu nennen. So steht es immerhin seit dem 2. Jh. auf den überlieferten Handschriften, um sie von den anderen Evangelien zu unterschieden. Aber welche Persönlichkeit verbirgt sich hinter diesem Namen?

Seit den Zeiten der alten Kirche hat man sich hier zunächst an der Grußliste in Phlm 24 orientiert, wo die Namen „Markus, Aristarchus, Demas, *Lukas,* meine Gehilfen" genannt werden. Ist Lukas also ein Paulusmitarbeiter? Die Apostelgeschichte, die in den „Wir-Passagen" ebenfalls einen Reisebegleiter des Paulus suggeriert, scheint diesen Schluss zu bestätigen. Aber so einfach liegen die Dinge leider nicht. Es hat um diese Frage eine lange Diskussion gegeben. Wenn man versucht, die Persönlichkeit des *„Lukas"* aus seinem Doppelwerk (Lk / Apg) heraus zu verstehen, dann zeigt sich nämlich ein ganz anderes Bild: Dieser Autor behandelt Fragestellungen und Probleme einer deutlich späteren Zeit; er pauschalisiert Ereignisse, über die er als Begleiter des Paulus eigentlich sehr viel genauer im Bilde sein sollte; er setzt ganz andere theologische Schwerpunkte als die, um die Paulus sein Leben lang ringt, und blickt überhaupt auf Paulus als eine unangefochtene Größe der Vergangenheit zurück. Die „Wir-Stücke" in der Apostelgeschichte basieren deshalb wohl eher auf Quellen, die der Autor in sein Werk aufnimmt.

Der Autor „Lukas" kann also nur von seinem Text her erschlossen werden. Dabei aber ergibt sich ein ausgesprochen facettenreiches Porträt. Zunächst stellt sich „Lukas" mit seinem Vorwort in einer Doppelrolle als Historiker und Theologe vor. Dass er nach den Maßstäben seiner Zeit als Historiker verstanden werden möchte, signalisiert er dadurch, dass er die literarischen Konventionen dieser Zunft übernimmt. Seine Geschichte ist kein Mythos. Sie basiert auf der Erinnerung an Jesus von Nazaret, der zu einer bestimmten Zeit in einer bestimmbaren Region unterwegs war. Zugleich macht er aber auch deutlich, dass es ihm nicht einfach nur um eine Dokumentation von Fakten geht. Den Ton gibt das „Evangelium" an – eine Heilsbotschaft, die etwas bewirken will. In erster Linie ist Lukas Theologe, der sich lediglich der Darstellungsweise seiner Historikerkollegen bedient.

Darüber hinaus aber erweist sich „Lukas" überhaupt als ein ausgesprochen wacher Zeitgenosse. Er schreibt ein gediegenes Griechisch und lässt rhetorische Bildung erkennen. Mit den politischen Konstellationen des *imperium romanum* ist er ebenso vertraut wie mit den Feinheiten des römischen Prozessrechtes. Er zeigt ein gutes Gespür für die Lebenswirklichkeit von Frauen und überhaupt für soziale Fragestellungen. In Jerusalem und seinem einstigen Tempel kennt er sich nicht weniger aus als in den Metropolen Kleinasiens und Griechenlands. Er versteht etwas von der Seefahrt und kennt die weite Welt. In den Schriften Israels ist er belesen und zitiert die Klassiker der griechischen Literatur. Über den jüdischen Festkalender und über die liturgischen Abläufe in der Synagoge vermag er kompetent zu berichten. Was lässt sich daraus schließen? **Seiner religiösen Sozialisation nach ist „Lukas" wohl am ehesten ein Jude aus der griechischen Diaspora. In Makedonien kennt er sich am besten aus** (Apg 16,11-17,14): **Vielleicht stammt er ja aus Philippi**? Auf jeden Fall ist er so etwas wie ein Wanderer zwischen den Welten, der sein jüdisches Erbe mit dem Besten, was die hellenistisch-römische Welt zu bieten hat, vermitteln möchte.

Wenn die Vermittlung von Tradition und Aufbruch eines der wichtigsten Kennzeichen lukanischer Theologie ist, dann muss man auch den Adressatenkreis eher als einen offenen betrachten. Welcher konkreten Gemeinde der Autor „Lukas" zugehört, wissen wir nicht. Offensichtlich ist er Exponent einer Gruppe, in der Männer und Frauen gleichermaßen für die Bewahrung und Weitergabe der Überlieferung Sorge tragen. Mit seinem Schreibstil setzt er einen gewissen Bildungsstand voraus, bemüht sich aber dennoch um eine einfache, an der Septuaginta geschulte Erzählweise. Er ergreift entschieden Partei für die „Armen" und redet „Reichen" ins Gewissen. Christusgläubige Juden und getaufte Nichtjuden können sich in der Erzählung gleichermaßen wiederfinden. Ein halbes Auge hat „Lukas" auch stets auf die römische Öffentlichkeit gerichtet, vor der er seinen Text zumindest nicht verbergen will. Immer wieder kommen bei ihm Frauen (meist aus der sozialen Oberschicht) vor, denen er offensichtlich Identifikationsmöglichkeiten anbieten möchte. Kurz gesagt: Sein Text atmet von vornherein so etwas wie eine „ökumenische" Weite und ist daraufhin angelegt, für ein vielschichtiges Publikum relevant und verständlich zu sein.

In seinen beiden Vorworten widmet Lukas das ganze Werk einem gewissen Theophilus (Lk 1,3 | Apg 1,1). So verfahren in der Antike alle Schriftsteller, die zur Verbreitung ihrer Bücher auf die finanzielle Unterstützung eines Mäzens angewiesen sind. Dennoch klingt der Name nach mehr: Theophilus – Gottesfreund. Spiegelt sich darin nicht auch auf glückliche Weise die gesamte bunte Leserschaft des Lukas wider? Sind sie nicht alle „Gottesfreunde" oder besser noch „Gottsucher" (Apg 17,27), die durch die Lektüre dieser Erzählung auf ihrem Glaubensweg weitergeführt werden sollen? Mit dieser Perspektive öffnet sich der Horizont bis zu uns heute, den Leserinnen und Lesern des Lukas zu Beginn des 21. Jahrhunderts.

Theologie auf dem Weg

Wenn man nach einem besonders markanten Charakteristikum der lukanischen Theologie sucht, dann drängt sich zuerst das Bildfeld des „Weges" auf. Das ganze doppelzügige Erzählwerk ist von einer enormen Mobilität bestimmt. Alle Protagonisten sind ständig auf Reisen. Das beginnt schon bei den Eltern Jesu: Maria besucht Elisabet, mit Josef zieht sie nach Betlehem, das Kind wird in einer Karawanserei geboren, später nimmt man es mit zu den Wallfahrtsfesten nach Jerusalem. Als Erwachsener zieht Jesus in Galiläa umher, hat keinen festen Wohnsitz und nichts, „wohin er sein Haupt legen" könnte (Lk 9,58), macht sich schließlich auf den Weg nach Jerusalem und nächtigt außerhalb der Stadt. Der Auferstandene erscheint auf dem Weg nach Emmaus; er begegnet seinen Schülern ein letztes Mal auf dem Weg zum Ölberg; dem Paulus wird er später auf der Straße nach Damaskus erscheinen. Die frühe Christenheit setzt diese Reisefreudigkeit fort und trägt das Evangelium weiter „bis an die Enden der Erde" (Apg 1,8).

Solche realen Wege sind für Lukas jedoch nur der Aufhänger dafür, einen Wesenszug christlicher Existenz überhaupt deutlich zu machen: **Nachfolge ist Weggemeinschaft mit Jesus Christus – und zwar vor wie auch nach Ostern. Wer zu Christus gehört, bricht auf**. Das Evangelium setzt in Bewegung. Das gilt in einem solchen Maße, dass man in der Anfangszeit die Gemeinde der Christusgläubigen schlicht als „Weg" bzw. „die auf dem Wege" bezeichnet (Apg 9,2; 19,9.23; 22,4; 24,14.22). Es ist der „Weg Gottes / des Herrn / des Friedens / des Lebens / des Heils", der an den „Weg des Herrn" aus Jes 40,3 erinnert – und den der Täufer Johannes gleich einem Auftakt zum öffentlichen Auftreten Jesu thematisiert (Lk 3,4-6). Eine solche Weg-Metaphorik ist in der alttestamentlichen Theologie längst schon entwickelt. Dort beschreibt vor allem die Tora als gute Weisung Gottes den Weg, auf dem der Fromme gehen soll. Das führt schließlich zu jener in der Apokalyptik entwickelten Form der Unterweisung, die von zwei Wegen ausgeht: dem Weg zum Leben und zum Tod, zum Heil und zum Verderben.

Lukas hat dieser Weg-Metaphorik den stärksten Ausdruck in seinem Mittelteil, dem sogenannten „Reiseweg", gegeben. Schon immer erschien es als fraglich, wieso Jesus hier ganze zehn Kapitel in unbestimmbarem Gelände umherziehen muss, während er doch bei Markus relativ zügig vorankommt. Ein zielgerichteter Weg nach Jerusalem sähe jedenfalls anders aus. Aber Jerusalem markiert bei Lukas auch nur vordergründig die Zielrichtung. In Lk 9,51 beginnt Jesus diesen Weg, „als die Tage seiner Hinaufnahme voll wurden" – das heißt: Es ist der Weg zu Passion und Auferstehung, der hier seinen Anfang nimmt. Kurz zuvor hatten Mose und Elia in der Verklärungsgeschichte schon von seinem „Ausgang, den er in Jerusalem vollenden sollte", gesprochen (Lk 9,31). Dieser Weg endet nicht am Kreuz, sondern führt weit darüber hinaus. Damit wird er zum Modellbild und zur thematischen Mitte all jener Stoffe, die Lukas nun in der Folge auf diesem Weg platziert: Sie handeln von den Fragen und Problemen der christusgläubigen Gemeinde auf ihrem Weg durch die Zeit.

Die Theologie des Lukas ist eine *theologia viatorum,* eine Theologie des Weges, im besten Sinne des Wortes. Zwar beginnen sich die Gemeinden seiner Zeit in ihrem gesellschaftlichen Umfeld schon allmählich einzurichten – und das viel konsequenter, als die Gemeinden der ersten Generation, die noch täglich auf die Rückkehr des „Kyrios Jesus Christus" warteten. Aber sie schlagen darin keine Wurzeln und bauen keine Kathedralen für die Ewigkeit. Wer an Christus glaubt, ist unterwegs – mit eher leichtem Gepäck. Theologie wird (wie in der Emmausgeschichte) als Kommunikation auf dem Weg präsentiert, bei der die räumliche

Bewegung mit dem Erkenntnisfortschritt einhergeht. Diese ganze Dynamik der frühen Christenheit findet bei Lukas nicht nur eine lebendige Darstellung, sondern auch eine theologische Begründung.

Geschichte und Geschichten

Lukas schlägt mit seiner Jesus-Christus-Geschichte ein weiteres Kapitel in der großen Geschichte Gottes mit seinem Volk auf. Daran lässt er keinen Zweifel: Was da in Bethlehem beginnt, ist nicht etwa die Geburtsstunde einer neuen Religion, sondern die Erfüllung von Hoffnungen, deren Vorgeschichte tief im Glauben Israels verwurzelt ist. Diesen großen Zusammenhang setzt Lukas immer wieder eindrucksvoll in Szene. Die ganze Geschichte beginnt in Jerusalem im Rahmen einer Tempelliturgie; hinter den Hirten von Bethlehem, die dem Kind huldigen, wird der Hirte David sichtbar; die ersten, die den Säugling während des Reinigungsopfers der Mutter im Tempel wahrnehmen, sind Menschen, die auf „die Tröstung Israels" bzw. „die Erlösung Jerusalems" warten. Und so geht das weiter. Die handliche Dreiteilung des lukanischen Werkes in eine Zeit Israels / Zeit Jesu / Zeit der Kirche, wie sie lange in der Fachliteratur üblich war, wird diesem Sachverhalt nicht gerecht. Jesus, Kind Israels, gehört auf beide Seiten – und in der Kirche ist der gleiche Geist Gottes am Werk, durch den auch schon die Propheten Israels geredet haben.

Für Lukas, der sich mit seinem Vorwort den Mantel des Historikers überwirft, spielt die Geschichte eine wichtige Rolle. Er will die Ereignisse in einem geordneten Nacheinander darstellen, sodass ihr innerer Zusammenhang sichtbar wird. Das macht es erforderlich, auch die Rahmenbedingungen zu beschreiben. Von Anfang an platziert Lukas deshalb seine Geschichte auf der großen Bühne der römischen Weltpolitik. Seinen Paulus lässt er gegenüber König Agrippa II. sagen, die ganze Geschichte Jesu Christi sei „ja nicht in einem Winkel geschehen" (Apg 26,26). Doch, eigentlich schon! Es ist allein die Bedeutungsperspektive des Lukas, die daraus Weltpolitik macht – was zu seiner Zeit auch schon sehr viel mehr zutrifft als noch zur Zeit des Paulus. Insofern ist er auch sorgsam darauf bedacht, diese im verschlafenen Galiläa beginnende Geschichte mit der politischen Großwetterlage zu synchronisieren (Lk 1,5 / 2,1 / 3,1-2). Vor allem aber ist er fest davon überzeugt, dass diese Geschichte einem vorausliegenden Plan Gottes unterworfen sei. Sie ist nicht sich selbst überlassen. Vielmehr geschieht alles so, weil es das „muss". Dieses unscheinbare Wörtchen beschreibt vor allem in den Leidensankündigungen den Weg Jesu zur Passion als ein Geschehen, in dem Gott selbst Regie führt.

Lange Zeit hat man deshalb in Lukas den Theologen einer „Heilsgeschichte" gesehen – und hat ihn dafür teils gelobt, teils getadelt. In welcher Beziehung stehen das Heil Gottes und der Lauf der Geschichte zueinander? Diese Frage lässt sich jedenfalls nicht mit der naiven Vorstellung eines göttlichen Drehbuches beantworten. Geschichte ist auch Unheilsgeschichte. Spätestens unter den geschichtlichen Erfahrungen des 20. Jahrhunderts sind Begriff und Sache deshalb in die Krise geraten. **Die Vorstellung einer „Heilsgeschichte" im Sinne eines** mehr oder weniger **globalen Erklärungsmusters ist der fragmentarischen Wahrnehmung von Spuren Gottes in der Lebenswirklichkeit von Menschen gewichen.**

Dieser Einsicht kommt es entgegen, dass auch Lukas – bei allem Sinn für die großen Zusammenhänge – seine Erzählung aus einzelnen, episodischen Einheiten aufbaut. Das verdankt sich zum einen dem Material, das er verarbeitet, zum anderen aber auch einer theologischen Idee: Gott wird nicht im abstrakten System, sondern in konkreten Begegnungsgeschichten wirklich und erfahrbar. Daran orientiert sich die Gesamtstruktur des lukanischen Werkes in seinen beiden Teilen.

Von Markus hat Lukas die Grundform einer Erzählung übernommen, die in Galiläa beginnt und in Jerusalem endet. Er unternimmt jedoch markante Erweiterungen: vor das Auftreten des Täufers Johannes setzt er die Geburtsgeschichten der beiden hoffnungsvollen Kinder; nach der Passionsgeschichte setzt er das Ganze mit einer Reihe von Erscheinungsberichten (einschließlich der Himmelfahrt) noch einmal fort; genau in der Mitte baut er den kurzen Reiseweg nach Jerusalem zu einer umfangreichen „central section" (wie die englischsprachige Exegese sagt) aus, die sich theologisch als das eigentliche Gravitationszentrum der Großerzählung Evangelium erweist. Daraus ergibt sich als Grobgliederung: I. Ursprung Jesu, II. Wirksamkeit Jesu, III. Vollendung Jesu. Der Teil Ursprung handelt von seiner Geburt und der Vorbereitung seines Auftretens; der Teil Vollendung enthält die Passions- und Ostergeschichte; der Teil Wirksamkeit schließlich baut Galiläa / Weg / Jerusalem zu drei ganz neu sortierten Textsegmenten aus, denen die einzelnen Episoden folgendermaßen zugeordnet sind: in Galiläa geht es um Grundlegungen, auf dem Weg um Entscheidungen, in Jerusalem um Polarisierungen.

Gliederung		Bibelstelle
I. Ursprung		1,5–4,13
	A. Geburt	1,5–2,52
	B. Vorbereitung	3,1–4,13
II. Wirksamkeit		4,14–21,38
	A. Galiläa	4,14–9,50
	B. Weg	9,51–19,40
	C. Jerusalem	19,41–21,38
III. Vollendung		22,1–24,53
	A. Passion	22,1–23,56
	B. Auferstehung	24,1–53

Jesus – Ein Prophet aus Nazaret

Lukas verankert seine Jesus-Christus-Geschichte fest in alttestamentlich-jüdischer Theologie. Der reiche Prasser muss sich im Jenseits sagen lassen, dass es für ein gerechtes Leben völlig ausreicht, auf „Mose und die Propheten" zu hören (Lk 16,31). Wenn der Auferstandene auf dem Weg nach Emmaus eine Deutung der jüngsten Ereignisse vornimmt, fängt er ebenfalls bei „Mose und allen Propheten" an (Lk 24,27). Die „Schriften" Israels stellen für Lukas jenen „Wahrheitsraum" (Frank Crüsemann) dar, in dem auch das Evangelium von Jesus Christus beheimatet ist. Gott kommt deshalb nicht nur als Vater Jesu Christi in den Blick, sondern auch als Gott Abrahams, Isaaks und Jakobs (Lk 20,37-38), der seinem Volk treu bleibt und zugleich den Völkern in Jesus Christus „eine Tür des Glaubens / zum Glauben" öffnet (Apg 14,27).

Die christologische Grundfrage: „Wer ist dieser?" (Lk 8,25) beantwortet Lukas auf differenzierte Weise. **Eine Art Grundlinie in seiner Erzählung könnte man mit dem Stichwort „Prophetenchristologie" bezeichnen.** Jesus von Nazaret tritt auf wie ein Prophet, spricht wie ein Prophet, sammelt Schüler, tut Wunder und vollzieht Zeichenhandlungen wie ein Prophet, erleidet schließlich das gewaltsame Ende eines Propheten – und wird deshalb von seinen Zeitgenossen auch ganz selbstverständlich als ein Prophet wahrgenommen (Lk 9,18-19). Nach dem Wunder in Nain bringt es die Volksmenge staunend auf den Punkt: „Ein großer Prophet ist unter uns aufgestanden! Gott hat sein Volk besucht!" (Lk 7,16). Das sind ausgesprochen auszeichnende Worte, denn die Erwartung eines neuen „Propheten wie Mose" (Dtn 18,15) gehört zu den großen Hoffnungen einer Zeit, in der Propheten immer seltener werden. Dennoch ist mit dieser Wertschätzung nur der erste Schritt vollzogen. Petrus spricht aus, was man im Schülerkreis längst munkelt: „Du bist der Messias Gottes!" (Lk 9,20). Dieser Messias aber ist nicht die politische Herrschergestalt, sondern einer, der den Leidensweg geht. Ein solches Verständnis muss erst mühsam errungen werden – weshalb Lukas in seinem Werk zahlreiche Spuren legt, die genau diesen Weg zu erhellen versuchen.

Immer wieder wird von Lukas auch schon der Kyrios-Titel in den Gang seiner Jesus-Christus-Geschichte eingetragen. Damit eröffnet er ein theologisch beziehungsreiches Spiel: Grundsätzlich meint „kyrios / Herr" vor allem den sozial Höherstehenden; zugleich aber weiß man aus der griechischen Übersetzung des Alten Testaments, dass „kyrios / Herr" als bevorzugter Ersatz für den vierbuchstabigen Gottesnamen (JHWH) steht, der nicht ausgesprochen werden darf. Wenn der Wanderprediger aus Nazareth „Herr" genannt wird, schwingt deshalb für die Gemeinde des Lukas immer schon ein Ton mit, der die göttliche Hoheit Jesu signalisiert.

Themen und Motivlinien

Der konzeptionelle Zusammenhang von Evangelium und Apostelgeschichte wird an einer Reihe von Motivlinien sichtbar, die von Lk 1 bis Apg 28 beide Teile des Doppelwerkes durchziehen. Sie vor allem zeichnen erkennbar das theologische Porträt des Evangelisten.

Eine wichtige Rolle spielt bei Lukas der Jerusalemer Tempel, in dem verschiedene Schlüsselszenen platziert sind. Der Tempel bleibt ein Ort der Heilsoffenbarung Gottes und eine Art Kontinuitätssymbol in der Geschichte seines Volkes, zu der auch die Geschichte Jesu und der frühen Christenheit gehört.

Von Anfang an erscheint der Geist Gottes als Motor hinter allen Ereignissen. Der Ursprung Jesu liegt in diesem schöpferischen Geist; vom Geist „getrieben" und geführt tritt Jesus in Galiläa auf; bei seiner Antrittspredigt in Nazaret proklamiert er sich selbst als Geistträger – und so bleibt das auch im weiteren Verlauf der Erzählung. Vom Geist sind indessen auch alle anderen maßgeblichen Erzählfiguren erfüllt – bis hin zu seiner „endzeitlichen" (Joel 3,1-5) Ausgießung zu Pfingsten.

Die Sendung Jesu hat bei Lukas ein klares Ziel – nämlich die Sammlung Israels. Im 1. Jh. ist das „Zwölfstämmevolk" (Apg 26,7) in viele verschiedene theologische Schulen und Gruppen zersplittert. Jesus tritt auf, nicht um zu polarisieren, sondern um zu integrieren. Dabei geht es primär um diejenigen, die als „Sünder" von der Gemeinschaft der Frommen ausgegrenzt werden. Niemand ist verzichtbar. Das machen die Gleichnisse vom Verlorenen (Lk 15) deutlich. Auch die Samaritaner, die seit dem 2. Jh. v. Chr. von dem übrigen Judentum kultisch getrennt sind, gehören noch immer zu den „verlorenen Schafen des Hauses Israel". Auf dieser Themenlinie haben vor allem die zahlreichen Umkehrgeschichten ihren Ort.

Eines der wichtigsten Themen liegt auf dem Feld der Sozialethik und betrifft den Umgang mit materiellen Gütern. Hier bezieht Lukas eine klare Position: Armut ist ein Übel, das es zu überwinden gilt. Schon das Magnifikat betont Gottes Parteinahme für die Armen, was die

Antrittspredigt Jesu in Nazaret programmatisch aufnimmt und die Seligpreisungen weiterführen. Zahlreiche kleinere Episoden zeigen, dass Besitz nur eine Funktion hat: nämlich die Not anderer zu lindern. Deshalb profiliert Lukas die Ethik des Teilens im Bedarfsfall, die dann in der Jerusalemer Gemeinde idealtypisch gelebt wird: „es gab überhaupt keine Bedürftigen mehr" unter ihnen (Dtn 15,4 / Apg 4,34)!

Mehr als alle anderen Evangelisten lässt Lukas eine Sensibilität für die Lebenswirklichkeit von Frauen erkennen. Das zeigt sich nicht nur an der Zahl entsprechender Episoden und Figuren, sondern vor allem an der Art und Weise, wie er Frauen ins Bild setzt. Man kommt gar nicht um die Schlussfolgerung herum, dass Lukas auch Schülerinnen Jesu vorstellen und ihnen eine wichtige Rolle zugestehen will – auch wenn er sich mit der konkreten Benennung dann sehr zurückhält. Immerhin sind bei Lukas die Frauen am Ostermorgen die ersten, die mit einer theologischen Aufarbeitung der Ereignisse beginnen.

Ein besonders sensibles Thema stellt die Beziehung der werdenden Kirche zum römischen Staat dar. Genau in diesen großen politischen Raum hinein soll das Evangelium ja verkündigt werden. Lukas bemüht sich deshalb um eine weitgehend positive Darstellung und vermeidet alles, was das Evangelium als eine Gefahr für die staatliche Ordnung erscheinen lassen könnte. Im Prozess Jesu entlastet er die römische Justiz und lässt in der Apostelgeschichte die Römer geradezu als Schutzmacht der christlichen Missionare auftreten.

Am Ende des 1. Jh.s hat sich für die Gemeinden der Anfangszeit Vieles verändert. Der Horizont ist weiter und unübersichtlicher geworden. In dieser Umbruchssituation, in der die Weichen für die folgenden Jahrhunderte gestellt werden, versucht Lukas seinen Adressatinnen und Adressaten neue Orientierung zu vermitteln – durch Bewahrung und Aktualisierung der überlieferten „frohen Botschaft".

Begegnungen und Vergegnungen

Lukas erzählt Geschichten, die von Begegnungen handeln. Menschen begegnen Gott, indem sie dem Propheten aus Nazaret begegnen. Sie begegnen einander und reflektieren dabei ihre Erfahrungen. Auf jeden Fall geht es in diesem Evangelium immer sehr direkt und persönlich zu, denn Theologie ist für Lukas keine graue Theorie. Er entwickelt sein Evangelium in Gestalt von Erzählungen, die ins Gespräch bringen, Identifikationsmöglichkeiten anbieten, Probleme zur Diskussion stellen und zur Positionierung herausfordern – und damit wieder zu neuen, eigenen Erzählungen motivieren.

Nicht alle dieser Erzählungen nehmen ein gutes Ende. Sie handeln auch von Missverständnissen, Verfehlungen oder Konflikten. Der greise Simeon sagt im Tempel über den Säugling voraus: „Dieser ist bestimmt zum Fall und zum Aufstehen vieler in Israel und zu einem Zeichen, dem widersprochen wird ..." (Lk 2,34). **Zustimmung und Widerspruch begleiten von Anfang an den Weg Jesu.** Zu Beginn entgeht er in Nazaret nur mit knapper Not der versuchten Lynchjustiz, während er zum Schluss in Jerusalem am Kreuz endet. Eine andere Aussage Simeons setzt jedoch den entscheidenden Akzent: Das Kind ist „Licht zur Offenbarung für die Völker und zur Herrlichkeit des Volkes Israel". Darin besteht seine größte Integrationsleistung.

Eine byzantinische Legende aus dem 8. Jh. hat Lukas zu einem Maler gemacht, der die Mutter Jesu samt Kind porträtiert habe. Daran ist zumindest so viel richtig, dass Lukas mit Worten zu malen versteht. In seinem Evangelium entwirft er große Genrebilder, meisterhafte Miniaturen, Bildfolgen und Porträts. Von dieser Farbigkeit leben auch die Begegnungsgeschichten, die für die Bibelwoche ausgewählt worden sind.

In der Lukasforschung hat sich während der letzten 30 Jahre vieles verändert. Während man um die Mitte des 20. Jahrhunderts bei der Lukas-Lektüre noch ganz auf die Frage von Heil und Geschichte fixiert war, sind heute ganz andere Fragen in den Mittelpunkt getreten. Wie sieht das Verhältnis jener christusgläubigen Gemeinde, deren Vertreter Lukas ist, zum Volk Israel aus? Wie gehen die Gemeinden mit sozialen Spannungen um? Wie ist das Verhältnis zu Staat und Gesellschaft zu gestalten? Diese Fragen bleiben aktuell, da sie auf unsere heutige Zeit übertragen werden können. Die Texte des Lukas geben uns dafür wertvolle Impulse.

1 | Hüpfen und hoffen – Lk 1,39-56

1.1 Exegese

Prof. Dr. Christfried Böttrich

Für Lk 1,39-56 hat sich in der Auslegungsgeschichte der schöne Titel der „Heimsuchung" eingebürgert. In der christlichen Ikonographie stellt die Szene ein weit verbreitetes Motiv dar, und auch das Weihnachtslied hat sich ihrer angenommen. In der Begegnung beider Frauen zeichnen sich bereits wichtige Charakteristika ab, von denen die Geburtsgeschichten insgesamt geprägt sind.

Bei Lukas spielen die Mütter die entscheidende Rolle, wenn es um das Thema Geburt geht – im Gegensatz etwa zu Matthäus, bei dem alles über den Vater läuft. In Lk 1-2 aber wird vor allem Maria auffällig herausgestellt und detailreich gezeichnet. Die hochbetagte Elisabet ist Teil einer langen Geschichte – man erinnert sich an denkwürdige Geburten wie die eines Isaak, Simson oder Samuel. Ihr steht die junge Maria gegenüber, die „noch von keinem Manne weiß". Sie macht sich auf den Weg, bricht auf, sucht die Kommunikation. Beide Frauen teilen sich einander mit und bestärken sich gegenseitig.

Besonders auffällig ist, dass Lukas hier wie auch an anderen Stellen eine zweite Ebene in seine Erzählung einzieht. Mit den hymnischen Passagen – in diesem Falle dem „Magnifikat" – reflektiert er das, was er zuvor erzählt hat, noch einmal aus einer anderen Sicht. Der Hymnus entwirft eine Art Globalperspektive und schneidet Themen von großer Tragweite an. Deshalb hat er im liturgischen Leben der Kirche auch ein besonderes Eigenleben entwickelt.

1.Textstruktur

Die Texteinheit ist in einen Rahmen eingespannt, der den Hin- und Rückweg der Maria enthält (1,39/56). Dazwischen steht eine Aneinanderreihung von drei eigengewichtigen Abschnitten, von denen sich der dritte, das hymnisch geformte „Magnifikat", am deutlichsten abhebt. Der erste Abschnitt (1,40-41) erzählt in Kürze die Begegnung und Begrüßung beider Frauen. Was folgt, ist kein wirkliches Gespräch, sondern eher ein Schlagabtausch mit bedeutungsschweren Worten. Im zweiten Abschnitt (1,42-45) ergreift Elisabet, vom Geist Gottes erfüllt, das Wort und zeichnet ihre Besucherin mit Segensworten und Seligpreisungen aus. Daraufhin spricht im dritten Abschnitt (1,46-55) Maria und rezitiert einen Hymnus, der zunächst noch an Elisabets Seligpreisung anknüpft, dann aber weit darüber hinausgreift und die Hoffnung ganz Israels in den Blick nimmt.

Nur der Rahmen und die Begrüßungsszene sind erzählerisch gestaltet. Schon die Worte der Elisabet stellen im Grunde eine kleine prophetische Rede dar, während Maria dann vollends in die gebundene Sprache der Psalmen überwechselt. Daran wird schon deutlich, dass es an dieser Stelle weniger um einen Dialog im familiären Rahmen als um die Proklamation theologisch bedeutsamer Sachverhalte geht. Beide Figuren haben nicht nur einander, sondern vor allem dem Lesepublikum des Lukas wichtige Dinge mitzuteilen.

2. Figurenkonstellation

Maria bricht „in diesen Tagen", also wohl kurz nach ihrer Begegnung mit dem Engel Gabriel (Lk 1,26-38), auf. Ihr Ziel ist der Wohnort Elisabets. Beide Frauen kennen sich offensichtlich.

Über Elisabets Zustand ist Maria durch die vorausgegangene Ankündigungsszene in Kenntnis gesetzt.

In Lk 1,36 hatte der Engel Gabriel Elisabet als eine „Verwandte" der Maria schon eingeführt. Der genaue Verwandtschaftsgrad bleibt freilich offen, und wenn das Weihnachtslied von „ihrer Bas' [Cousine] Elisabet" singt, weiß es mehr, als der Text sagt. Luther übersetzt 1545 den griechischen Ausdruck *syngenis*, der sowohl familiäre als auch weitläufigere Bande bezeichnen kann, mit „deine Gefreundete" und sagt damit wiederum zu wenig. Spätere Auslegungen nutzen dann die angedeutete verwandtschaftliche Beziehung, um Maria aufzuwerten: Sie sei eben durchaus keine unbedeutende junge Frau, sondern stamme ebenfalls aus priesterlichem Geschlecht. Immerhin ist Zacharias Priester, und seine Frau gehört zu der Sippe Aarons.

Vermutlich soll dieser Hinweis nur signalisieren: Maria kommt aus einer „guten Familie". Von Zacharias und Elisabet heißt es, dass sie fromm seien und „in allen Geboten und Satzungen des Herrn untadelig" leben (Lk 1,6). Das gilt dann auch für Maria und Josef, die sich den vorgeschriebenen Opfern unterziehen und mit dem heranwachsenden Sohn auf Wallfahrt nach Jerusalem gehen. Die Geschichte beginnt damit in einem ganz bestimmten Milieu. Maria und Elisabet sind Menschen, denen Gott wichtig ist. Sie leben in einer Erwartungshaltung, bringen Offenheit mit, fragen und suchen. Bei diesen von Lukas gezeichneten Erzählfiguren gibt es ein bereits vorhandenes Gespür für Gott.

Mit dem Verweis in Lk 1,36 ist die „Heimsuchung" erzählerisch bereits vorbereitet. Man kann bei Maria mindestens drei Motive vermuten, die sie den Weg ins Gebirge Juda antreten lassen. Zum ersten wäre da die Mitfreude, weil sie zweifellos von dem bislang unerfüllten Kinderwunsch ihrer Verwandten weiß; „Mitfreude" wird von Lukas auch andernorts immer wieder betont (vgl. z. B. Lk 15,6.9.32). Zum zweiten könnte Maria daran gelegen sein, die Worte des Engels nachzuprüfen und sich von der „Greisinnenschwangerschaft" (vgl. vor allem Sara in Gen 16,15-22 / 18,1-15 / 21,1-8) ihrer Verwandten mit eigenen Augen zu überzeugen. Zum dritten deutet Lukas damit an, dass auch Maria dieses ganze so irritierende und verwirrende Geschehen zunächst erst einmal bewältigen muss. Sie bedarf der gemeinsamen Aufarbeitung und des Austausches. Marias demütige Worte (Lk 1,38) sind demnach nicht Ausdruck eines „blinden Gehorsams", sondern Teil einer durchaus reflektierten Zustimmung.

Die ganze Auslegungsgeschichte geht davon aus, dass hier zwei schwangere Frauen zusammenkommen. Eindeutig ist das indessen nicht. In Lk 1,28-33 sagt der Engel nur: „du wirst schwanger werden und einen Sohn gebären." Aber er sagt nicht wann. Soll man sich die Empfängnis durch, bei oder während der Verkündigungsszene vorstellen? Oder liegt sie in einer unbestimmt bleibenden Zukunft? Der Querverweis auf Elisabet sowie die in der Erzählfolge unmittelbar auf die „Heimsuchung" folgende Reise nach Bethlehem legen jedoch die Vorstellung nahe, dass Marias Schwangerschaft schon begonnen hat.

Offensichtlich ist der Altersunterschied beider Frauen. Umso mehr fällt auf, wie sich hier die Rollen umkehren: Die Ältere erweist der Jüngeren ihre Ehrerbietung und Hochschätzung. Maria scheint ihren neuen Status auch ganz selbstverständlich zu akzeptieren. Die Besuchsinitiative geht von Maria aus; Elisabet hat – geisterfüllt – das erste Wort; den Höhepunkt der Szene aber besetzt dann wieder Maria mit ihrem Redeanteil. Darin kommt bereits ein Bild zum Ausdruck, das am Ende des 1. Jh.s zunehmend Gestalt gewinnt: Der Mutter Jesu wird im Lichte ihres Sohnes Verehrung zuteil. Lk 1,39-56 erweist sich in der Folge dann als einer der wichtigsten Haftpunkte für die Entwicklung der „Mariologie".

Die Schlussbemerkung regt noch einmal die Fantasie der Leserschaft an: Alles, was Lukas übergangen hat, lässt sich nun problemlos in diesen drei Monaten unterbringen. Sie bieten ausreichend Zeit und Gelegenheit zum Austausch – für Elisabet, um Mut zu fassen und aus ihrer bisherigen Zurückgezogenheit herauszutreten; für Maria, um Klarheit und Orientierung zu gewinnen. **Damit würde die theologische Arbeit von Frauen bei Lukas schon früh beginnen, und die Erinnerungsarbeit der Frauen am Ostermorgen (Lk 24,5-8) fände hier ihr erstes Vorbild.**

Erzählchronologisch ist mit dieser Begegnung dann auch die Verflechtung beider Geburtsgeschichten zu einer Art Knotenpunkt vollzogen.

3. Sachinformationen

Die Bedeutung des Namens Maria (hebr. *Mirjam*, griech. *Mariam / Mariamme / Maria*) ist nicht ganz klar: Man vermutet so etwas wie „die Bittere" oder „die Widerspenstige", „der Tropfen des Meeres" oder „die Myrrhe des Meeres", vielleicht auch „die Herrin" (Maria und Marta wären dann ein besonderes Namensspiel, s. Einheit 4). Der Name ist weit verbreitet. Zur Charakteristik der Mutter Jesu scheint er jedoch nichts beizutragen. Anders stehen die Dinge bei Elisabet: die hebr. Form *Elischeba* bedeutet so viel wie „Gott ist Fülle", worin vermutlich die Segensfülle gemeint und ein Bezug zu der vorliegenden Erzählung angedeutet ist.

Man wüsste gern, welche Stadt im Gebirge Juda Maria ansteuert. Lukas setzt voraus, dass die Priesterschaft der verschiedenen „Priestergruppen" am Tempel (Lk 1,8.9.23) im weiteren Einzugsbereich Jerusalems wohnen. Maria wandert von Galiläa her südwärts.

Ein bemerkenswertes Detail der Begrüßungsszene stellt die Kindsbewegung im Mutterleib dar. Im sechsten Monat ist so etwas nicht ungewöhnlich. Doch der Erzähler hat dafür eine besondere Erklärung: Die Bewegung, die so etwas wie einen kleinen Freudensprung assoziiert, wird als Reaktion auf Marias Gruß aufgefasst. Das Kind Johannes erkennt also bereits pränatal denjenigen, der ebenfalls noch ungeboren auf ihn zukommt. **Die spätere Begegnung am Jordan wird schon weitsichtig vorweggenommen.** Elisabet selbst interpretiert dann noch einmal, was der Erzähler nur angedeutet hatte: „vor Freude" bewegte sich das Kind bei dem Gruß der Maria. Mutter und Kind erkennen beide, wen sie vor sich haben. Zugleich spielt die „Freude" ein Motiv ein, das die ganze weitere Erzählung des Lukas durchziehen wird.

4. Schwerpunktthemen

Geist Gottes

Elisabet tritt in diesem Text als Prophetin auf. „Mit heiligem Geist erfüllt" vermag sie bereits zu deuten, was erst noch der Bewältigung bedarf. In Maria sieht sie nicht nur die junge Verwandte aus Galiläa, die zufällig vorbeischaut, sondern die „Mutter des Kyrios". Ihre Erkenntnis, vom Geist Gottes vermittelt, wird durch die Kindsbewegung flankiert. Doch auch Maria spricht in der Folge aus, was ihr von außerhalb zukommt: „Überschattet" mit der Kraft des Heiligen Geistes (Lk 1,35) sind auch ihre Worte nicht weniger geisterfüllt als die der Elisabet. Man erinnert sich bei diesem Treffen an die großen Prophetinnen Israels wie etwa Hulda oder Debora. Später treten ihnen dann die prophetisch redenden Frauen in der Gemeinde von Korinth (1Kor 11) zur Seite.

Die Kennzeichnung der Worte Elisabets als prophetische Rede hat Bedeutung, denn **die Wirksamkeit des Geistes Gottes erscheint als ein Leitmotiv, das die gesamte lukanische Erzählung durchzieht**. Vom Geist erfüllt sind außer den beiden Frauen auch Simeon, der Täufer Johannes und dann vor allem Jesus selbst, der als Geistträger *par excellence* erscheint. In der Taufe am Jordan kommt dieser Geist sichtbar auf ihn herab; „im Geist" wird er in die Wüste geführt; „im Geist" kehrt er wieder nach Galiläa zurück. Bei seiner Antrittspredigt in Nazaret zitiert Jesus Jes 61,1: „Der Geist des Herrn ist auf mir, weil er mich gesalbt hat ..." (Lk 4,18). Daran erhalten schließlich auch alle diejenigen Anteil, die zu ihm gehören. Die Ausbreitung dieser Geistbegabung zu Pfingsten (Apg 2) wird dann zur entscheidenden Triebkraft für die weltweite Verkündigung des Evangeliums. Der Schritt hin zur Völkermission (Apg 10) wird erneut von einer massiven Intervention des Gottesgeistes vorangetrieben.

Zur Zeit des Lukas lässt eine solche Darstellung durchaus aufhorchen. Im Judentum der Zeitenwende hatte sich die Überzeugung verbreitet, dass der prophetische Geist von Israel gewichen sei. Deshalb erhofft man seine Rückkehr für das endzeitliche Kommen Gottes – wofür Joel 3,1-5 die Begründung liefert. Genau dieses Prophetenwort aber nimmt Petrus bei seiner Rede zu Pfingsten als Predigttext in Anspruch. Die Allgegenwart des Gottesgeistes in der Jesus-Christus-Geschichte des Lukas signalisiert also „Endzeit" und „Kommen Gottes" sowie die Erfüllung einer lange gehegten Hoffnung.

Zugleich stellt diese Betonung von Gottes Geist klar: Die Geschichte Jesu Christi ist nicht auf die Bedeutung einer herausragenden und außerordentlichen Persönlichkeit beschränkt. Vielmehr ist Gott in dieser Geschichte selbst anwesend. Diese Präsenz aber erstreckt sich auch auf alle jene scheinbar so unbedeutenden Lebensgeschichten wie die der Elisabet und ihrer Verwandten Maria.

Mutter des Herrn

Die prophetische Rede Elisabets hat nur ein Thema: die Bedeutung der Maria. Formal ist sie ein kleines Preislied auf Maria als die Mutter ihres bedeutenden Kindes.

Bereits der erzählerische Rahmen dieser Rede enthält einige auffällige Elemente in der erzählten Situation. Elisabet erwähnt mit keinem einzigen Wort das Skandalöse an Marias Situation. Erfüllt vom Geist Gottes weiß sie schon im Vorhinein um die näheren Zusammenhänge. Deshalb bedarf es keiner Nachfrage oder weiterer Erkundigung. Auch Maria wundert sich nicht (wie noch wenige Verse zuvor) über die großen Worte, sondern übernimmt ganz einfach Elisabets Situationsanalyse und geht mit ihrem Hymnus noch weit darüber hinaus. Doch auch die Rede Elisabets selbst überrascht in vielfacher Hinsicht. Das Segenswort zu Beginn bewegt sich noch ganz im üblichen Rahmen der einleitenden Grußszene. Doch schon die folgende Selbstminderung („Wer bin ich?") der Älteren gegenüber der Jüngeren lässt aufhorchen. Vor allem aber fällt dann die Bezeichnung „Mutter meines Herrn" komplett aus der Situation heraus. Hier wird die Mutter über das noch ungeborene Kind definiert, das wiederum mit dem Titel „Herr / kyrios" in göttlicher Hoheit erscheint. Denn „kyrios / Herr" meint im jüdischen Kontext schon längst nicht mehr nur den sozial Höherstehenden, sondern ist in den heiligen Schriften zum bevorzugten Ersatznamen des Tetragramms (JHWH) geworden. „Mein Herr" assoziiert also Gott selbst; später bekennt man Marias Kind als den „Kyrios Jesus Christus"! Es liegt auf der Hand, dass **diese Genitiv-Verbindung „Mutter meines Herrn" einmal zum Haftpunkt für das Konzept von Maria als „Gottesmutter" werden wird**. Höher vermag Elisabet kaum zu greifen.

Das einleitende Segenswort könnte noch jeder schwangeren Frau gelten. Die Seligpreisung in Lk 1,45 hingegen ist ausschließlich auf Maria bezogen. Sie bezieht sich zurück auf die vorausgegangene Geburtsankündigung und rühmt ihren Glauben. Denn offenkundig versteht sich die vertrauensvolle Haltung der Maria nicht von selbst. Es hätte sehr wohl auch noch eine andere Option gegeben. Genau das aber ist es, was sie auszeichnet. Nicht ihre persönlichen Qualitäten, sondern die Grundhaltung des Vertrauens auf Gottes Wort machen sie zu dem, was sie ist. Deshalb bleibt auch diese Seligpreisung im Munde der Elisabet nicht die letzte: Maria macht sie sich im Folgenden zu eigen (Lk 1,48). Zu einem späteren Zeitpunkt der Geschichte wird sie noch ein weiteres Mal von einer Frau aus dem Volk seliggepriesen (Lk 11,27-28). Gerade diese letzte Seligpreisung aber macht deutlich: Es geht nicht einfach nur um die Mutterrolle, sondern darum, das Wort Gottes „zu hören und zu bewahren". Darin wird Maria zum Vorbild.

Den Abschluss bildet eine Verheißung aus dem prophetischen Munde der Elisabet. Sie stellt die Erfüllung dessen in Aussicht, was Maria durch den Engel gesagt worden ist. Vielleicht will Lukas ja andeuten, dass genau dies die Bestätigung sein könnte, die Maria mit ihrem Besuch bei Elisabet gesucht hatte.

Magnifikat

Den Höhe- und Zielpunkt des Textes stellt der Hymnus dar, den Maria vorträgt. In der Auslegung hat sich dafür der Titel „Magnifikat" etabliert – nach dem Beginn des lateinischen Textes (*magnificat* = es macht groß). Dieser Hymnus hat weit über den Erzählzusammenhang hinaus gewirkt, bis tief in die christliche Frömmigkeitsgeschichte hinein. Gemeinsam mit den anderen lukanischen Hymnen (dem *Benedictus* in Lk 1,67–79, *Nunc dimittis* in Lk 2,14, *Gloria* in 2,29–35) reflektiert Lukas hier in gebundener Sprache „hohe Christologie".

Hat es zu der reichen liturgischen Wirkungsgeschichte des Magnifikat auch eine liturgische Vorgeschichte gegeben? Darüber ist eine lange, kontroverse Diskussion entbrannt. Die Lebensgeschichte der Maria aus Nazaret bildet sich in diesem Hymnus jedenfalls nicht wirklich ab – wohl aber die Geschichte des Gottesvolkes Israel („Israel, sein Knecht")! Hat Lukas hier also einen älteren, aus einem anderen Zusammenhang stammenden Text übernommen, adaptiert und modifiziert? Ganz eindeutig lässt sich als Vorbild für das „Magnifikat" jener Hymnus erkennen, den Hannah, die Mutter des Propheten Samuel, in 1Sam 2,1-10 anstimmt. Aber wäre das Magnifikat dann nicht im Munde der Elisabet sehr viel stimmiger? Auch Hannah leidet nach langjähriger Ehe unter Kinderlosigkeit und verdankt ihre Schwangerschaft der Initiative Gottes. Die Frage nach der Herkunft des Magnifikat ist deshalb nicht leicht zu beantworten. Handelt es sich hier vielleicht ursprünglich um ein Lied der Elisabet? Geht der Text auf ein Frauengebet zurück, das Mütter üblicherweise nach der Geburt ihres ersten Kindes beteten? Ist das Ganze vielleicht ein alter makkabäischer Psalm? Natürlich muss man auch damit rechnen, dass Lukas selbst, der Erzählsituation zum Trotz, diesen Hymnus genau dazu geschaffen hat, um Maria ein Stück komprimierter urchristlicher Theologie in den Mund zu legen. Denn so viel ist schon mit bloßem Auge zu erkennen: Das Magnifikat steckt voller messianisch geprägter Anspielungen – und entwirft damit ein Assoziationsgefüge, das von dem lukanischen Lesepublikum offenbar auch verstanden werden konnte. Es fasst die Hoffnungen und Verheißungen Israels zusammen und konzentriert sie auf das angekündigte Kind, das auf diese Weise fest in die Geschichte Israels eingebunden wird.

Theologisch setzt das Magnifikat eine Reihe wichtiger Akzente. Gott wird als Kyrios / Retter / Mächtiger / Erbarmender bezeichnet – das alles sind gewichtige Gottesprädikate, die ein ganzes Bündel theologischer Konzepte enthalten. Gott als „Herr / *kyrios*" erhält einen besonderen Klang, wenn im Ohr noch die Rede von der „Mutter meines Herrn" nachhallt; der Kyrios Jesus und der Kyrios Israels gehen hier schon ineinander über. In Phil 2 wird dem Auferweckten erst im Zuge seiner Erhöhung der Kyrios-Name verliehen. Hier öffnet sich diese Perspektive schon im Vorgang der Menschwerdung – Gott selbst erscheint in dem angekündigten Kind. Mit dem „Retter / *sotēr*" kommt der ganze Themenkreis der Frage nach der Rettung des Menschen in den Blick – auch dieser Hoheitstitel wird andernorts für Gott und den Erhöhten gleichermaßen gebraucht (vgl. z.B. Tit 1,3–4). Der „Mächtige " erinnert an die Worte des Engels, bei Gott sei „kein Ding unmöglich" (Lk 1,37). In dem „Erbarmenden" ist schließlich die Generallinie alttestamentlicher Gotteslehre angelegt, wie sie etwa Ps 103,8 klassisch formuliert: „Barmherzig und gnädig ist der HERR, geduldig und von großer Güte."

Besonders relevant ist die sozialgeschichtliche Dimension des Textes, der sich einer „Rhetorik der Umkehrung" bedient. Namentlich der Mittelteil (Lk 1,51–53) ist davon geprägt. Gottes souveräne Macht, symbolisiert durch „seinen Arm", erinnert an den Exodus – also an jenes Befreiungsgeschehen, das als grundlegend für Israels Selbstverständnis gilt. Herrschende und Ohnmächtige tauschen die Plätze. Die frohe Botschaft hat jedenfalls mehr als nur schöne Worte zu bieten. Sie ist auch politisch relevant. Diese Hoffnung für die Unterdrückten, wie sie hier eingeführt wird, kehrt später in Lk 4,18–19 (Anrittspredigt in Nazaret) oder 6,20-26 (Seligpreisungen und Weherufe) wieder. Schon das Magnifikat macht damit deutlich: Armut ist ein Übel, das überwunden werden muss!

Solche Töne sind nicht neu. Sie haben ihren Wurzelboden in der Geschichte des Gottesvolkes. „Er nimmt sich seines Knechtes / Dieners an" spielt die Erinnerung an die sogenannten „Gottesknechtslieder" ein – hier im Besonderen an Jes 54. Das Gottesvolk ist der Adressat dieser im Hymnus verheißenen Rettung. Bis zu Abraham reichen die Zusagen Gottes zurück, weswegen der Erzvater auch stellvertretend für die Väter noch einmal Erwähnung findet. Gottes rettendes Handeln, seine Souveränität und Barmherzigkeit aber treten nun in dem verheißenen Kind in Erscheinung. Das ist ein ganz großer theologischer Zusammenhang! Er wird Maria, der Mutter, in den Mund gelegt, richtet sich aber primär an das lukanische Lesepublikum. Immerhin erscheint auch Maria dadurch als eine „Theologin".

Die theologischen Akzente des Magnifikat korrespondieren mit den Akzenten der Erzählung: Es geht um Begegnung, Kommunikation und das Gespräch über Gott, also um Theologie im besten Sinne – sowohl auf der Ebene der Alltagserfahrung als auch auf der Ebene „hoher Christologie". Gott kommt in dem angekündigten Kind nahe. Aus der Mitte der Hoffnungsgeschichte Israels heraus erwächst Heil für die Welt. Das bedeutet ganz real und diesseitig Hoffnung für alle Bedrückten und Marginalisierten. **Maria, eine besondere Frau, wird für sie alle zur Platzhalterin.**

5. Ausblick

In dieser Erzählsituation fehlen alle Zwischentöne einer normalen Begegnung, die das Ganze verständlich machen könnten. Rede und Gegenrede funktionieren in ihrer holzschnittartigen Konzentration auf die wenigen belangvollen Aussagen nur, wenn sie primär als theologische Statements verstanden werden. Das ist ihr Anliegen. Der erzählerische Reiz der kleinen Szene liegt vor allem in der Spannung zwischen dem Alltäglichen und dem Außerordentlichen. Einerseits suggeriert die Konstellation ein vertrautes Ambiente: Zwei schwangere Frauen, miteinander verwandt, kommen zusammen und tauschen sich drei Monate lang aus. Andererseits atmen die direkten Reden die Atmosphäre höchster Bedeutsamkeit: Das „Gespräch" der beiden Frauen wird vorgestellt als Proklamation prophetisch-hymnischer Texte auf höchster theologischer Ebene!

In dieser Erzählung geht es um Theologie – und nicht um Familienerinnerungen. Sie handelt von der Heilshoffnung Israels und von der bevorstehenden Geburt dessen, der diese Hoffnungen erfüllen soll. In dichten und starken Aussagen thematisiert vor allem das „Magnifikat" Gottes Parteinahme für die „Niedrigen" und „Hungernden" – und setzt damit ein entscheidendes, wichtiges Vorzeichen vor die Geschichte Jesu aus Nazaret. Die großen Worte werden konkret im Leben einfacher Menschen. Im Kleinen beginnt, was die Welt verändern wird.

> **Wenn Gott die Maria zum Werkzeug erwählt, wenn Gott selbst in der Krippe von Bethlehem auf diese Welt kommen will, so ist das nicht eine idyllische Familienangelegenheit, sondern es ist der Beginn einer völligen Umkehrung, Neuordnung aller Dinge dieser Erde.**
>
> Dietrich Bonhoeffer: *London 1933-1935*, DBW Band 13, Seite 340f

1.2 Der Text heute – Themen und Bausteine

Kerstin Offermann

1. Begegnungen

Es gibt Menschen, die einen besonders geprägt haben. Manchmal haben auch einzelne Begegnungen Spuren in der Biografie hinterlassen, auch in der Glaubensbiografie. Es geht in dieser ökumenischen Bibelwoche um Begegnungen. Begegnung, Glauben und Biografie hängen zusammen.

Gott ist einem begegnet und dabei manchmal unerkannt geblieben. Solche Begegnungen spiegeln die Einheiten der ökumenischen Bibelwoche. Mitunter stehen die Personen in ihnen exemplarisch für uns, ihre LeserInnen, mitunter begegnet uns in den Texten auch Gott selbst. In der ersten Geschichte begegnen sich zwei Frauen, die beide in einer ungewohnten, ihr Leben verändernden Situation sind. Beide sind schwanger. Auch ihre beiden ungeborenen Kinder, Johannes und Jesus, begegnen sich. Also spielt Jesus hier schon eine Rolle, selbst wenn er noch gar nicht selbst eingreifen kann. In allen Begegnungen dieser ökumenischen Bibelwoche geht es immer um die Begegnung mit Jesus. Wie nah sind die Menschen ihm? Wie nah möchten wir, ihre gegenwärtigen LeserInnen Jesus kommen? Denn das heißt für Lukas auch: Wie nah sind die Menschen in den Geschichten und auch wir Gott und damit dem Reich

Gottes? Wie sehr leben sie und wir in der Wirklichkeit, die Gott schafft? Wie sehr entsprechen sie und wir der Wirklichkeit Gottes mit ihrem, bzw. unserem Leben, mit dem, wie sie sich selbst verhalten, mit dem, wie sie sich zu anderen Menschen verhalten? Die Nähe zu Jesus verändert auch die Nähe zueinander.

> „Wir müssen uns immer wieder sehr lange und sehr ruhig in das Leben, Handeln, Leiden und Sterben Jesu versenken, um zu erkennen, was Gott verheißt und was er erfüllt. Gewiss ist, dass im Leiden unsere Freude, im Sterben unser Leben verborgen ist; gewiss ist, dass wir in dem allen in einer Gemeinschaft stehen, die uns trägt." (aus: Dietrich Bonhoeffer, Widerstand und Ergebung, DBW Band 8, Seite 572f)

Darum geht es in den Texten auch um Veränderungen – um Umkehr und Neuanfänge. Sowohl für Maria als auch für Elisabet verändert sich ihr Leben gerade dramatisch. Und auch die beiden Söhne sind noch voll im Prozess der Veränderung, des Wachstums, der Menschwerdung. Gleichzeitig spiegelt der Text eine noch viel grundlegendere, gewaltigere Veränderung, eine Zeitenwende, die sich durch das Zur-Welt-Kommen von Jesus Christus ereignet. Diese Zeitenwende spiegelt sich in Marias Lied. Das Lied modelliert das was kommen wird. Die Beschreibung wurzelt aber zugleich in der Glaubenserfahrung Israels.

Das Thema Veränderung, auch grundlegende gesellschaftlich, globale Veränderung, ist uns heute sehr präsent. Gerade haben wir erlebt, wie ein Virus unser Leben von einem Tag auf den anderen verändert. Im Stillen hatten wir aber die Erwartung, nach der Krise würde es gewohnt weitergehen wie vorher. Aber die Krise ist nicht spurlos an uns vorübergegangen und an manchen Stellen sind die zeitweiligen Veränderungen auch eine Chance und eine Herausforderung, grundlegend eine andere Richtung einzuschlagen, gewesen.

Starten Sie diese Einheit, indem Sie die TN bitten sich, evtl. auch in Zweier- oder Dreier-Gruppen davon zu erzählen, wie es ihnen mit Veränderungen geht, wann sie einschneidende Veränderungen meistern mussten und wie sie damit umgegangen sind.

Die Personen in den biblischen Geschichten stehen exemplarisch für die Möglichkeiten und Herausforderungen Gottes an uns, die LeserInnen von heute. Sie fordern uns heraus, uns mit ihnen zu identifizieren und nach dem Veränderungspotenzial in unserem Leben zu suchen. Um sich identifizieren zu können, muss man diese Personen erst einmal genau betrachten und ihre Situation begreifen und beschreiben. Neben dem Bibeltext können dazu Bilder dieser biblischen Szene helfen, die es in der Kunstgeschichte reichlich gibt.

2. Maria

Das Leben von Maria wird durch Jesus umgekrempelt. Ihre eigenen Lebensentwürfe sind hinfällig geworden. Sie hat „Ja" dazu gesagt, aber trotzdem muss sie diese Herausforderungen und Veränderungen noch bewältigen: Sie verstehen, sie deuten, einen neuen Lebens- und Zukunftsentwurf entwickeln – was sie in der Begegnung und dem Gespräch mit Elisabet tut und in ihrem Magnifikat in Worte fasst. Das herausragende Merkmal Marias ist ihr Mut, der Mut der Jugend vielleicht, und ihr Glaube, d.h. sie traut Gottes Zusage.

Maria spürt schon positive Veränderungen: Sie wird beachtet (von Gott und von Menschen), sie wird gesegnet, sie ist glücklich (oder glücklich zu preisen – gibt es da ein Unterschied zum „Einfach-nur-glücklich-sein"?). Freude sprudelt aus ihr heraus und macht sich im Jubel Luft. Aber sicherlich hat sie auch schon schwierigere Folgen ihrer Schwangerschaft erlebt, oder wird sie noch erleben.

Maria wird in ihrem Leben schwer zu tragen haben. Woran denken die TN dabei?

Das Leben von Maria modelliert schon hier, ganz zu Beginn ihrer Schwangerschaft, etwas von dem, was Lukas mit „Reich Gottes" meint: Geringe finden Beachtung, Unscheinbares wird gesegnet, Niedriges wird emporgehoben. Ihr Ergehen wird zur Deutung für das Leben Israels, für das Leben Jesu und für das Leben jedes Menschen, der mit Jesus Christus lebt. Es geht durch die Niedrigkeit zum Segen, durch die Ohnmacht zum Geachtetsein bei Gott.

Elisabet sieht etwas in Maria, was sie selbst wahrscheinlich noch nicht sieht: Maria ist besonders unter allen Frauen. Was macht sie besonders? Worin besteht ihre Vorbildhaftigkeit? Was kann frau sich von ihr abgucken?

Mutter ist Mutter, noch auf Hoffnung hin, aber doch schon wirklich: Das Kind wächst in ihr. Was für eine Mutter wird sie sein? Als Mutter wird sie Jesus in besonderer Weise prägen. Sie wird ihm ihre Sehnsucht nach Gerechtigkeit und ihre Solidarität mit den Armen und Ohnmächtigen weitergeben. Sie wird aber auch später lernen müssen, ihn gehen zu lassen und sich zurückzunehmen. Aber sie wird ihm treu bleiben und ihn zu verstehen versuchen, auch wenn es schwer wird für sie. Damit modelliert sie auch das Leben von Eltern und prägt auch unser Bild davon, wie gute Eltern sich verhalten sollten.

 „Ob ein Kind zu einem warmherzigen, offenen und vertrauensvollen Menschen mit Sinn für das Gemeinwohl heranwächst oder aber zu einem gefühlskalten, destruktiven, egoistischen Menschen, das entscheiden die, denen das Kind in dieser Welt anvertraut ist, je nachdem, ob sie ihm zeigen, was Liebe ist, oder aber dies nicht tun." (aus: Astrid Lindgren: Niemals Gewalt". Rede vom 22. Oktober 1978 anlässlich der Verleihung des Friedenspreises des Deutschen Buchhandels in der Frankfurter Pauskirche)

Maria bewältigt die große Herausforderung, vor der sie steht, durch den Kontakt mit Elisabet. Sie macht sich auf den beschwerlichen Weg, weil der Besuch bei Elisabet und das Gespräch ihr helfen werden, in der neuen, ungewohnten, unbekannten Situationen heimisch zu werden, darin gute Entscheidungen zu treffen und Gottes Handschrift zu entdecken. **Wen kann ich treffen, besuchen, mit wem reden, um Gottes Handschrift in meinem Leben zu verstehen?**

3. Elisabet

Auch Elisabet erlebt gerade eine Veränderung. Für sie ist es eine große Freude. Durch Marias Besuch erlebt Elisabet sogar doppelte Freude. Das Glück „quadriert" sich.

Elisabet erlebt die Wirkkraft des Heiligen Geistes auf körperliche Weise: durch das Kind, das in ihr wächst, durch die Freude, die das Kind in ihr hüpfen lässt, durch den Jubel, der sich in ihr ausbreitet. Elisabet teilt diese körperliche Erfahrungsdimension des Heiligen Geistes mit Maria. Auch Maria hat den Heiligen Geist so körperlich wirksam erlebt. Es hat sie in Bewegung gesetzt. Der Heilige Geist ist die Kraft hinter und in dieser Begegnung zwischen Maria und Elisabet. Darum können beide aus tiefster Seele gemeinsam jubeln. Sie verstehen sich. Diese körperliche Wirksamkeit des Heiligen Geistes, in der der Geist Gottes real Einfluss nimmt auf uns, ist uns mitunter fremd. Zugleich wissen wir aber auch, dass Geist und Körper in einem Wechselspiel miteinander stehen. Grade auch die Wirkung des Heiligen Geistes auf unsere Gefühlswelt, die ja auch körperlich ist, ist vielleicht leichter nachzuvollziehen als die Zeugung eines Kindes durch den Heiligen Geist.

„Die Frucht hingegen, die der Geist Gottes hervorbringt, besteht in Liebe, Freude, Frieden, Geduld, Freundlichkeit, Güte, Treue, Rücksichtnahme und Selbstbeherrschung."(Galater 5,22–23). Von den emotionalen Auswirkungen des Heiligen Geistes können sich die TN auch gegenseitig erzählen.

Elisabet deutet das, was sie körperlich erlebt, auf geistlich Weise: das Kind in ihrem Bauch bewegt sich, daraus schließt sie, dass Jesus der Herr, also Gott selbst, ist, über den das Kind in ihrem Bauch sich freut. Elisabet deutet die Situation aus ihrer Lebenserfahrung und Glaubenstradition heraus und eröffnet damit auch Maria einen neuen Horizont, in den sie ihre unbegreifliche neue Erfahrung stellen kann.

Elisabet ist die erste im Lukasevangelium, die sich zu Jesus bekennt, indem sie ihn „mein Herr" nennt. Sie erkennt Jesus durch ihren Sohn, mit dem sie ja körperlich-inniglich verbunden ist. Aber durch das „mein" bringt sie sich aus der durch ihren Sohn vermittelten Nähe zu Jesus in eine unmittelbare Nähe. Welche Erfahrungen haben die TN damit gemacht? Wie nah kann man andere, die einem nah stehen, zu Jesus bringen? Wie findet man zu einer eigenen Nähe zu Jesus?

4. Jesus

Jesus wirkt schon, ohne selbst überhaupt wirken zu können. Andere verhalten sich zu ihm, als er sich überhaupt noch nicht verhalten kann.

Jesus wächst, wird Mensch. Und mit ihm wachsen die Hoffnungen auf Rettung und Gerechtigkeit. Jesus im Bauch von Maria ist zugleich die Erfüllung von Hoffnungen und Verheißungen und ein Versprechen. Jesus ist ein Hoffnungsträger für die Zukunft und zugleich die Erfüllung von Versprechen der Vergangenheit. Dadurch, dass er da ist, garantiert er, was noch kommen wird.

5. Loblied der Maria

So formuliert Maria in ihrem Lobpreis das Wirken Gottes auch in der griechischen Zeitform des Aorists, der im Deutschen in Vergangenheitsform übersetzt werden kann: „Die Hoffnung spricht schon im Perfekt." (Christiane von Boehn: *Neukirchener Bibel. Die Evangelien.* Neukirchen-Vluyn, 2019, S. 256)

 Die TN kennen das sicherlich auch aus ihrem (Glaubens-)Leben: Bereits eingelöste Versprechen schaffen eine größere Gewissheit, dass Versprechen auch in Zukunft erfüllt werden.

Durch ihren Lobpreis stellt Maria sich selbst in diese Hoffnungsgeschichte hinein. „Es geht im Lobpreis darum, sich dem diakonischen Geist auszusetzen und sich bedingungslos der Gottesherrschaft, SEINEM Gottesreich anzuvertrauen." (Christiane von Boehn: *Neukirchener Bibel. Die*

Evangelien, S. 236)

Der Text eröffnet über das Lied der Maria die Dimension des Lobpreisliedes auch für uns. Wie bei einem Musical stoppt die Handlung für einen Song, der Einblick gewährt in eine Tiefendimension, die sich der alltäglich-offensichtlichen Wahrnehmung nicht erschließen würde. Die Lieder „machen etwas sichtbar, was sonst nicht zu erkennen ist. Sie enthüllen die Dimension des göttlichen Handelns, wo man mit äußerlichem Blick nur gewöhnliche und ungewöhnliche menschliche Ereignisse sehen kann. (…) Plötzlich ist Leben und Zukunft da, die Verwandlung der ganzen Welt hat angefangen." (Egbert Ballhorn: Gottesglanz und Menschenwelt. Lectio Divina Bd. 14, 2016, S.5)

 Zu diesem Thema passen zwei Bände der Reihe „Lectio Divina" des Katholischen Bibelwerks: der bereits zitierte Band Gottesglanz und Menschenwelt sowie der Band Zeichen erkennen (Bd. 12, 2015). Informationen zur Reihe und Bestellmöglichkeiten unter www.lectio-divina.de.

Das Lied eröffnet einen Deutungshorizont aus der biblischen Tradition und der menschlichen Erfahrung mit Gott. Dieser Deutungshorizont ist ein Angebot, die eigene Erfahrung nochmal anders – nämlich aus der Perspektive Gottes – zu betrachten. Das Magnifikat ist auch für Jesu Leben und für unser Leben ein solches Deutungsangebot, um die Gegenwart Gottes, den Reichtum und die Tiefendimension im eigenen Leben zu entdecken. Durch das Einstimmen in ein solches Lied werden auch wir mit hineingenommen in die Dynamik des Heiligen Geistes, der Leben spendet und die Welt verändert.

Diese Kraft von Liedern haben Menschen durch Gospelmusik erfahren. Aber auch die gottesdienstlichen Lieder, die gemeinsam gesungen werden, stellen das persönliche Leben in diese Kraft dieser Glaubensgeschichte. Wenn man heute mit Maria mitsingt und in ihren Hymnus einstimmt, wendet man die Deutung des Magnifikats auch auf sein Leben an. Man lernt, wie Jesus uns nahekommt und wie man Gottes Handschrift im eigenen Leben entdecken kann.

 In dieser Einheit bietet es sich an gemeinsam das Magnifikat zu beten oder zu singen, z.B. in einer Taizé Version, (https://www.youtube.com/watch?v=X-6k6qTOMvE); Aber auch andere Loblieder auf die verändernde Kraft Gottes machen erfahrbar, wie ein gesungenes Gotteslob die Gegenwart in anderem Licht erscheinen lassen kann.

6. Worte aus dem Text

Neben der Identifikation mit den Personen der Geschichte sprechen auch zentrale geistlich aufgeladene Worte aus dem Text in unser Leben heute:
→ Erbarmen
→ Segen
→ Rettung
→ Macht
→ Stolz
→ Hunger
→ …

Sprechen Sie mit den TN darüber, welches dieser Worte besonders zu ihrem Leben gehört: Das habe ich erfahren. Das brauche ich grade. Danach sehne ich mich.

7. Gebet

Das Magnifikat ist auch eine gewaltige Solidaritätsbekundung mit den Ohnmächtigen, Unterdrückten, Hungernden. Es ist ein Schrei zu Gott, seine Vision dieser Welt Realität werden lassen. Es ist auch ein Gebet.

Eine Form der aktuellen Aneignung biblischer Texte ist es, aus ihnen ein Gebet werden zu lassen und durch sie Fürbitten zu lernen (Anregungen dazu finden sich beim Zusatzmaterial). Eine solche Fürbitte könnte ein verbindendes Element aller Einheiten sein. Der erste Text ermutigt zur Fürbitte für Schwangere, für Paare mit unerfülltem Kinderwunsch, für Eltern von Sternenkindern (Kinder die bei oder vor der Geburt gestorben sind), für Ohnmächtige, Unterdrückte, Hungerende, auch für Mächtige, Stolze, in ihrer Macht und ihrem Stolz Gefangene, für Reiche, für das Miteinander der Generationen, dafür einander wahrzunehmen, zu achten, zu unterstützen.

1.3 Vorschlag für eine Bibelarbeit

Claudia Elisabet Pfeiffer

Inhaltlicher Schwerpunkt

Die ausgewählten Verse dieser Einheit handeln von der Begegnung der werdenden Mütter Maria und Elisabet. Der Hauptakteur hinter diesen Ereignissen ist der Heilige Geist, der jeweils die Schwangerschaften wirkte und zu der Begegnung führte. Er löst die Seligpreisungen der Elisabet und auch das Loblied der Maria aus. Der Reiz dieses Textes liegt vor allem in der Spannung zwischen dem Alltäglichen und dem Außerordentlichen. Einerseits treffen sich zwei Verwandte und tauschen sich aus. Andererseits tritt Gottes mächtiges Handeln in den Vordergrund und eröffnet eine Heilshoffnung für Israel, die durch das Kind real werden soll.

Hauptbotschaften des Textes:
→ Der Geist Gottes ist der Motor hinter den Ereignissen.
→ In der konkreten Begegnung wird Gott erfahrbar.
→ Der Hymnus Magnifikat (*magnificat* = „es macht groß") fasst die Hoffnungen und Verheißungen Israels zusammen – das ungeborene Kind soll diese Hoffnungen erfüllen.
→ Gott macht sich für die „Niedrigen" stark – Gott ist ein Gott, der die Dinge umkehrt.

Materialien und Medien
→ MP3-Datei von „Die Bibel. Gelesen von Rufus Beck" in der Übersetzung der revidierten Lutherbibel 2017
→ Bunte Papierstreifen und Stifte für das Schreiben des Hymnus

Zur Gestaltung des Abends

Liturgische Eröffnung
→ Lied: Magnificat (Kanon) (EG 573 – abhängig von der Ausgabe, Gotteslob 390)
→ Mit dir, Maria, singen wir (Gotteslob 905)
→ Mein Seel, o Herr, muß loben dich (EG 308)
→ Großer Gott, wir loben dich (EG 331, Gotteslob 380)
→ Atem Gottes (Feiert Jesus! 2, 85)
→ Vertraut den neuen Wegen (EG 395)

Gebet
Komm, Heiliger Geist, lass uns die Schönheit des Lebens spüren.
Komm, Heiliger Geist, lass uns Freude aneinander finden.
Komm, Heiliger Geist, begegne und bewege uns.
Komm, Heiliger Geist, stärke uns in der Hoffnung. Amen.

Psalm zur Bibelwoche: Magnifikat

Auf den Text zugehen: Begrüßungsrituale (ca. 15 Min.)

Da im Bibeltext Marias Gruß das Hüpfen des Kindes in Elisabets Bauch auslöst, soll das Thema „Begrüßung" zu Beginn der Bibelarbeit Aufmerksamkeit bekommen. Begrüßungsrituale können verschiedene Wirkungen haben. Diese sollen erprobt und erörtert werden.

Praktische Übung

Die Gruppe testet verschiedene Begrüßungsrituale, die ihnen einfallen. Immer zwei Teilnehmer bilden ein Team und miteinander werden mögliche Begrüßungen ausprobiert (je nach Vertrautheit). Es könnten auch Vorschläge durch den Gruppenleitenden eingebracht werden: Hände schütteln, Umarmen, Kuss, Wangenkuss, Nasenkuss, Verbale Sprache, Verbeugen, auf die Schulter hauen, Faustcheck, Klopfen, Nicken, Winken, Lächeln, Knicks.
Im Anschluss kommen die Teilnehmenden über die gemachten Erfahrungen und über das Thema „Begrüßung" ins Gespräch.

Folgende Impulsfragen können das Gespräch unterstützen:
→ Welche Begrüßungsform löst was aus? Welcher Gruß hat sich gut und welcher befremdlich angefühlt und warum?
→ Welchen Stellenwert hat das „Begrüßen" – in unserer Gesellschaft / für einen persönlich?
→ Warum begrüßen sich Menschen?
→ Was macht es mit einem, wenn die Begrüßung entfällt?

Dem Text begegnen: (ca. 30 Min.)

Einordnung des Textes

Das erste Kapitel des Lukasevangeliums führt in die Absichten des Schreibers ein: Er möchte die Ereignisse rund um die Person Jesu aus seiner Perspektive aufschreiben.
Es beginnt mit der Ankündigung der Geburt Johannes des Täufers. Zacharias und Elisabet sind schon in vorgerücktem Alter und Elisabet ist unfruchtbar. Zacharias ist Priester. Als er im Tempel das Rauchopfer darbringt, erscheint ihm ein Engel mit der Ankündigung, dass Elisabet einen Sohn gebären wird, der Johannes heißen soll und der vom Heiligen Geist erfüllt sein wird. Auch der Jungfrau Maria erscheint ein Engel. Dieser kündigt ihr ebenfalls die Schwangerschaft mit einem Sohn an. Dieser soll Jesus heißen und er wird Sohn Gottes genannt werden, denn die Schwangerschaft wird durch den Heiligen Geist gewirkt.
Der Engel teilt ihr auch mit, dass Marias Verwandte Elisabet schwanger ist und unterstreicht damit die Aussage, dass bei Gott nichts unmöglich ist.
Nach dieser Vorgeschichte macht sich Maria auf den Weg zu Elisabet und es kommt zur Begegnung der beiden. Zwei vom Geist ergriffene Frauen stehen zu Beginn des Lukasevangeliums im Mittelpunkt und werden zu Zeugen von Gottes Handeln an ihnen.
Durch die Begegnung mit Maria wird Elisabet vom Heiligen Geist erfüllt und spricht Segensworte und Seligpreisungen über Maria aus. Maria selbst rezitiert daraufhin einen Hymnus (Magnifikat), der das Geschehen aus ihrer Perspektive darstellt, aber auch eine größere Perspektive beinhaltet: die Hoffnung ganz Israels.

Die Wirksamkeit des Geistes Gottes erscheint nicht nur in Lk 1,39-56 als Leitmotiv, sondern im gesamten ersten Kapitel des Lukasevangeliums. Der Geist bringt in Bewegung und führt zu Begegnung.

Wahrnehmung des Textes

Den Text hören
Die Bibelstelle wird mit Hilfe der Audio-Datei von „Die Bibel. Gelesen von Rufus Beck" in der Übersetzung der revidierten Lutherbibel 2017 abgespielt und durch das Hören wahrgenommen.

Den Text lesen
Nach dem Hörerlebnis wird der Bibeltext in der Fassung der Neuen Genfer Übersetzung (s. Teilnehmerheft) gelesen – als Kontrast zum Hören kann jeder für sich den Text in der Stille lesen.

Den Text darstellen: Standbild
Mit Hilfe von Standbildern soll die Geschichte visuell präsentiert werden. Dabei müssen nicht unbedingt die vorkommenden Personen dargestellt werden – es können auch die Emotionen und Gedanken sein, die Ausdruck finden. Es geht darum sich in die jeweilige Situation hinzufühlen und sie – aus welcher Perspektive auch immer – bildhaft zu machen.
Dazu wird die Gesamtgruppe in fünf Kleingruppen eingeteilt.

Folgende Szenen sollen umgesetzt werden:
→ Hinweg der Maria
→ Begegnung und Begrüßung der Frauen
→ Segensworte der Elisabet
→ Lob der Maria
→ Heimweg der Maria
Jede Gruppe erhält ca. 5 min Zeit, um sich ein Standbild zu überlegen.

Im Anschluss stellt jede Gruppe das Standbild dar. Nach der Präsentation kann die Gruppe direkt mit Wahrnehmungen oder Fragen reagieren.

Den Text wahrnehmen
→ Beobachten Sie die Bewegungen in der Erzählung (V 39-45)? Was löst die einzelne Bewegung aus? Welche Wirkung hat sie?
→ Beobachten Sie die Bewegungen und Veränderungen im Magnifikat (V 47-55).
→ Suchen Sie nach Aussagen über „oben" und „unten" (hoch, niedrig etc.: Hier können alle Beobachtungen Platz finden, angefangen mit der Landschaft – das Bergland, die „hohe Stadt Jerusalem", der Tempelberg, an dem Zacharias Dienst tut, erhöhen, erniedrigen, die „niedrige Magd und der hohe Herr – vgl. Bilder, auf denen Johannes im Bauch Elisabets kniet und Jesus im Bauch Marias segnend steht ...).
→ Beschreiben sie die Gegensätze, die im Text genannt werden.
→ Welche Gemeinsamkeiten lassen sich im ersten Teil des Textes (Lk 1,39–45) und dem zweiten Teil des Textes (Lk 1,46–56) finden?

→ In der Kunstgeschichte wird die Begegnung von Maria und Elisabet häufig so dargestellt, dass die beiden Kinder in den Bäuchen in Kontakt treten. Wenn Jesus und Johannes sich durch die Bäuche hinweg unterhalten könnten, was würden sie sich wohl sagen?

→ Welches Gottesbild zeichnet der Lobgesang der Maria?

→ Welche Bedeutung hat der Heilige Geist in dieser Geschichte?

Mit dem Text weitergehen: (ca. 20 Min.)

Anregungen zum Nachdenken und zum Austausch:

→ Gibt es persönliche Erfahrungen, dass Gott die Verhältnisse umkehrt?

→ Maria hat Grund zu loben und drückt das im Lobgesang auch aus – aber wie kann man Gott loben, wenn einem nicht danach ist?

→ Was können wir von Maria und Elisabet lernen?

Ein neues Magnifikat

Die TN können sich Papierstreifen nehmen und Elemente eines heutigen Magnifikat darauf schreiben:

→ Ein Lobpreiswort (Ich bin fröhlich und danke Gott, denn ...)

→ Eine Begründung, die heute Mut macht (... du kannst Krankheiten heilen)

→ Eine Erfahrung, die es schon gibt (... denn ich wurde getröstet / bewahrt / etc.)

→ Eine Hoffnung, die noch aussteht (... du wirst den Vertriebenen Heimat geben bei uns)

Die Streifen werden dann nach und nach einzeln vorgelesen und zu einem Hymnus zusammengelegt. Anschließend kann noch etwas ergänzt oder sortiert werden.

Liturgischer Abschluss

Der ganze Hymnus wird noch einmal gelesen.

Vaterunser

Segen

Die TN legen einander je eine Hand auf die Schulter. Sie sprechen gemeinsam den aaronitischen Segen (Num 6,24–26 nach der Gute-Nachricht-Bibel):

„Der Herr segne euch und beschütze euch!
Der Herr blicke euch freundlich an und schenke euch seine Liebe!
Der Herr wende euch sein Angesicht zu und gebe euch Glück und Frieden!"

Lied

„Geh unter der Gnade" (EG 543)

1.4 Bildbetrachtung zu Maria und Elisabet

Johannes Beer

Christiane Oellerich: „Maria und Elisabet", 2018, Mischtechnik auf Papier, 38,8 x 36,8 cm.

Dieses Bild von Christiane Oellerich ist recht hell. Sofort treten zwei senkrechte Formen hervor. Durch den hellblauen Hintergrund und die in Blauschattierungen gehaltenen Formen bestimmt die Farbe Blau die Arbeit. Die linke Form ist heller als die rechte. Beide haben ihre Fortsetzung in einem hellen Streifen, der sich in Gelb-, Orange- und Rottönen nach oben zieht. Oder er kommt von oben und durchdringt diese durchbrochenen Formen, fließt geradezu in sie hinein und leuchtet mit seinen strahlenden Farben durch die Formen und scheint sie auszufüllen. Die Formen wiederum öffnen sich zueinander hin. Zarte Linien verbinden sie miteinander, während jeweils nach außen hin die Formen geschlossen wirken. Im oberen Bilddrittel schweben helle, blattähnliche Elemente. Sie sind in Weiß, Gelb, Rot und auch Blau gehalten.

Natürlich ist hier nicht wirklich Gegenständliches auf dem Bild zu erkennen. Auch Maria und Elisabet sind weder als typisch menschliche Figuren noch mit Händen und Füßen und Gesichtern zu sehen. Und doch werden für mich auf dem Hintergrund des Lukastextes im Betrachten die beiden Formen zu Maria und Elisabet. Die linke ist dann Maria: Die hellere blaue Marienfarbe macht es schon deutlich. Und wir meinen ein über den Kopf gezogenes langes Gewand angedeutet zu sehen. Die rechte ist dann Elisabet, deren dunklere Farbe das Gewand einer älteren Frau symbolisiert. Die beiden sind einander zugewandt. Zwischen ihnen – die Verbindungen der Formen machen es deutlich – geschieht ein einzigartiger Dialog. Beide sind dabei von oben mit diesem Lichtstreifen erfüllt. Der Heilige Geist kommt, fast an Pfingstbilder erinnernd, in diesem Lichtstreifen, der ja auch die Farbe der Flammen hat, und erfüllt die beiden Damen. Er ist in sie ausgegossen, sodass sie von innen heraus leuchten. Die Beziehung der beiden hat auf diesem Bild etwas Direktes und Intimes, aber die hellen Formen, die über ihnen schweben, symbolisieren für mich die gesagten Worte. Hier steigt der Lobgesang auf und ist in der Welt. Er ist mehr als das einmalige Gespräch der beiden. Seine Teile strahlen ebenfalls in den Farben des Heiligen Geistes.

2 | Rufen und berufen – Lk 5,1-11

2.1 Exegese

Prof. Dr. Christfried Böttrich

Der Text in Lk 5,1–11 bietet eine Berufungsgeschichte *par excellence* und schlägt damit das Thema der „Nachfolge" an. Seine Besonderheit liegt darin, dass es hier um Simon Petrus geht – jenen Mann der ersten Stunde, der als engster Gefährte Jesu erscheint. Nachfolge und Schülerschaft sind indessen – gerade bei Lukas – nicht nur Männern vorbehalten. Die Episode von Maria und Marta thematisiert die Schülerschaft von Frauen, und Lk 8,1–3 stellt eine Frauengruppe von „Nachfolgerinnen" vor, an deren Spitze Maria Magdalena steht.

Die Berufung des Simon Petrus liefert eines der Beispiele dafür, wie Lukas gelegentlich die Reihenfolge der von Markus überlieferten Episoden umgestellt hat. In diesem Falle ist die Geschichte ein Stück nach hinten verschoben, sodass Simon Petrus und Jesus sich darin nicht (wie in Mk 1,16–20) zum ersten Mal begegnen. Zudem hat Lukas die kleine Berufungsgeschichte so mit einer Wundererzählung verbunden, dass sich beide Teile wechselseitig interpretieren. Simon Petrus wird mit einer kritischen Selbsterkenntnis eingeführt, was Bedeutung hat: Die Schüler Jesu sind keine Heldenfiguren, sondern fehlbare Menschen.

Begegnungen finden in dieser Erzählung auf verschiedene Weise statt. Zu Beginn ist es eine unbestimmte Volksmenge, der Jesus als Prediger begegnet. Daraus entsteht eine konkrete Begegnung mit Simon Petrus, die wenig später dann auch dessen Gefährten mit einbezieht. Immer laufen dabei zwei Bewegungen aufeinander zu: Offenheit, Suche, Sensibilität oder Not auf der einen Seite trifft auf die gezielte Zuwendung auf der anderen. **Im Falle des Simon Petrus wird die Begegnung zu einer Initialzündung, die eine große Auswirkung haben wird.** Sie führt zu einer Lebenswende und veranlasst den einstigen Fischer, neue Wege zu gehen.

Unter Anglern begrüßt man sich gerne mit „Petri Heil!" Dieser Gruß verdankt sich der Erinnerung an diese Geschichte. Kollege Petrus wird zum Schutzpatron der Fischer. Insgesamt vermittelt Lk 5,1–11 einen stimmigen Gesamteindruck. Jesus holt seine Leute mitten in ihrer Arbeitswelt ab. Er würdigt ihre Arbeit und nimmt ihren Alltag ernst. Deshalb ist auch das abschließende Auftragswort von dem, der künftig „Menschen fangen" soll, genau auf die berufliche Erfahrung des Simon Petrus abgestellt. Er ist als Mann aus dem Volk gleichsam „einer von uns" und wird gerade darin zu einer der faszinierendsten Figuren des gesamten lukanischen Erzählwerkes.

1. Textstruktur

Die vorgestellte Szene setzt sich aus drei relativ eigenständigen Akten zusammen. Der erste Akt (Lk 5,1-3) erzählt von einer Predigt Jesu am Ufer des Sees Gennesaret, wobei der Prediger eines der am Ufer liegenden Boote gleichsam als Kanzel benutzt. Der zweite und längste Akt (Lk 5,4-10) enthält eine Wundererzählung, die von einem reichen Fischfang handelt. Der abschließende dritte Akt (Lk 5,10-11) handelt von einer Berufung und von den ersten Schülern Jesu.

Lukas hat in dieser großen Einheit drei verschiedene Textsorten miteinander verbunden und dabei auch unterschiedliche Themen angeschnitten. Doch die Hauptfigur ist von Anfang an Simon. Auf seine Berufung läuft die ganze Geschichte zu. Er wird am Ende als erster und exemplarischer Schüler Jesu vorgestellt. Der Text ist bewusst so strukturiert, dass dieser Gedanke im Zentrum steht.

Besonders der Mittelteil hat die Auslegerinnen und Ausleger des Textes immer wieder beschäftigt. Zu dieser Wundererzählung gibt es in Joh 21,1-14 eine auffällige Parallele. Die Übereinstimmungen, die bis in Details hineinreichen, sind frappierend. In beiden Fällen findet der Fischzug am Tage statt, nachdem die Arbeit der zurückliegenden Nacht erfolglos war; beide Male geht die Initiative von Jesus aus; hier wie da übersteigt der Fang alle Erwartungen; Simon spielt in beiden Erzählungen eine zentrale Rolle; die Erfahrung der Fischer mit diesem Fang führt zu einer neuen, vertieften Christuserkenntnis. Allerdings hat das Fischfangwunder bei Johannes die Gestalt einer Ostererzählung, während es bei Lukas noch ganz am Anfang der galiläischen Wanderungen Jesu platziert ist. Sehr wahrscheinlich steht hinter den beiden Erzählungen die Erinnerung an ein bestimmtes, markantes Erlebnis mit Jesus von Nazaret, das in seinem Schülerkreis überliefert, modifiziert und schließlich von den Evangelisten Lukas und Johannes auf unterschiedliche Weise gestaltet worden ist. Im Falle des Johannes ist die Erzählung Teil einer sog. „Rekognitionserscheinung" (s. Einheit 7). Das heißt: Der Auferstandene, der zunächst wie ein Unbekannter am Ufer erscheint, wird im Verlauf der Geschichte als der erkannt, der er ist. Das hat nicht nur mit seiner Präsenz, mit Segen und Fülle zu tun, sondern auch mit der anschließenden Gemeinschaft beim Mahl. Bei Lukas hingegen bereitet das Fischfangwunder eine doppelte Erkenntnis vor: Simon nimmt jetzt erst wahr, wer der Prediger in seinem Boot ist – und erkennt sich selbst als einen „sündigen Mann."
Ein österliches Flair liegt freilich auch über der Fassung bei Lukas. Denn der Prediger erscheint gegenüber Simon und dessen Gefährten schon in göttlicher Hoheit und löst genau das aus, was für solche Erscheinungen charakteristisch ist: nämlich Furcht und Schrecken. Es bedarf erst der Ermutigung („Fürchte dich nicht!"), um Simon wieder aufzurichten.
Die Berufung des Petrus hat ihr Vorbild in Mk 1,16-20. Davon unterscheidet sie sich jedoch in zwei markanten Punkten. Der erste betrifft die Position im Gesamttext. Bei Markus ist die Berufung von Schülern das Erste, was vom Auftreten Jesu in Galiläa überhaupt berichtet wird. Lukas hingegen verschiebt diese Szene ein kleines Stück nach hinten. Bei ihm geht alles mit der Predigt Jesu in Nazaret los, gefolgt von einigen Wundern in Kafarnaum. Petrus, der in Kafarnaum wohnt, lernt Jesus schon kennen, bevor sich die denkwürdige Szene am See ereignet. Der Nachfolgeruf, der bei Markus noch wie aus heiterem Himmel kommt, hat bei Lukas also bereits eine kleine Vorgeschichte. Der zweite Punkt betrifft die Anlage der Berufungserzählung selbst. Markus erzählt von der Berufung zweier Brüderpaare – Petrus und Andreas, Jakobus und Johannes. Ihre Begegnung mit Jesus am See wird streng symmetrisch gestaltet. Ganz anders verfährt Lukas. Seine Erzählung ist eine Petrus-Geschichte. Alles ist ausschließlich auf ihn zugeschnitten; Andreas wird mit keinem Wort erwähnt und die Gefährten während des Fischfanges klingen lediglich in dem unbestimmten „sie" an. Jakobus und Johannes werden immerhin noch am Schluss kurz nachgeschoben („ebenso auch ..."), aber das Auftragswort wiederum gilt Petrus allein.

2. Figurenkonstellation

Lukas führt die Figur des Simon Petrus in dieser Geschichte erzählerisch geschickt ein. Das Anfangsbild wird noch ganz von einer Volksmenge bestimmt, die so zahlreich am See er-

scheint, dass Jesus in Bedrängnis gerät. Alles beginnt mit dem erfolgreichen Prediger und seinem Publikum, dem es um das „Wort Gottes" geht.

Dann aber wird die Kamera scharf gestellt und auf eine kleine Gruppe von Fischern gerichtet, die mit der Volksmenge zunächst gar nichts zu tun haben. Sie sind am See, weil sie hier ihrer täglichen Arbeit nachgehen. Am Ufer beschäftigen sie sich gerade im Nachgang der nächtlichen Arbeit mit ihren Netzen.

Erst im dritten Vers tritt aus dieser kleinen Gruppe einer hervor, der nun auch namentlich benannt wird: Simon. Dass Jesus ohne größere Umstände in sein Boot steigt, setzt die Bekanntschaft beider Männer voraus. Ihre Kommunikation beschränkt sich zunächst auch nur auf die Bitte, ein wenig vom Land abzulegen. Simon muss damit freilich seine Arbeit an den Netzen unterbrechen. Nicht mehr nebenbei, sondern ausschließlich wird er nun wie die Volksmenge auch zum Hörer des „Wortes Gottes". Außerdem sitzt er bei dieser Predigt nicht mehr nur in der ersten Reihe, sondern exklusiv und ganz direkt zu Füßen des Predigers. Von seinen Gefährten ist unterdessen keine Rede mehr.

Nach Beendigung der Predigt entspinnt sich ein Dialog zwischen Jesus und Simon. Die Volksmenge am Ufer scheint vergessen zu sein. Wird sie entlassen oder geht sie von allein? Das Boot kehrt jedenfalls vorerst nicht ans Ufer zurück, sondern fährt weiter hinaus. Jesus fordert Simon auf: „Fahr hinaus ... werft eure Netze aus ..." – eine Rede, die zwischen Singular und Plural hin und her wechselt. Dieser Duktus setzt sich fort: „wir haben nichts gefangen ... ich werde auswerfen ...". Als der Fang dann eingeholt wird (Lk 5,6-7), ist plötzlich auch das zweite Boot zur Stelle. Simon winkt den Gefährten, und gemeinsam füllen sie „beide Boote". Danach aber wechselt die Szene wieder in eine Dialogsituation zwischen Jesus und Simon. Noch im Boot fällt Simon vor Jesus nieder und bekennt seine Gottesferne. Der Schrecken, der ihn gepackt hat, ergreift nun aber auch seine Gefährten, nämlich „alle die mit ihm waren ... ebenso auch Jakobus und Johannes". Jetzt erst wird das andere Brüderpaar eingeführt, als die Söhne des Zebedäus und Teilhaber des Simon. Das Auftragswort richtet sich an Simon allein, aber die Schlussbemerkung formuliert wieder im Plural: „Sie" zogen die Boote an Land, verließen alles und folgten ihm nach.

Die Begegnungen in dieser Erzählung sind vielfältiger Art, aber die eine – die zwischen Jesus und Simon – nimmt immer deutlicher Gestalt an. Auf ihr liegt das Hauptinteresse. **Simon wird zum Beispiel dafür, was das Hören auf Gottes Wort, Nachfolge und Schülerschaft bedeuten.** Trotzdem erscheint er nicht als Solist und Einzelkämpfer, sondern bleibt eingebunden in eine Gruppe von Gefährten, die seine Erfahrung und seinen Auftrag teilen.

3. Sachinformationen

Die Erzählung handelt von dem ersten Schüler Jesu, der Simon heißt. Das ist sein ursprünglicher Name. „Simeon / Simon" (= Gott hat erhört) erinnert an den streitbaren Sohn des Erzvaters Jakob und hat in jüdischen Ohren einen guten Klang. Simons Vater heißt Jochanan, was in Mt 16,17 (Simon Bar-Jona) und in Joh 1,42 und 21,15.16.17 erwähnt wird. Den Beinamen „Kefas / Petrus" (= Fels) erhält er erst später, weil es im Schülerkreis Jesu zwei Simons gibt, die man unterscheiden muss. Deshalb wird er ihm auch in jener Szene beigelegt, die von der Konstituierung des Zwölferkreises handelt (Lk 6,12-16). Dieser Beiname ist auf jeden Fall auszeichnend gemeint und spielt wohl auf die Verlässlichkeit des Simon an. Wenn Jesus mit ihm spricht, gebraucht er meistens den Namen Simon – wie auch hier in Lk 5,1-11. Nur einmal verwendet Lukas dabei schon im Vorgriff die doppelte Benennung „Simon Petrus" (Lk 5,8) – was an dieser Stelle bereits auf seine zukünftige Rolle verweisen könnte.

Die Jesusbewegung startet im ländlichen Galiläa. Ihr geografischer Mittelpunkt ist der See Gennesaret. Simon, der nach Joh 1,44 aus Betsaida am Nordostufer des Sees stammt, wohnt inzwischen in Kafarnaum. Hier ist er verheiratet und besitzt ein Haus. Nach Lk 4,38-39 ist Jesus bereits in diesem Haus zu Gast gewesen und hat die Schwiegermutter des Simon geheilt. Aus Mt 4,13 erfährt man, dass Jesus von Nazaret wegzieht und Kafarnaum als neuen Wohnort wählt. Vermutlich bezieht er dort bei Simon Quartier, dessen Haus nun zum Basislager der Jesusbewegung in Galiläa wird. Auf seinen Wanderungen rings um den See bewegt sich Jesus in einem ländlichen, landwirtschaftlich bestimmten Milieu. In seinen Gleichnissen entwirft er das Bild der „kleinen Leute", die ihren Lebensunterhalt mit Ackerbau, Viehzucht und Fischfang verdienen. Aus diesem Kreis wählt Jesus auch seine ersten Schüler aus.

Der Fischfang ist in Galiläa ein wichtiger Wirtschaftsfaktor. Viele Menschen leben vom See und dessen Fischreichtum. Simon und seine Gefährten gehören dazu. Sie haben ein Haus, verfügen über Boote und Netze und verstehen etwas von ihrer Arbeit. In Lk 5,6 wird durch den entsprechenden Fachbegriff („sie schlossen … ein") angedeutet, dass sie sich bei dem reichen Fang der Schleppnetztechnik bedienen. In der sozialen Pyramide gehören sie als Fischer zur „Nicht-Elite", können aber durchaus für sich und ihre Familien sorgen. **Sie sind jedenfalls keine verzweifelten Habenichtse, die sich dem ersten besten Prediger leichten Herzens anschließen.** Wenn sie „alles verlassen" (Lk 5,11), dann haben sie auch tatsächlich etwas zu verlieren.

Die Szene im Boot, in der Simon vor Jesus niederfällt (Lk 5,8-10), trägt Züge einer „Epiphanieschilderung": Immer dann, wenn Menschen mit „dem Göttlichen" in Berührung kommen – sei es durch die Erscheinung eines Gottesboten oder Gottes selbst – geraten sie in Furcht und werden sich bewusst, wie fehlbar und unwürdig sie sind. Deshalb ist es ein typisches Element aller Epiphanie-Erzählungen, dass der Mensch aufgerichtet und ermutigt werden muss – meist durch die Formel „Fürchte dich nicht!" Durch diese Textsignale deutet Lukas also schon an, dass hier mehr als nur ein erfolgreicher Wanderprediger oder vollmächtiger Prophet in Erscheinung tritt. Die Erzählung, die vordergründig eine Petrusgeschichte ist, erweist sich zugleich auch als eine Christusgeschichte.

4. Schwerpunktthemen

Christologie

Das christologische Profil dieser Geschichte ist mehrschichtig. Zunächst wird Jesus von Nazaret als erfolgreicher Verkündiger eingeführt, den die Volksmassen bedrängen. Von einer solchen erfolgreichen Tätigkeit wird Lukas noch öfter berichten. Dem entspricht, dass auch der Fischfang über alle Erwartung hinaus erfolgreich ausfällt. Indem Jesus das „Wort Gottes" verkündigt, erweist er sich als Prophet. Simon wiederum sieht in ihm zunächst den Lehrer. Seine Anrede mit dem Titel *epistates* (Lk 5,5), der am besten mit „Meister" wiederzugeben wäre, kommt so nur bei Lukas vor; ansonsten steht dafür hebr. *rabbi* oder griech. *didaskalos*. Dem Ratschlag des Zimmermanns folgt der Fischer zunächst nur zögerlich, vertraut am Ende aber doch auf dessen „Wort". Immerhin hat er ihn auch zuvor schon in der Rolle des Wundertäters erlebt.

Anthropologie

Wie es um den Menschen im Angesicht Gottes steht, wird in dieser Erzählung an der Figur des Simon verdeutlicht. Als Simon das Wunder sieht, hat er eine Selbsterkenntnis. Der reiche Fischfang ist für ihn keine Erfahrung, die ihn begeistert. Vielmehr erlebt er das Wunder als Teil der vorausgegangenen Wort-Verkündigung, die ihm nun vollends die Augen öffnet. Indem er niederkniet, vollzieht er eine Demutsgeste und spricht ein Schuldbekenntnis. Ein „sündiger Mann" ist er nicht etwa deshalb, weil er sich zahlreicher Verfehlungen schuldig gemacht hätte, sondern weil er seine grundsätzliche Gottesferne erkennt. **„Sünde" ist auch für Lukas in erster Linie keine moralische, sondern eine anthropologische Kategorie.** Simon erkennt die Asymmetrie seiner Beziehung zu Gott. Diese Selbsterkenntnis aber wird zu genau dem Punkt, an dem er nun Zuspruch und Annahme erfährt. Den Auftrag, Menschen zu gewinnen, erhält er nicht dank seiner persönlichen Qualitäten, sondern trotz aller Brüche und Defizite seines Lebens. Während des letzten Mahles in Jerusalem, noch bevor Simon seinen Meister verleugnet, wird dieser den Auftrag noch einmal erneuern: „Wenn du dich einst bekehrt hast: Stärke deine Brüder!" (Lk 22,32). Durch Scheitern und Umkehr hindurch wird Petrus zu dem, der den Auftrag Jesu ausführt.

Erfahrung

Ein wichtiges Element stellt bei der Berufung des Petrus die Erfahrung dar. Was Mk 1,16-20 (und im Anschluss daran Mt 4,18-22) erzählt, lässt sich kaum begreifen. Vier ehrbare Fischer begegnen einem Wanderprediger und schließen sich ihm von einem Moment auf den anderen an. Auf einen Schlag geben sie ihre Familien, ihr Auskommen, ihre Heimat, ihre ganze Existenz auf. Wissen sie bei Markus überhaupt, worauf sie sich da einlassen? Weder ist von einer vorausgehenden Predigt noch von irgendeiner wechselseitigen Kontaktaufnahme die Rede. Diese Schwierigkeit hat Lukas ganz offensichtlich empfunden. Durch seine Verlagerung der Geschichte räumt er der Begegnung zwischen Simon und Jesus Raum für eine begründete Entscheidung ein. Bei Lukas weiß Simon genau, wen er vor sich hat. Auch wenn es für den letzten Anstoß noch dieser Predigt am See und dieses wundersamen Fischzuges bedarf, scheint Simon doch im Herzen längst schon gewonnen. Deshalb berichtet Lukas auch nicht mehr von einem Nachfolgeruf, der den Petrus unvermittelt träfe, sondern von einem Auftrag, der sich aus einer Art seelsorgerlichem Gespräch ergibt. Die „Nachfolge" des Simon und seiner Gefährten wird dann zum Schluss ganz schlicht und einfach konstatiert.

Berufung und Sendung

Der Auftrag an Petrus hat es in sich. Während das Wort in Mk 1,17 / Mt 4,19 mit der Metapher „Menschenfischer" noch auf die berufliche Erfahrung der Angesprochenen abzielt, löst sich die Formulierung in Lk 5,10 schon stärker davon ab: „Von nun an wirst du Menschen lebend fangen!" Das ist keine Zusage mehr, die auf eine künftige Aufgabe verweist, sondern eine sofortige Indienstnahme. Simon soll als „Menschenfänger" fungieren! Vermutlich steht hinter dieser Wendung das aramäische Wort *sajad*, was sowohl Fischer als auch Jäger heißen kann. Doch auf Griechisch erhält dieser Auftrag einen neuen, provozierenden Klang. Das Bild vom Menschenfangen und vom Fangnetz ist in der Literatur eindeutig negativ besetzt. In Jer 16,16 wird z. B. die Deportation des Volkes mit den Worten beschrieben: „Siehe, ich will viele Fischer aussenden, spricht der Herr, die sollen sie (die ganze Bevölkerung) fischen; und danach will ich viele Jäger aussenden, die sollen sie fangen auf allen Bergen und auf allen Hügeln und in allen Felsklüften." Der Wegführung entgeht keiner. Die Fischer machen den großen Fang, und wer durchs Netz schlüpft, wird von den Jägern bis in die letzten Winkel verfolgt und aufgespürt. Ez 13,18 formuliert ein Wehe-Wort gegen falsche Prophetinnen, welche die „Seelen fangen im Volk"; die Metapher Schlepp- oder Fangnetz hat stets ein gewaltsames Moment. Doch wenn Jesus hier so drastisch formuliert, entspricht das durchaus einem charakteristischen Zug seiner Redeweise. **Offensichtlich liebt er anstößige Bilder; in seinen Gleichnissen treten unmoralische Helden auf, seine Worte klingen gelegentlich grob und direkt.** Indem sie die Sache überzeichnen, unterstreichen sie ihre Dringlichkeit. Simon Petrus wird jedenfalls von Anfang an in die Sendung Jesu einbezogen, die der Sammlung Israels gilt.

Nachfolge und Schülerschaft
Damit ist bereits ein wichtiger Wesenszug von Nachfolge und Schülerschaft benannt. Wenn Jesus Menschen in seine Nachfolge ruft, dann bietet er ihnen nicht nur ein unverbindliches Hospitationspraktikum an. Vielmehr macht er sie zu Multiplikatoren seiner eigenen Tätigkeit. Dieser Ruf in die Nachfolge gilt deshalb auch nicht allen, die Jesus begegnen. Die Lehrer-Schüler-Beziehung betrifft nur einen bestimmten, ausgewählten Kreis, in dem die „Zwölf" noch einmal eine besondere, symbolisch auf Israel bezogene Rolle spielen. Wer jedoch als Schüler in die Nachfolge Jesu eintritt, bricht mit seinem bisherigen Leben und lässt sich auf eine neue Gemeinschaft ein. Wir haben uns heute daran gewöhnt, Nachfolge als Ausdruck entschiedenen Christseins im Allgemeinen zu verstehen – belehrt von Dietrich Bonhoeffers berühmten Buch (*Nachfolge*, 1934). Eine solche Dimension erhält der Nachfolge-Begriff jedoch erst nach Ostern, seit die reale Lebensgemeinschaft mit dem Lehrer Jesus so nicht mehr besteht; jetzt erst weitet sich der Begriff „Schüler / Schülerin" auf alle jene aus, die durch die Taufe zu Christus gehören. Die Taufe wiederum (nach Röm 6 ein „Mitsterben und Mitauferwecktwerden mit Christus") behält etwas von dem vorösterlichen Gedanken eines Bruches. **Wer zu Jesus Christus gehört, bricht Altes ab und fängt Neues an. Die Figur des Petrus ist bei Lukas ein besonders anschauliches Beispiel dafür, was das bedeutet.**

5. Ausblick

Petrus spielt im Erzählwerk des Lukas eine wichtige Rolle. In allem ist er der Erste: Er wird als Erster berufen, er hat die erste Christuserkenntnis (Lk 9,20), die erste Ostererscheinung des Auferstandenen (Lk 24,34) und wird zum ersten Völkermissionar (Apg 10). Im Schülerkreis fungiert er als Sprecher und Initiator. Er ist Traditionsträger und Garant der Überlieferung. Bei dem Verweis auf jene, „die von Anfang an Augenzeugen und Diener des Wortes gewesen sind" (Lk 1,2), hat Lukas sicher auch an Petrus gedacht. Aber dieser Petrus ist kein Stellvertreter Christi und keiner, der einen PRIMAT (s. Kasten) über seine Brüder und Schwestern erhielte. Er bleibt in die Gemeinschaft all jener eingebunden, die auf die Fürbitte ihres Herrn (Lk 22,32) angewiesen sind. Während der Passionsereignisse verleugnet er seinen Meister. Doch anders als Judas bereut er, kehrt um und findet wieder zur Gemeinschaft der anderen zurück. Diese Perspektive setzt bei Lukas bereits in der Berufungsgeschichte an und unterstreicht damit noch einmal deren exemplarische Bedeutung.

Beziehung zwischen der Berufung des Petrus und des darauf gegründeten Papstamtes

Das Papstamt hat sich erst in nachbiblischer Zeit geschichtlich entwickelt. Manches hat mit der Rolle des Petrus, auf den dieses Amt bezogen wird, wenig zu tun. Doch es gibt auch Symbole und Motive, die durchaus auf den Evangelientexten aufsetzen und die gerade vom gegenwärtigen Papst Franziskus betont werden:

Lk 5,8: Petrus bekennt sich als Sünder, der auf Hilfe angewiesen ist. Papst Franziskus bat in seiner ersten Ansprache die Schwestern und Brüder, für ihn zu beten.

Lk 22,32: „Ich aber habe für dich gebeten, dass dein Glaube nicht aufhöre. Und wenn du dann umkehrst, so stärke deine Brüder." Die Rolle des Papstes, für die „Brüder" (und Schwestern) da zu sein, kommt im Titel „servus servorum" – Diener der Diener zum Ausdruck. Als „pontifex" (Brückenbauer) soll er die Verbindung zu Christus stärken.

Lk 5,10: Petrus bekommt den Auftrag, als „Menschenfischer" zu arbeiten – die Päpste tragen seit dem 14. Jh. einen sogenannten „Fischerring", auf dem Petrus mit einem Boot und einem Netz eingraviert ist.

2.2 Der Text heute – Themen und Bausteine

Kerstin Offermann

1. Alltag und Evangelium

Diese Geschichte beginnt ganz alltäglich und wird fortlaufend ungewöhnlicher, bis sie Außerordentliches berichtet. Sie bringt die Alltagswelt und das Evangelium zusammen, woran Lukas ein großes Interesse hat. Und bringt damit aber auch die Alltagswelt gehörig durcheinander.

Evangelium und Alltagswelt stehen in vielfältiger Weise in Beziehung zueinander: Das Evangelium bringt sich in Bildern und Worten der Alltagswelt zur Sprache. Jesus entdeckt Analogien zwischen seiner himmlischen Botschaft vom Reich Gottes und der alltäglichen Erfahrung der Menschen. In den Gleichnissen knüpft Jesus so an die Lebenswelt der Menschen an, um ihnen in vertrauten Erfahrungen eine ganz neue und andere Welt nahezubringen. Hier ist es der Beruf des Petrus, an den Jesus anknüpft, indem er ihm zuspricht, Menschenfischer zu sein.

Daran wird deutlich, wie das Evangelium die Alltagswelt verändert. Wo Jesus ist, wo Menschen ihn als „Herrn" erkennen, also als Repräsentanten von Gottes Gegenwart, da breitet sich innerhalb der Alltagswelt Gottes neue Welt aus. Das verändert Menschen (wie hier den Simon Petrus) und auch gesellschaftliche Verhältnisse (wie im Magnifikat, von Maria besungen).

Auch uns heute stellt sich immer wieder die Frage nach der Beziehung zwischen Evangelium und Alltagswelt. Wie bekommt mein normales Leben etwas mit Gott zu tun? Spielt Gott darin eine Rolle? (Oder ist er der Regisseur?) Haben die Geschichten von Jesus, hat Jesus selbst, irgendeine Relevanz für meine alltägliche Lebenswelt? Wo sind die Kontaktpunkte? Verändert mein Glaube meine Weltwahrnehmung? Diese Frage kann zur Leitfrage dieser Einheit werden, indem die TN zunächst ihre eigenen Erfahrungen und Antworten, Anfragen und Unsicherheiten dazu formulieren – achten Sie dabei darauf, dass auch weniger fromme Antworten und echte Anfragen wertschätzendes Gehör finden. Der Bibeltext, in dem das Alltagsleben von Petrus und das Evangelium von Jesus Christus zusammenkommen, bietet dann in der Folge Antwortmöglichkeiten an, die die TN für sich ausprobieren können.

Der Schnittpunkt zwischen Alltagswelt und Evangelium ist die Person Jesu Christi und das, was er sagt. „Weil du es sagst" ist für Petrus Motivation genug, die Alltagserfahrung zu verlassen und dem Ungewöhnlichen Raum zu geben, sodass es die Gegenwart Gottes in Jesus erfahren kann. Lukas erzählt uns nicht, was Jesus gepredigt hat, was Petrus also gehört hat, bis Jesus sich ganz persönlich an ihn wendet.

 Was vermuten die TN, wovon Jesus im Boot geredet haben wird? Eine solch persönliche Ansprache von Jesus wünscht man sich vielleicht manchmal. Haben die TN so etwas schon erfahren? Was sind die Worte Jesu, die sie (persönlich) ansprechen?

2. Verändertes Leben

Es sind nicht die Worte Jesu, sondern die außerordentliche Wendung der Geschichte, die Petrus aus seinem Leben herauskatapultieren. Hätte er weiterhin gedacht und gehandelt, wie er es als Fischer gewohnt war, hätte er sich für den Fang bedankt und darüber nachgedacht, wie er am besten aus diesem Glücksfall Kapital schlagen kann.

Wie gehen wir mit Jesus Vollmacht um? Was erwarten wir von ihm? Was bitten wir von ihm? Dass er uns hilft, oder dass er uns verändert? Will ich aus Jesu Anwesenheit Nutzen für mich ziehen? Oder lass ich mich von ihm herausfordern? Verändert mein Glaube meine alltäglichen Handlungen, meine Entscheidungen, mein Selbstbild?

Durch diese außerordentliche Erfahrung stellen sich Simon Petrus nämlich ganz andere Fragen als die nach Erfolg, Geld oder Ruhe und Schlaf: die vordringliche Frage ist: Wer ist Jesus? Petrus spricht ihn als „Herr" an, das ist keine höfliche Anrede, sondern eine Gottesbezeichnung. In Jesus begegnet Petrus Gott selbst.

 „Dort, wo keines Menschen Hand etwas manipulieren kann, in der Tiefe des Meeres und in der Höhe des Himmels, dort kann nur Gott, der Schöpfer, etwas bewirken. Und wo er wirkt, da ist Überfülle, nicht Mittelmaß." (aus: Klaus Berger, Kommentar zum Neuen Testament, Gütersloh 2011, S.227)

Die Fülle, ja die Verschwendung, sind Zeichen von Gottes Anwesenheit. Sie sind Zeichen des Reiches Gottes. Die Wahrnehmung des Reiches Gottes im Christentum ist oft von Bescheidenheit und Verzicht gekennzeichnet. Hier – und auch an anderen Stellen! (im Gleichnis vom Sämann z.B.) – wird die verschwenderische Fülle geradezu zum Erkennungszeichen für Gott. Mit der Frage: „Wer ist Jesus?" stellt sich Petrus aber gleichzeitig die erschreckende Frage: „Wer bin ich?" Auch diese Selbsterkenntnis ist eine Wirkung des Reiches Gottes. Sie ist der Beginn einer Entwicklung, von Glaubenswachstum und Charakterbildung bei Simon Petrus. Zunächst nimmt er wahr, wie sehr er sich von Jesus unterscheidet. So wie Petrus sich bisher verstanden hat, als Mensch der Tat, ist er von der außerordentlichen Handlungsvollmacht von Jesus beeindruckt. Dagegen kommt er nicht an. Jesus hat für ihn so etwas wie einen Star-Status. „Der ist so gut, dagegen werde ich immer mickrig und unfähig sein." Das ist ein Grund, warum

Petrus Jesus bittet, wegzugehen. Ein anderer Grund ist der, dass er sich bis in die Tiefe seines Seins durchschaut fühlt. Vor Jesus kann er seine Abgründe und seinen inneren Antreiber nicht verbergen. Jesus reagiert mit seinem Fischwunder auf die verborgenen Wunschträume von Petrus. Er will der größte und erfolgreichste (und reichste) sein. Das geht nun nicht mehr. **„Spieglein, Spieglein an der Wand, wer ist der größte Hecht im ganzen Land?"** Petrus möchte möglichst viel Raum zwischen sich und Jesus bringen, weil er auf der Ebene, aus der er seine Selbstachtung zieht, keine Chance gegen Jesus hat. Petrus selbst beurteilt sich und seinen Wert aus dem, was er tut.

Jesus sieht diesen Teil von Petrus auch. Aber seine Zuwendung zu ihm umfasst noch viel mehr. Jesus sieht Petrus wie er ist, mit seinen Fähigkeiten, mit seinen Brüchen und inneren Antreibern. Petrus bleibt mit seiner Selbsteinschätzung nämlich nicht allein. Jesus haut nicht in die gleiche Kerbe wie Petrus. Jesus sagt nicht, dass Petrus für ihn völlig unzureichend ist. Jesus nimmt Simon Petrus so wie er ist. Er solidarisiert sich mit ihm, statt in Konkurrenz zu ihm zu treten. Er sagt ihm: „Fürchte dich nicht!" Fürchte dich nicht vor mir. Fürchte dich aber auch nicht vor dir selbst. Fürchte dich nicht vor der Zukunft, aber fürchte dich auch nicht vor der Vergangenheit. Simon Petrus erlebt eine Lebenswende, weil er so sein darf, wie er ist, und darin von Jesus angenommen wird.

3. Berufungsvorbild Petrus

Simon Petrus ist eine der großen Identifikationsfiguren des Neuen Testamentes, sowohl in seiner Führungsrolle als auch in seiner Widersprüchlichkeit. Petrus darf einen Teil seiner Vergangenheit in seine Zukunft mitnehmen. Er erlebt Glaubenswachstum und Charakterbildung durch Erfolge und Scheitern hindurch, durch großartige Erkenntnis und hartnäckiges Nichtverstehen. Hier beginnt eine Entdeckungsreise, auf der sich diese beiden Fragen immer wieder neu stellen: „Wer ist Jesus Christus?" und „Wer bin ich?" und wie passt das zusammen? Nach der Auferstehung Jesu Christi wird Petrus sich „bekehren" (Lukas 22,32) und sein Leben und das von Jesus durch den Heiligen Geist, der in ihm lebt und durch in wirkt, zusammenbekommen.

 „Auf unserer geistlichen Reise können wir nicht immer in seichtem Gewässer stehen bleiben. Wir müssen uns immer tiefer hineinbegeben. Nur weit draußen in der Tiefe, können wir mehr Früchte sammeln für Gott." (aus: Weifan Wang, Die Weisheit der Lilien, Herder, 2010, S.155)

4. Vorschlag für eine Gebetszeit

Die Geschichte aufnehmend, könnte für Menschen im Beruf und am Arbeitsplatz gebetet werden, für Arbeitslose, für Erfolglose, für Menschen, die sich vergeblich mühen, für solche, die von ihrem Gewinnstreben aufgefressen werden, für Menschen mit Burnout und Selbstzweifel, für Menschen mit Existenzängsten, für Menschen, die andere wegschicken, weil sie sich selbst für minderwertig halten, weil sie Angst vor echter Nähe haben.

Solche Gebetszeiten gelingen mitunter besser, wenn sie didaktisch unterstützt werden, z.B. durch das Anzünden von Kerzen bei jedem Anliegen, oder dadurch, dass die Gebetsanliegen vorher gesammelt werden, dann z.B. aufgeschrieben und anschließend vorgelesen werden.

Eine Ideensammlung für das Beten in der Gruppe findet sich beim Zusatzmaterial. Oder auch dadurch, dass die Gebetsanliegen schweigend während der Gebetszeit aufgeschrieben werden können. Wichtig erscheint auch, dass nicht der Eindruck entsteht, dass bei denen, die hier beten, alles gut ist und dass die Perfekten für die Bedürftigen, die nicht hier sind, beten. Jedes Gebet schließt ja auch einen selbst ein. Auch ich brauche Unterstützung durch das Gebet, damit mein Alltag und das Evangelium zusammenfinden, damit ich am Arbeitsplatz nicht leerlaufe oder damit meine Entscheidungen oder Handlungen dem Reich Gottes entsprechen. Vielleicht wäre es sogar reizvoll, wenn die TN ihre Arbeitgeber, Arbeitsbereiche, Aufgabenfelder, Berufe aufschreiben und so konkret für die Alltagswelt der TN und das Evangelium dort gebetet werden würde. Bitten Sie die TN zu sagen, wie es ihnen damit gehen würde bzw. gegangen ist.

2.3 Vorschlag für eine Bibelarbeit

Rita Müller-Fieberg

Inhaltlicher Schwerpunkt

Im Fokus des vielschichtigen Textes steht die Berufung des Simon Petrus zum Menschenfischer. Um in eine ertragreiche Nachfolge zu rufen, wählt Jesus ein Bild aus der alltäglichen Lebenswelt Simons und nimmt mit seinem Ruf dessen Persönlichkeit ernst. Bei Nachfrage bietet sich der synoptische Seitenblick zur Ostererzählung Joh 21,1–14 an, die viele ähnliche Erzählzüge aufweist.

Verbindung zu anderen Einheiten
Lk 5,1-11 ist der erste Text der Bibelwoche, in dem Jesus als handelnder Erwachsener in Erscheinung tritt. Die alle Texte als Frageperspektiven begleitenden Leitbegriffe „Begegnungen und Nähe" / „Bewegungen" / „Erkennen" werden für die Texterschließung fruchtbar gemacht.

Raumgestaltung
→ Stuhlkreis mit Platz zur Gestaltung der Mitte

Materialien und Medien
→ Text aus Teilnehmerheft.
→ ggf. Liedblatt.
→ ein großes Netz.
→ Fische (aus Papier; Schokoheringe, Aufkleber …).
→ eine Karte „Menschenfischer" mit Fischsymbol für jeden TN.
→ Plakate mit den Begriffen „Begegnungen" / „Bewegungen" / „Erkennen".
→ Bibeltext (s. Downloadmaterial o. Teilnehmerheft).
→ Globus oder Weltkarte.
→ Plakate mit den vier Dialog-Zitaten (s.u.)
→ ggf. Materialien für die kreative Einheit zum „Bible Art Journaling"
   (vgl. Alternativ-Vorschlag)

Liturgische Eröffnung

Lied
Du hast uns, Herr, gerufen, Str. 1–3 (EG 168, Lieder zwischen Himmel und Erde 12. Auflage 2017, 16.)

Auf den Text zugehen: „Menschenfischer"? (ca. 20 Min.)

In der Mitte liegt ein großes Netz. Jedem TN wird eine Karte mit dem Fischsymbol und der Aufschrift „Menschenfischer" überreicht. Auf das Netz werden Blätter gelegt mit den folgenden Satzanfängen, die die TN ergänzen können:

→ „Ein Menschenfischer ist für mich jemand, der …"

→ „Ich bin ein / kein Menschenfischer, weil …"

Der / die Leitende schüttet die Fische auf das Netz und erbittet Assoziationen. Ein Gespräch schließt sich an.

→ Die TN erhalten bereits zu Beginn die Gelegenheit, eigene Ambivalenzen bezüglich des Bildes vom „Menschenfischer" zum Ausdruck zu bringen. Hilfreich ist evtl. der Hinweis, dass die Metaphorik vom Fangnetz und Menschenfangen auch schon innerbiblisch negativ besetzt sein kann (vgl. Ez 13,18; Jer 16,16). Jesus knüpft hier ebenso provokativ wie radikal am Arbeitsalltag der Angesprochenen an.

→ Auch der Vergleich von Menschen mit Fischen im Netz könnte auf Widerstände stoßen (vgl. Redewendungen wie „jemandem ins Netz gehen"; „wie ein Fisch im Netz zappeln"). Interessanterweise erfreut sich heute gerade das an Lk 5,1–11 angelehnte Symbol des Fisches unter Christen als Erkennungszeichen großer Verbreitung (vgl. z.B. die Autoaufkleber; die Buchstaben des griechischen Wortes I·Ch·Th·Y·S, dt. „Fisch", verweisen auf ein Glaubensbekenntnis in Kurzform: „Jesus Christus Gottes Sohn Erlöser").

Dem Text begegnen: Wie man zum Menschenfischer wird (ca. 40 Min.)

Eine erste Textwahrnehmung erfolgt durch Lesen in verteilten Rollen (Erzählperson, Jesus, Simon). Danach wird kurz ein erster Eindruck geäußert: „Mich hat gefreut / geärgert / überrascht …"
Bei der zweiten Lektüre (abschnittsweise) erfolgt die Texterschließung anhand der Schlüsselbegriffe „Begegnungen / Bewegungen / Erkennen". Diese „Lesebrillen" werden auf Plakaten in der Mitte ausgelegt.

Hunger nach Gottes Wort (Lk 5,1-3)

→ Jesus und die Volksmenge: der erfolgreiche Prediger – Sehnsucht des Volkes nach dem Wort Gottes

→ Nähe und Distanz: Jesus wird bedrängt; er entzieht sich nicht, sorgt aber für Abstand (weg vom Ufer, raus auf den See)

→ Simon und Jesus: Simon lässt sich und seinen Besitz von Jesus wie selbstverständlich beanspruchen und scheint Jesus schon zu kennen (vgl. die Verlegung der Berufungsperikope nach hinten gegenüber Mk 1,16–20).

Vom Erfolg überwältigt (Lk 5,4-10a)

→ Simon und Jesus I: Trotz negativer Vorerfahrung vertraut Simon dem Wort Jesu und setzt sich wieder in Bewegung.

→ Jesus ist im Boot (ein Bild auch für die Gemeinde) mit unterwegs.

→ Der schwierige Umgang mit einer umwerfenden Erfolgsgeschichte: Die Netze drohen zu reißen, die Boote zu sinken (vgl. den rasanten Erfolg der christlichen Botschaft im Römischen Reich).

→ Simon und seine Gefährten: Seine Kollegen ziehen mit zum erneuten Fang aus, sie kommen solidarisch zur Hilfe und machen ebenso die überwältigende Erfahrung der Fülle.

→ Simon und Jesus II – der epiphanische Moment des Erkennens (vgl. das Niederfallen

Simons) und die Schwierigkeit, diese Nähe auszuhalten: Im Angesicht des Herrn („Kyrios") und der Fülle, die Gott schenkt, erkennt Simon sich selbst in seiner eigenen Begrenztheit.

Zur Nachfolge ermächtigt (Lk 5,10b-11)

→ Simon und Jesus: Zuspruch und Auftrag; Jesus setzt bei den ureigenen Fähigkeiten Simons an.

→ Simon und seine Gefährten: V. 11 steht im Plural!

→ Rückkehr ans Land – Aufbruch und Nachfolge ins Ungewisse.

Mit dem Text weitergehen: Ruf und Berufung– mit allem, was ich bin und kann (ca. 30 Min.)

Der / die Leitende stellt einen Globus oder eine Weltkarte in die Mitte und zitiert Apg 1,8: „… und ihr werdet meine Zeugen sein in Jerusalem und in ganz Judäa und Samarien und bis an die Grenzen der Erde." Lukas (auch Autor der Apostelgeschichte) war überzeugt davon, dass die Frohe Botschaft in alle Welt getragen werden soll und sich im jeweiligen Hier und Heute der Menschen ereignet. In dieser Dynamik leben auch wir heute unsere Nachfolge.

Die vier Sätze, die Jesus und Simon im Dialog sprechen, werden im Raum ausgehängt. Die TN tauschen sich in Tandems an diesen Stationen darüber aus, ob und wo sie den Zuspruch und den Anspruch, der vom jeweiligen Vers ausgeht, in ihrem eigenen Leben und Alltag bereits erfahren haben.

→ „Fahr hinaus, wo es tief ist, und werft eure Netze zum Fang aus!" (→ sich vorwagen in noch unbekannte „Tiefen"; aufbrechen und ins Handeln kommen …)

→ „Meister, wir haben die ganze Nacht gearbeitet und nichts gefangen. Doch auf dein Wort hin werde ich die Netze auswerfen." (→ die frustrierende Vergeblichkeit des Sich-Abmühens; wieder neu beginnen; neue Kraft aus dem Zuspruch Gottes schöpfen …)

→ „Geh weg von mir; denn ich bin ein sündiger Mensch, Herr!" (→ die Andersartigkeit und Größe Gottes erfahren; Distanz und Nähe in der Gottesbeziehung …)

→ „Fürchte dich nicht! Von jetzt an wirst du Menschen fangen." (→ Risikobereitschaft; Einsatz der je eigenen Fähigkeiten im Sinne Gottes und im Vertrauen auf ihn …)

Abschlussrunde:

Es erfolgt ein Erfahrungsaustausch im Plenum. Abschließend werden in einer Blitzlichtrunde die Karten „Menschenfischer" unter dem Eindruck der Textbegegnung neu reflektiert.

Alternative:

Für Gruppen, die gerne kreativ arbeiten, bietet sich auch eine Gestaltung des Textblattes im Sinne des „Bible Art Journaling" an. Vgl. die Informationen unter:

https://www.a-m-d.de/themen/bibel/bible-art-journaling/

Ein kleiner „Museumsgang" kann sich anschließen.

Gemeinsames Vaterunser

Alle halten gemeinsam das Netz fest und beten das Gebet, das uns bis heute mit den ersten Nachfolgern Jesu verbindet.

Liturgischer Abschluss: Du Gott der Anfänge

Du Gott der Anfänge,
segne uns,
wenn wir deinen Ruf hören,
wenn deine Stimme lockt
zu Aufbruch und Neubeginn.

Du Gott der Anfänge,
behüte uns,
wenn wir loslassen und Abschied nehmen,
wenn wir dankbar zurückschauen
auf das, was hinter uns liegt.

Du Gott der Anfänge,
lass dein Gesicht leuchten über uns,
wenn wir in Vertrauen und Zuversicht
einen neuen Schritt wagen
auf dem Weg unseres Glaubens.
Du Gott der Anfänge, segne uns.

Irischer Segensspruch

Lied
Du hast uns, Herr, gerufen (Str. 4-6)

Die TN können ihre „Menschenfischer"-Karte und Fische aus der Mitte mit in ihren Alltag nehmen.

2.4 Bildbetrachtung zum Fischzug des Petrus

Johannes Beer

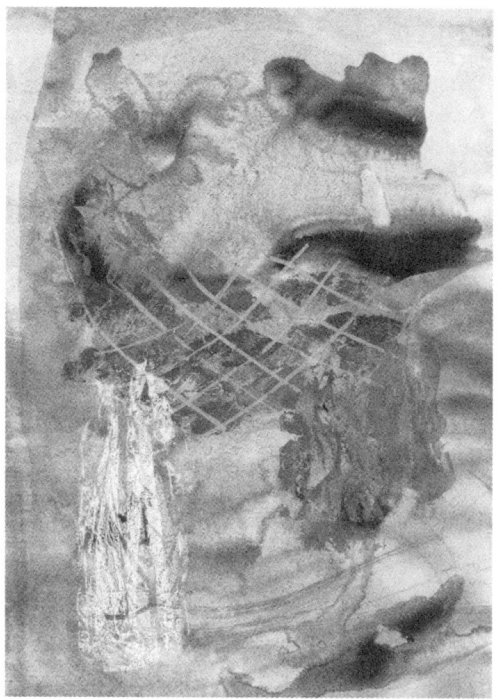

Christiane Oellerich: „Fischzug des Petrus", 2018, Mischtechnik auf Papier, 38,8 x 36,8 cm.

Fließendes Blau bildet den Hintergrund dieses Bildes von Christiane Oellerich. In hellen und dunklen Tönen auslaufend bewegt, ist er aquarelliert. Es erinnert an fließendes Wasser mit seinen Wellen und Farbspielen. Aber dieser Hintergrund erinnert auch ein bisschen an einen Sommerhimmel, bei dem das strahlende Blau durchziehende Wolken mal mehr mal weniger gedämmt ist. In der Mitte des Bildes erkennen wir eine Netzstruktur in grauen Linien. Unter dem Netz sind graublaue Elemente, die aber nicht in dem Netz sind, denn dieses ist zu den Seiten hin nicht geschlossen. Es wirkt viel mehr wie ein Teil eines Netzes, das in einer leichten Bewegung von links oben kommt.

Auch auf diesem Bild sind durchbrochene aufrechte Formen. Sie sind nicht so klar, wirken fast transparent in ihrer hellen Farbigkeit. Die Form vorne links ist in Weiß gehalten, die beiden rechts davon in Blaugrau und Rot. Und die eine links oben ist grau mit leichten Anklängen zum Grün. Die drei farbigen Formen haben eine Beziehung zum Netz, das sich zwischen ihnen ausbreitet.

Auch auf diesem Bild ist – vielleicht bis auf die Netzstruktur – wieder nichts Gegenständliches zu entdecken. Weder die Menschen noch die Fische sind realistisch dargestellt. Und doch assoziieren wir auf dem Hintergrund des Lukastextes im Betrachten die vier aufrechten Formen als Jesus, Petrus, Johannes und Jakobus. Natürlich ist nicht eindeutig, wer hier wer ist, und doch sehe ich in der hellen Form Jesus, der größer als die anderen und als der Christus vom Licht Gottes erstrahlt. Und so wird dann die einzelne Form oben links zu Petrus. Von ihm geht die Netzstruktur aus. Er hat das Netz auf dem See Gennesaret auf Jesu Wort hin ausgeworfen und die vielen Fische gefangen. Er wird auf Jesu Wort hin zum Menschenfischer. Und die beiden anderen Formen sind dann die Brüder Jakobus und Johannes. Sie helfen am Netz, die Fische zu bergen. Sie fallen wie Petrus nieder. Sie folgen mit Petrus zusammen Jesus nach, um Menschenfischer zu werden. Das Blau des See Gennesaret wird so zum Blau des Himmels als Symbol für das Reiches Gottes.

3 | Geben und vergeben – Lk 7,36-50

3.1 Exegese

Prof. Dr. Christfried Böttrich

Die Geschichte in Lk 7,36-50 liegt auf der Linie der lukanischen „Sündergeschichten". Was aber ist dabei mit „Sünde" gemeint? Dem Begriff haften zahlreiche Irrtümer an. Landläufig wird Sünde als moralische Verfehlung (miss-)verstanden und ganz besonders gern sexualisiert. Die Sexualmoral ist in der theologisch-kirchlichen Tradition seit dem 2. Jh. sowieso ein schwieriges Feld, auf dem mit großem Beharrungsvermögen vor allem die Engherzigkeit regiert. Die Erzählung von der salbenden Sünderin scheint einem solchen (Miss-)Verständnis zunächst auch Vorschub zu leisten – doch das täuscht. Für Lukas (wie für das Neue Testament im Ganzen) ist „Sünde" primär keine moralische, sondern eine anthropologische Kategorie. Grundsätzlich beschreibt der Begriff weniger die konkrete Verfehlung als vielmehr die grundsätzliche Haltung des Menschen gegenüber Gott. Dabei gibt es dann durchaus auch unterschiedliche Akzente – etwa bei Paulus oder eben bei Lukas, weil sich die grundsätzliche Haltung immer wieder im konkreten Verhalten äußert. Bei den lukanischen „Sündergeschichten" geht es zunächst erst einmal um die Frage: Welches Bild vom Menschen und seiner Beziehung zu Gott spiegelt sich hier wider?

Die „Sündergeschichten" bei Lukas sind „Umkehrgeschichten". Aus Gottesferne wird Gottesnähe. Sünde als Form der Gottesferne wird nicht um ihrer selbst willen thematisiert, sondern im Blick auf ihre Überwindung. „Umkehr" wiederum ist ein Thema, das schon in der alttestamentlich-jüdischen Frömmigkeit großes Gewicht hat. Es wird vom Täufer Johannes aufgenommen und in die christusgläubige Gemeinde hineintransformiert. Umkehrgeschichten sind zugleich Begegnungsgeschichten. Das Thema der Begegnung prägt gerade Lk 7,36-50 auf verschiedenen Ebenen.

Die Rezeptionsgeschichte dieser spannungsvollen Erzählung ist lang und gewunden. Seit den Zeiten der Kirchenväter macht man sich vor allem an der erotischen Tönung der Szene fest und versteht die „Sünderin" als Prostituierte. Dabei gerät die ganze Geschichte auf das Feld der Moral und das beherrschende Thema der Auslegungsgeschichte wird die „Hurenreue". Zudem lesen die Väter Lk 7 als Vorgeschichte zu Lk 8 und identifizieren die anonyme Frau (eben jene „Sünderin") mit Maria Magdalena, womit sie auch die Letztere zur Prostituierten und Büßerin machen. Dafür gibt es im Text jedoch nicht den geringsten Anhaltspunkt. Gewollt ist die Provokation, die das Auftreten der Frau in einer Tischgesellschaft von Männern darstellt. Sie wird jedoch genutzt, um über ein viel grundsätzlicheres Thema nachzudenken: Gottesferne und Umkehr, Liebe und Vergebung.

1. Textstruktur

Die in Lk 7,36-50 erzählte Geschichte ist im Rahmen eines Gastmahls angesiedelt. Der erste Teil (Lk 7,36-39) schildert einen außergewöhnlichen Vorgang, der sich während eines Mahls ereignet. Der zweite Teil (Lk 7,40-50) entwickelt ein kleines Lehrgespräch. Zwischen beiden Teilen besteht insofern ein organischer Zusammenhang, als Gastmähler in der Antike stets Orte sind, an denen man auch gelehrte Gespräche führt.

Das Lehrgespräch im zweiten Teil erhält sein besonderes Profil dadurch, dass Jesus – hier als der Ehrengast vorgestellt – ein Gleichnis erzählt. Dieses Gleichnis (Lk 7,41-42) nimmt offensichtlich auf die vorausgegangene Szene Bezug und bereitet den anschließenden Dialog Jesu mit dem Gastgeber vor. Es wird zugleich zum Hintergrund für die Wendung Jesu an die Frau, mit der die ganze Erzählung schließt.

Beide Teile sind vielfach miteinander verquickt – durch den Ort, die Situation, die handelnden Personen oder die Thematik jener unerwarteten Provokation. Die stärkste Klammer stellt jedoch die Begegnung zwischen Jesus und der Frau dar. In Lk 7,37-38 wendet sich die Frau Jesus zu – wortlos und überraschend, was die Anwesenden als einen Skandal empfinden. In Lk 7,48-50 wendet sich Jesus der Frau zu – nun in konkreter und direkter Rede, was die Anwesenden erneut als Skandal registrieren. In der Begegnung zwischen der Frau und Jesus zeichnet sich eine Bewegung ab, die aufeinander zu läuft und die das Grundgerüst der ganzen Erzählung darstellt.

Die Verbindung verschiedener Textsorten und Erzählelemente lässt sich auch bei anderen Geschichten beobachten. Ein gutes Beispiel bietet etwa die Heilung des Gelähmten in Lk 5,17-26: Hier wird in eine Heilungsgeschichte ein Lehrgespräch eingefügt, in dem es (wie in Lk 7) um die Frage der Sündenvergebung geht; auch in diesem Falle reagiert Jesus auf die unausgesprochenen Gedanken der Anwesenden. Was geschieht, bedarf der Interpretation, die im vorgestellten Dialog angestoßen wird.

Die auffälligste Besonderheit macht sich in der Position bemerkbar, welche die Salbungsgeschichte im Aufriss des Lukasevangeliums einnimmt. Denn von genau dieser skandalträchtigen Szene erzählen auch Mk 14,3-9 / Mt 26,6-13 und Joh 12,1-8 – nur, dass sie dort im Rahmen der Passionsgeschichte steht. Ganz offensichtlich hat Lukas dieses Geschehen nach vorn gezogen und in die Phase der galiläischen Wanderungen Jesu eingefügt. Dabei aber verändert er auch ihre Sinnrichtung: Während bei Mk / Mt / Joh die Aktion als eine Vorwegnahme der künftigen Begräbnissalbung Jesu erscheint und die Frau mithin eine Art prophetische Zeichenhandlung vollzieht, löst Lukas das Geschehen von dem gewaltsamen Geschick Jesu ab und konzentriert alles auf die Frau.

Das hinter der Szene in ihren vier verschiedenen Fassungen die Erinnerung an ein einziges Ereignis steht, das sich den Traditionsträgern der ersten Generation tief eingeprägt hat, steht außer Frage. Dafür spricht die Übereinstimmung in einer ganzen Reihe von Details: die Frau verwendet teures Salböl (Mk / Mt / Lk / Joh), sie gießt es auf Jesu Haupt (Mk / Mt) bzw. seine Füße (Lk / Joh), sie trocknet die Füße mit ihrem Haar (Lk / Joh), ihre Aktion löst den Protest der Anwesenden aus. Die Analogien zwischen Lukas und Johannes sind besonders aufschlussreich: Zu erwarten ist die Salbung des Hauptes (wie bei Mk / Mt), aber nicht der Füße; und dass die Frau ihr Haar löst, um damit die Füße abzutrocknen, ist vollends ungewöhnlich. Immerhin gibt es auch markante Unterschiede. Bei Mk / Mt / Joh ist der Ort des Geschehens Betanien; nach Mk / Mt heißt der Gastgeber wie bei Lk Simon, bei Joh ist Jesus im Hause seiner Freunde Maria, Marta und Lazarus zu Gast. Mk / Mt nennen den Gastgeber „Simon den Aussätzigen"; Lk hingegen spricht von „Simon" als von einem Pharisäer. Die Frau, die als Hauptfigur agiert, bleibt bei Mk / Mt / Lk anonym; bei Joh aber wird sie mit Maria, der Schwester der Marta und des Lazarus identifiziert. In allen vier Fassungen bleibt die Frau stumm; das Geschehen wird zwischen Jesus und der versammelten Gesellschaft über den Kopf der Frau hinweg besprochen. Allein bei Lukas wendet sich Jesus der Frau zum Abschluss noch einmal ganz direkt zu.

Es ist müßig, hier so etwas wie eine Urfassung rekonstruieren zu wollen. Erinnerungen werden bewahrt und im Vollzug der Überlieferung interpretiert, neu erzählt, modifiziert und gestaltet. Die Evangelisten übernehmen diese Erinnerungen in unterschiedlich geprägter

Form und fügen sie nun ihrerseits in den Zusammenhang ihrer Großerzählungen ein. Interesse verdient deshalb vor allem die Intention, die sie der Erzählung mit auf den Weg geben. Und die ist bei Lukas sehr klar zu erkennen: Umkehr ist möglich, für jede und jeden.

2. Figurenkonstellation

Die Erzählung ist bei Lukas von einem komplexen Beziehungsgefüge bestimmt. Wer ist hier eigentlich die Hauptfigur: Jesus, der Pharisäer Simon als Gastgeber, oder die Frau? Für wen wird das alles erzählt? Was ist das eigentlich für eine Geschichte? Ist es eine Christusgeschichte, die von dem Machterweis dessen handelt, der (wie Gott) Sünden vergeben kann? Ist es ein Lehrgespräch, durch das der Gastgeber (mittels des eingefügten Gleichnisses) eingeladen und gewonnen werden soll? Ist es eine Gastmahlgeschichte, die zeigt, wie sich Jesus den Menschen nicht durch Fasten, sondern mit Fest und Feier zuwendet? Oder ist es eine Sünder- bzw. Umkehrgeschichte, mit der Lukas die Zuwendung Gottes zu den Ausgegrenzten veranschaulichen will? Der letzte Aspekt bestimmt sicher den Ton, wenngleich auch alle anderen Aspekte ihre Berechtigung haben.

Jesus ist Gast eines Pharisäers, der später mit dem Namen „Simon" näher bestimmt wird. Man darf sicher annehmen, dass auch weitere Pharisäer zu diesem Mahl geladen sind. Das ist bemerkenswert. **Häufig erscheinen die Pharisäer in den Evangelien (ganz besonders bei Matthäus) als die Kontrahenten Jesu, die ihn auf die Probe stellen oder in eine Falle locken wollen. Allein Lukas zeichnet hier ein sehr viel differenzierteres Bild.** Pharisäer sind der Jesusbewegung freundschaftlich zugetan, warnen Jesus vor Herodes Antipas, suchen das Gespräch – und sind dann auch gelegentlich kritisch bis feindselig eingestellt. Diese Bandbreite dürfte der historischen Situation durchaus gerecht werden. Simon hat im vorliegenden Falle Jesus mit Wohlwollen eingeladen. Er hält ihn für einen „Propheten" (Lk 7,39) und spricht ihn als „Lehrer" (Lk 7,40) an. Erst der unerwartete Vorfall lässt bei ihm Zweifel aufkommen. Jesus wiederum kanzelt ihn nicht einfach ab, sondern sucht ihn mit dem Gleichnis von den beiden Schuldnern zu gewinnen. Simon muss ihm bei der Schlussfrage – wenn auch zögerlich – folgen und wird darin bestätigt (Lk 7,43). Immerhin spart Jesus auch nicht mit Kritik, wenn er das Verhalten der Frau dem Verhalten des Gastgebers gegenüberstellt (Lk 7,44-46). Doch auch das geschieht letztlich nur, um bei ihm Verständnis zu wecken.

Eine besondere Figurenkonstellation stellt die Mahlgesellschaft als solche dar. In der Antike gibt es feste Regeln, wie eine solche Gruppe zusammenzustellen ist. Oberstes Gebot ist die *harmonia* bzw. *symphonia* zwischen den Gästen, für die der Gastgeber die Verantwortung trägt. Er hat nicht nur für eine passende Zusammensetzung zu sorgen, die vor allem den sozialen Status der Eingeladenen berücksichtigt, sondern auch für die Platzierung im Raum. Wer kommt neben wem zu liegen, und wem steht der Ehrenplatz an der Seite des Gastgebers zu? Solche Fragen erweisen sich als durchaus delikat, weil nicht immer zu kalkulieren ist, wie sich die Gäste miteinander ins Benehmen setzen. Zudem ist der Raum (zumal im ländlichen Bereich) nicht immer nach außen hin abzugrenzen. In der Gastmahlsliteratur findet sich deshalb gelegentlich der Topos vom ungebetenen Gast: Die Mahlgemeinschaft befindet sich eben in schönster Harmonie und tauscht bei Wein und guten Gesprächen ihre Gedanken aus, da dringt plötzlich einer in die Runde ein, der schon andernorts kräftig getrunken hat und nun beginnt, Zoten zu erzählen. Der Gastgeber ist brüskiert und muss reagieren. Genau das ist die Situation in Lk 7 – nur dass es sich nun bei dem ungebetenen Gast um eine Frau handelt. Das ist nicht weniger problematisch, denn ehrbare Frauen sind bei einem Gastmahl in der Regel nicht zugegen. Je nach Rahmen und kulturellem Kontext hat man auch einmal weibliche Familienmitglieder dabei. Aber den Normalfall stellt die ausschließliche Männerrunde dar. Hier sorgt die Frau in Lk 7 schon durch ihr bloßes Auftauchen für eine erhebliche Störung. Dass sie nicht sofort wieder des Raumes verwiesen wird, verdankt sie allein der Fürsprache des Ehrengastes, der sie gegenüber dem Gastgeber in Schutz nimmt.

Dennoch ist **die Szene, die sich nun entwickelt, für antikes Empfinden in hohem Maße skandalös.** Die Frau wendet sich dem Ehrengast zu, als ob es die übrige Gesellschaft nicht gäbe. Sie tritt vom Fußende her an das Liegepolster Jesu heran und tut, was allenfalls in den Intimbereich eines Schlafzimmers gehören würde. Ihr Verhalten ist emotional und erotisch zugleich. Denn das gelöste Haar hat in der Öffentlichkeit (zumal einer Männergesellschaft) nichts zu suchen. Anständige Frauen bedecken ihr Haar außer Haus. Hier aber werden die Haare nicht nur zur Schau gestellt, sondern auch noch dazu eingesetzt, die mit Tränen benetzten nackten Füße Jesu abzutrocknen. Haut und Haar berühren einander. Auch die abschließende Salbung der Füße (und nicht des Hauptes!) assoziiert eher eine erotische Massage als einen Begrüßungsgestus. Das alles muss den Gastgeber peinlich berühren.

Das Urteil über die Frau fällt deshalb relativ eindeutig aus. Schon der Erzähler führt sie als „Sünderin" ein, was der Pharisäer in seinem inneren Monolog noch einmal bestätigt. Angesichts der offensichtlichen Erotik ihres Auftretens soll man dabei wohl an eine Prostituierte denken, auch wenn Lukas den dafür geläufigen Terminus hier gerade nicht verwendet. Eindeutig ist das jedoch nicht. Die Bemerkung Jesu, dass die Frau „viel geliebt" habe (Lk 7,47), ist ganz bestimmt positiv gemeint und jedenfalls nicht auf käufliche Liebe bezogen. Unzweifelhaft ist nur, dass die Frau als „Sünderin" von Gott getrennt ist, was auf eine (wie auch immer geartete) besondere Lebensgeschichte schließen lässt. Während der Pharisäer Simon wie vermutlich auch seine Pharisäerkollegen den Status der Frau als Grund ihrer Ausgrenzung betrachten, hat Jesus keine Berührungsängste – und das im unmittelbaren Sinne des Wortes. Seine auf Integration der Ausgegrenzten hin ausgerichtete Sendung gilt auch dieser Frau.

Das Moment von Zuwendung und Annahme wird in dem kleinen Gleichnis noch einmal gespiegelt. Es spielt mit dem Bildfeld von Schuldner und Gläubiger und läuft auf die schlichte Logik hinaus: Wer mehr erlassen bekommt, reagiert auch in einem größeren Maße. Damit wird bereits die Relation von Vergebung und Liebe angesprochen, die sich in der Beziehung zwischen Gott und der Frau indessen noch ein wenig komplexer darstellen wird.

Zunächst kommt die Beziehung zwischen Jesus und dem Gastgeber Simon zur Sprache. Jesus hält ihm vor, ihm weder die Füße gewaschen noch einen Begrüßungskuss gegeben noch das Haupt gesalbt zu haben. Hat sich Simon seinem Ehrengast gegenüber etwa unhöflich verhalten? Beschreiben die drei genannten Akte denn das Standardprogramm gegenüber Gästen? Das wird man so nicht sagen können. Sie sind etwas Außergewöhnliches, was man nur außerordentlichen Gästen zuteilwerden lässt. Hat Simon in Jesus also „nur" den Propheten erkannt (Lk 7,39)? Die im Folgenden diskutierte Frage der Sündenvergebung reißt hier jedenfalls noch einmal eine neue Dimension auf (Lk 7,49).

Zum Schluss rückt die Tischgesellschaft in den Blick. Sie wird die ganze Zeit über nur als stumme Gruppe von Augen- und Ohrenzeugen vorausgesetzt. Die Sündenvergebung, die Jesus der Frau zuspricht, erweckt nun aber ihren Diskussionsbedarf: „Wer ist dieser, der auch Sünden erlässt?" Die Antwort bleibt offen, sodass diese Frage an das Lesepublikum weitergespielt wird.

3. Sachinformationen

Dass die ganze Geschichte im Haus eines Pharisäers spielt, kommt nicht von ungefähr. Zwischen der Jesusbewegung und der Religionspartei der Pharisäer gibt es zahlreiche Berührungspunkte. Die Pharisäer sind auf die Heiligung des Gottesvolkes aus, und Jesus betreibt dessen Sammlung. Mit dem offenbarten Gotteswillen, wie er in der Tora niedergelegt ist, nehmen es beide ernst. Uneinigkeit herrscht allein darin, wie mit der Reintegration der von Gott getrennt lebenden Glieder des Gottesvolkes umzugehen sei. Konkret betrifft das die Frage der „Sündenvergebung". **Der Anspruch Jesu, gleichsam in göttlicher Vollmacht eine solche Vergebung auch ohne kultische Vermittlung zusprechen zu können, stößt bei den Pharisäern auf Widerspruch.** Ansonsten aber hat man sich eine Menge zu sagen. An der Auslegung der Tora nimmt der Rabbi aus Nazaret ebenso wie seine schriftgelehrten Kollegen teil. Der Gedanke, dass die Pharisäer dann zu den Gegenspielern Jesu *par excellence* werden, entstammt der Perspektive einer späteren Zeit. Die Großerzählungen der Evangelien werden erst ab 70 n. Chr. schriftlich fixiert. In dieser Zeit aber wird für die jüdischen wie auch die christusgläubigen Gemeinden nahezu alles anders. Für Juden ist das kultische Zentrum Jerusalem verloren; die werdende Kirche tritt aus dem Schutzraum des Judentums heraus. Beide Seiten müssen ihr Selbstverständnis neu formulieren – und tun das mit Hilfe gegenseitiger Abgrenzungen. In dieser Situation werden „die Pharisäer" zur Chiffre für „die anderen." Mit den historischen Pharisäern zur Zeit Jesu haben sie nur noch wenig gemein. Nur hier und da schimmert – wie eben bei Lukas – noch etwas von jener Offenheit hindurch, die einmal zwischen beiden Gruppen bestand.

Immer wieder stellen die Evangelisten Jesus dar, wie er mit verschiedenen Menschen zu Tisch sitzt. Darin scheint die Erinnerung an ein besonderes Charakteristikum seines öffentlichen Auftretens eingefangen zu sein. Jesus macht sich diese Chance, Gemeinschaft, die in der Antike vorzugsweise im Kontext gemeinsamer Mahlzeiten entsteht, zu qualifizieren, in einem solchen Maße zunutze, dass er im unmittelbaren Vorfeld der Salbungsgeschichte resümieren kann: „Johannes der Täufer ist gekommen, isst kein Brot und trinkt keinen Wein, und ihr sagt: Er hat einen Dämon. Der Menschensohn ist gekommen, isst und trinkt, und ihr sagt: Siehe, der Mensch – ein Fresser und Weinsäufer, ein Freund der Zollpächter und Sünder." (Lk 7,33-34) Jesu Werbung um die Ausgegrenzten erfolgt jedenfalls nicht mit sauertöpfischer Miene, sondern im Modus der Festfreude – so wie eben stets Freude herrscht, wenn „Sünder" zu Gott umkehren (Lk 15,7.10). In diesem Horizont ist es dann auch zu verstehen, dass der Abschied Jesu von seinem Schülerkreis im Rahmen eines Mahles stattfindet, und dass die Mahlgemeinschaft in Erinnerung an diese vielschichtige Praxis Jesu nach Ostern zur Mitte eines neuen Gemeinschaftslebens wird.

Die Auslegungsgeschichte hat sich mit Blick auf die Sünde der Frau in Lk 7 sehr schnell auf Prostitution festgelegt. Wie dem auch sei: Wenn man den Text so verstehen will, muss man zumindest in Betracht ziehen, was Prostitution unter den Bedingungen antiker Gesellschaften bedeutet. Die meisten Auslegungen verstehen die Sünderin als ein mahnendes Beispiel und reden damit allen „gefallenen Frauen" ins Gewissen. Sie übersehen dabei jedoch die sozialgeschichtliche Dimension des Themas: die sexuelle Ausbeutung und den Missbrauch Abhängiger. Das Opfer bedarf nicht der Belehrung, sondern der Zuwendung und Annahme. Jesus hält der Frau keine Moralpredigt, sondern nimmt sie ohne Wenn und Aber an – selbst mit ihrer Aktion, deren Anstößigkeit auch er kaum übersehen kann. Die konstatierte Gottesferne der

Frau wird jedenfalls keiner inquisitorischen Befragung unterzogen. Vielmehr unterstellt Jesus der Frau den Willen zur Umkehr und spricht ihr Vergebung ohne weitere Bedingungen zu. Eine kurze Bemerkung verdient noch das positive Vorurteil des Gastgebers, Jesus sei ein Prophet (Lk 7,39). Lukas hat in seinem Evangelium großen Wert darauf gelegt, diesen prophetischen Typos Jesu immer wieder ins Bild zu setzen. In der Volksperspektive kann man den Prediger aus Nazaret auch gar nicht anders verstehen. Damit wäre schon sehr viel gesagt – aber eben noch nicht alles. Für Lukas ist diese „Prophetenchristologie" deshalb auch nur der erste Schritt, ein wichtiger Anknüpfungspunkt bzw. die Brücke zur vollständigen Erkenntnis des „Messias Gottes" (Lk 9,20). Auf diese Brücke soll auch der Gastgeber geführt werden. Ob er sie betritt, wird nicht mehr erzählt. Dies liegt nun bei denen, die davon hören und lesen.

4. Schwerpunktthemen

Liebe und Vergebung

Im Zentrum von Lk 7,36-50 steht die Beziehung zwischen Liebe und Vergebung, die von dem Verhalten der Frau (Lk 7,37-38) angestoßen und durch das Lehrgespräch (Lk 7,40-47) besprochen wird. Abschließend rückt sie mit der Beziehung zwischen Glaube und Rettung noch einmal in eine neue Perspektive.

Jesus durchschaut die kritischen Gedanken seines Gastgebers, der an den prophetischen Qualitäten seines Gastes zweifelt – und erweist sich gerade darin als wahrer Prophet! Zugleich wird dadurch das kleine Lehrgespräch ausgelöst. Die Bildgeschichte des Gleichnisses ist einfach gestrickt und erinnert in ihrer Ausgangslage ein wenig an Mt 18,23-35. Die Summen beider Schuldner unterscheiden sich markant; von einem Denar kann eine Tagelöhnerfamilie etwa einen Tag lang leben; es geht also grob geschätzt um ein anderthalbfaches Jahreseinkommen oder zwei Monatsgehälter. Dass beiden die Schuld erlassen wird, erscheint als Akt eines erstaunlichen Großmutes. Selbstverständlich fühlen sich beide zur Dankbarkeit verpflichtet. Die Größe des Geschenkes bestimmt die Reaktion. Diesen Schluss muss auch Simon – von Jesus dazu aufgefordert – ziehen. Die Frage: „Wer von ihnen wird ihn mehr lieben?" verschiebt jedoch schon den Dank auf eine ganz andere Ebene. Sie setzt zudem voraus, dass der Frau etwas geschenkt worden sei. Damit beginnt die Übertragung. Nun wird das geringere und das größere Maß an Zuwendung thematisiert, das Simon und die Frau dem Ehrengast entgegengebracht haben – wobei die Aktion der Frau als Ausdruck einer größeren Liebe erscheint. Daraufhin zieht Jesus ein Fazit in Form eines Doppelwortes: „Ihr sind ihre Sünden, die vielen, erlassen, weil sie viel geliebt hat." – und „Wem aber wenig erlassen wird, der liebt wenig." Dieser Vers stellt ein Problem dar, denn er widerspricht sich selbst hinsichtlich der Beziehung von Ursache und Wirkung: Ist nun A. die Liebe die Ursache der Vergebung (47a) – oder ist B. die Vergebung die Ursache der Liebe (47b)? Das Gleichnis läuft auf Variante B. hinaus. Wann aber wäre der Frau denn etwas geschenkt worden, was sie zu einer solchen Liebestat motiviert? Gibt es hier eine verschwiegene Vorgeschichte? Der folgende Zuspruch der Sündenvergebung (48) setzt jedenfalls A. voraus und belohnt gleichsam die vorausgegangene Liebestat. Sind hier vielleicht im Laufe der Überlieferung unterschiedliche Erzählstufen durcheinandergeraten? Eine solche literarkritische Lösung, wie sie gelegentlich versucht worden ist, bleibt jedoch unbefriedigend. Sollte Lukas entgangen sein, was uns heute schon bei einer flüchtigen Lektüre ins Auge springt? Vermutlich ist diese **Spannung** ganz bewusst so inszeniert. Sie **zeichnet die Wechselwirkung zwischen Liebe und Vergebung nach, die sich**

eben gerade nicht als Einbahnstraße verstehen lässt. Vielmehr laufen dabei zwei Bewegungen aufeinander zu, die einander bedingen: Die Frau wagt es, sich zu exponieren, und geht dabei ein hohes Risiko ein. Jesus kommt ihr entgegen und schafft den Raum, in dem sie Mut und Vertrauen fassen kann. Aus dieser Begegnung erwächst dann schließlich der Zuspruch der Sündenvergebung.

Glaube und Rettung

Diese Wechselbeziehung spiegelt sich ganz analog in dem Begriffspaar von Glaube und Rettung, das die Erzählung zum Abschluss bringt: „Dein Glaube hat dich gerettet! Geh hin in Frieden!" Ist der Glaube etwa die Voraussetzung von Rettung? Nimmt Gott den Menschen denn nicht ohne jede Vorleistung an? Auch hier bedarf es eines Raumes, der durch zwei aufeinander zulaufende Bewegungen entsteht: Der Glaube wird durch die Zuwendung Jesu erst hervorgerufen oder geweckt – er schafft auf Seiten der Menschen, die Jesus begegnen, wiederum jenes Vertrauen und jene Offenheit, die „Rettung" ermöglichen. Dieser Zusammenhang ist Lukas so wichtig, dass er ihn weit über seine Markus-Vorlage hinaus gleich mehrfach in seinem Erzählwerk gestaltet hat (siehe dazu auch Text 5).

Umkehr und Sündenvergebung

Die Frage nach der Sündenvergebung macht die ganze Erzählung schließlich zu einer „Umkehrgeschichte". Dass die anonyme Frau eine „Sünderin" sei, wird mehrfach festgestellt. Ihre Lebensgeschichte hat sie von Gott entfernt, worin ihre Sünde auch bestehen mag. Ganz offensichtlich leidet sie unter dieser Ferne und setzt ihre Hoffnung deshalb auf jenen Ehrengast im Hause des Pharisäers Simon, von dem sie vermutlich schon gehört hat. Ihr Entschluss, ihn aufzusuchen, allen erwartbaren Turbulenzen zum Trotz, markiert den Beginn dessen, was Umkehr bedeutet. Von der Situation überwältigt, vermag sie indessen nur nonverbal – und damit missverständlich – zu agieren. Jesus aber, der (als Prophet) ihre Lage erkennt, nimmt sie in Schutz und spricht ihr zu, was sie braucht – nämlich die Klärung ihrer verstellten, verstrickten Lebensumstände. In der Sprache des Neuen Testamentes heißt das: Er vergibt ihr ihre „Sünden", was trotz des Plurals nicht auf einen Generalablass zielt, sondern auf die Befreiung aus ihrer grundsätzlichen Gottesferne. Er bringt sie wieder in die Gemeinschaft mit Gott zurück, ebenso wie in die Gemeinschaft ihrer Landsleute und Zeitgenossen. Die Sündenvergebung – das hohe Privileg Gottes – überwindet die grundlegende Beziehungsstörung, an der die Frau leidet. Und damit ist die Erzählung dann eben auch eine Christusgeschichte. Denn sie zeigt, dass im Auftreten Jesu Gott selbst nahekommt.

5. Ausblick

Die Auslegung dieser Erzählung hat sich im Laufe der Jahrhunderte auf vielen Irrwegen verloren. Zwei davon sind besonders wirksam gewesen. Zum einen geriet das Bild der Frau als „Sünderin" in das Fahrwasser sexistischer Stereotypen, aus denen es sich auch im 21. Jh. nur mühsam befreien kann. Zum anderen hat sich dem Pharisäer Simon eine lange antijüdische Interpretation angeheftet, obwohl doch gerade seine Offenheit und Gesprächsbereitschaft eine ganz andere Wahrnehmung nahelegt. **Nicht die Überlegenheit des Gottessohnes, der den jüdischen Kontrahenten in die Schranken weist, sondern die Didaktik des Lehrers,** der das Gespräch sucht und um Verständnis wirbt, **trägt hier durchgängig den Ton.** Die frohe Botschaft hat ein Befreiungspotential, das es immer wieder zu entdecken gilt. Davon handelt diese Geschichte.

Der einzige Freund

[...]
die Frau mit dem Salböl lässt mich nicht los
die namenlose
wen so nackt die Gier berührt
so ausschließlich
unberührbar wird er als Mensch für
die anderen Mensch
keines Freundin
keines Gast
keine Frau mit den Frauen
[...]
verschüttet Quellen brechen hervor
waschen sie und des Rabbis Füsse
sie webt ihm das Tuch aus ihrem Haar
ihre Lippen legen bittend alle Küsse
auf seine Schritte
ihre Hände salben mit duftender Liebe
seine menschenfreundliche Wanderschaft

er lässt sie gewähren
ihr wahres Leben erwachen
er nimmt ihre Gaben dankbar an
stellt den Hochmut der Frommen zur Rede
sein Blick rührt die Unberührbare
an
gibt ihr Ansehen vor den Selbstgerechten

als sie geht
bleibt er bei ihr
der einzige freund
genügt

Ausschnitte aus dem Gedicht „Der einzige Freund" von Christa Peikert-Flaßpöhler

3.2 Der Text heute – Themen und Bausteine

Kerstin Offermann

„Wer ist dieser Mann, der sogar Sünden vergibt?" Diese Frage ist das heimliche Ziel dieser Begegnungsgeschichte, die Lukas erzählt.

1. Lukas

Lukas ist ein außerordentlicher Erzähler. Seine Fähigkeit, in einem Satz eine ganze Szene erstehen zu lassen, zeigt sich beeindruckend zu Beginn dieser Geschichte. Gleichzeitig zeigt sich die Klasse von Lukas Erzählstil auch darin, dass er Dinge offenlassen kann, um seine LeserInnen in die Geschichte mit einzubeziehen.

Lukas lässt in seinen Geschichten bewusst „Leerstellen", durch die er die Lesenden in den Text einbeziehen will: offene Fragen, erstaunliche Wendungen, unklare Motive, offene Ausgänge, Lücken in der Argumentation oder Erzählung. Suchen Sie mit den TN nach solchen „Leerstellen" im Text. Wo scheint ihnen etwas unlogisch? Welche Fragen im Text selber bleiben offen? So z.B.:

→ Warum lädt Simon Jesus ein?

→ Warum ist die Frau eine Sünderin?

→ Warum weint sie?

→ Wie wird Simon sich entscheiden: für Jesus und das Reich Gottes oder dagegen?

Ermutigen Sie die TN, Antworten auf diese Fragen zu finden, indem sie sich in die Situation hineinversetzen und sie aus ihrer eigenen Lebenserfahrung heraus beantworten: Wie könnte es gewesen sein? Was erscheint plausibel?

Lukas beim Erzählen zuzuhören, weckt die Freude daran, selbst zu erzählen. Eine Erzählung in unkonventionellem Stil finden Sie beim Downloadmaterial. Sie stammt von Armin Kistenbrügge aus dem Buch #gottesgeschichte, einer plastischen Reise durch die Bibel – vor allem, aber nicht nur für junge Menschen.

2. Jesus

In der Geschichte selbst wird die Frage, wer Jesus ist, von den darin vorkommenden Personen unterschiedlich beantwortet. Der Pharisäer Simon nennt Jesus „Meister". Für ihn ist Jesus also auf jeden Fall ein ernst zu nehmender Lehrer, dessen Schüler zu sein er sich vielleicht vorstellen könnte. Ob Jesus aber wirklich ein Prophet ist, bleibt für Simon eher fraglich. Vielleicht hat Simon auch den Vorwurf gegen Jesus im Hinterkopf, von dem kurz vorher die Rede „Was für ein Schlemmer und Säufer, dieser Freund der Zolleinnehmer und Sünder!" (Lk 7, 34). Als Prophet müsste Jesus sich doch von Sündern fernhalten oder sie wenigstens zurechtweisen, statt mit ihnen zu feiern.

 Bitten Sie die TN, diese Frage „Wer ist dieser Mann?" in kurzen Stichworten zu beantworten: Was wurde über Jesus in den letzten beiden Einheiten der Bibelwoche deutlich? Was sagt der heutige Text dazu, wer Jesus ist? Welche Antworten kennen die TN sonst aus der Bibel? Was denken die TN selbst?

Das Lukasevangelium selbst beantwortet die Frage, wer Jesus ist, vielfältig. Schon ganz zu Anfang wird Jesus als Retter beschrieben. In 19,10 formuliert Lukas es programmatisch: „Und der Menschensohn ist gekommen, um zu suchen und zu retten, was verloren ist." Die Geschichte im Haus des Simon erzählt, was Rettung bedeutet. Jesus spricht der Frau diese Rettung zu: „Dein Glaube hat dich gerettet." Ob Simon durch die Begegnung mit Jesus auch Rettung erfahren hat, bleibt offen. **Man hat aber den Eindruck, dass Simon der eigentliche Adressat von Jesu Bemühen in dieser Begegnung ist.** Zwischen der Frau und Jesus scheint die Begegnung unkompliziert direkt auf ihre Rettung hin zu verlaufen. Zwischen Simon und Jesus ist alles sehr viel komplizierter. Ihm hat Jesus „etwas zu sagen". Ihm muss er sich erklären.

3. Die Frau

Die Neue Genfer Übersetzung übersetzt „Sünderin" in Vers 37 mit: „eine Frau, die für ihren unmoralischen Lebenswandel bekannt war." Damit spiegelt die Übersetzung bereits einen Teil der Macht der Sünden. Die Frau wird – auch von der Übersetzung – auf bestimmte Handlungen festgelegt und von ihnen als Person bestimmt. Sie ist gefangen in einer festgeschriebenen Rolle, in einem System von Ausgrenzung. Zur gesellschaftlichen Dimension ihrer Rolle vgl. die Exegese.

 In der der Zeitschrift „andere zeiten" (2/2020) gibt es einen lesenswerten Artikel „Panoptikum der Männerfantasien" über die Verknüpfung der Frau aus Lukas 7 und Maria Magdalena, die zu einer Stigmatisierung und Marginalisierung beider führte.

Der Verlauf der Geschichte zeigt die Frau von einer anderen Seite: „Sie ist eine vorbildlich Glaubende. Sie liebt so sehr, weil sie glaubt, von Jesus angenommen zu werden. Sie vertraut der Kraft des Heils, das von ihm ausgeht. Sie ist sich ihres verfehlten Lebensstils bewusst und beweint ihr Leben. Trotzdem oder gerade deshalb sucht sie die Nähe Jesu. Es ist ihr wichtiger, mit Jesus in Kontakt zu kommen, als sich in der Schuld zu verschließen und damit allein zu bleiben – dort, wo die anderen sie haben wollen und wo die Sünde alle Menschen haben will." (aus: Christiane von Boehn: *Neukirchner Bibel. Die Evangelien.* Neukirchen-Vluyn, 2019, S. 289)
Die Frau sucht die Nähe zu Jesus auf die Art und Weise, wie sie auch sonst Nähe zu anderen Menschen (Männern) herstellt. Auf eine „sündige" Art und Weise, missverständlich oder auch eindeutig zweideutig. Die andren Anwesenden sehen die erotische Komponente darin und sind dadurch irritiert. (Die Frau küsst die Füße unablässig! Das ist während einer Unterhaltung irritierend!) Vielleicht sind sie ja auch neidisch? Auf jeden Fall wird Jesus dadurch in ihren Augen kompromittiert, dass er die Frau gewähren lässt. Die Frau und Jesus sind sich sehr nah. Diese Nähe allen Menschen anzubieten ist ein Ziel seines Lebens: er möchte, dass Menschen ihm ganz nah kommen.
Das Verhältnis von Nähe und Distanz wurde für uns alle in den letzten Monaten zu einem drängenden Thema. Oft stand die Sehnsucht nach Nähe zu Menschen, die man lange nicht mehr gesehen hat, oder nur virtuell sehen konnte, im Vordergrund. Manchmal auch die Sorge, sich in der Nähe zu Menschen anstecken zu können. Diese spezielle Erfahrung von schmerzhaftem Distanziertsein, die wir alle teilen, bildet einen lebendigen Hintergrund für diese Geschichte, wie auch für andere Begegnungsgeschichten der Bibelwoche.

Lassen Sie die TN von ihrer Erfahrung mit Nähe und Distanz im Corona-Shutdown erzählen: Wen haben sie vermisst? Mit wem hätten sie in dieser Zeit gerne zusammen am Tisch gesessen? War ihnen Gott / Jesus in dieser Zeit nahe?

Diese Nähe Jesu führt auch dazu, dass Menschen ihr Verstricktsein in die Sünde entdecken. Die Erkenntnis der eigenen Verstrickung in die Sünde ist nötig, um von der Sünde frei zu werden. Darauf gibt es von den Menschen unterschiedliche Reaktionen. Simon reagiert in dieser Begegnung mit Zweifel an Jesus: „Das muss er doch wissen. Da kann er doch keine Nähe zulassen." Petrus reagierte bei seinem Fischzug so, dass er den Abstand zu Jesus vergrößern wollte. „Geh weg. Ich bin ein Sünder!" Die Frau reagiert dadurch, dass sie sich Jesus ganz hingibt. Die Haare vor ihm zu öffnen, ist ein Treueschwur.

Wenn jemand seine Tränen auf meine Füße fallen lassen würde, wie würde ich reagieren? Würde ich die Füße nicht spontan wegziehen? Wer darf mir überhaupt so nah kommen, dass ich seine Tränen zu spüren bekomme? Wer darf mich mit seinen Tränen berühren? Wem zeige ich meine Tränen? Wie zeige ich Jesus meine Liebe, meinen Glauben? Solch zärtliche Formen hat unsere Anbetung selten. Mit welchen Formen der Anbetung fühle ich mich wohl?

 Sammeln Sie mit den TN Formen von Frömmigkeit, die sie kennen, auch solche, die ihnen fremd erscheinen. Pilgern zum Beispiel ist eine körperliche Form der Frömmigkeit, oder fasten. Tanzen, singen, schweigen, meditieren integriert oft körperliche Aspekte wie Klänge, Gerüche, Bewegungen (Yoga). Wäre ich auch bereit, mal Neues, Gefühlsbetonteres, Körperorientiertes auszuprobieren? Wie finden Freude und Liebe zu Gott einen Ausdruck in meinem Leben? Wo ist Raum für sie?

4. Jesus

Jesus lässt die Frau tatsächlich so nah an sich heran. Er akzeptiert ihre Liebe in der Form, in der sie in der Lage ist, ihre Liebe zu zeigen. Er deutet ihre Liebesbekundung anders als die Männer um ihn herum. Er sieht sie aus der Perspektive des Reiches Gottes. Deshalb interpretiert er ihre Liebe vielleicht sogar eindeutiger, als sie es selbst gemeint hat, als Glaubensäußerung.

Wo Jesus Menschen begegnet, wo Menschen Jesus begegnen, wo sie zusammen essen, was sie oft bei Lukas tun, da geschieht alles unter der Perspektive des Reiches Gottes. „Das Essen in Gemeinschaft dient nicht mehr der Aufrechterhaltung von gesellschaftlichen Machtstrukturen nach den Gesetzen von Ehre und Schande, sondern ist Zeichen für das Reich Gottes." (aus: Bettina Eltrop: „Essen und Macht", in Bibel und Kirche 1, 2020, S. 47)

„Lukas zeigt uns hier, was passiert, wenn Gottes Liebe im Evangelium eine menschliche Situation verändert. Lukas hat uns schon gezeigt, wie Jesus von Nazareth die gewohnten Erwartungen im Blick darauf auf den Kopf stellt, was passieren würde, wenn Gott sein Reich aufrichtet. Er erzählt von einer Zeit mit überschäumender Großzügigkeit, überraschender Gnade." (aus: N.T. Wright: Lukas für heute, Brunnen Verlag 2016, S. 120)

5. Simon

Simon ist von dieser Großzügigkeit und Gnade herausgefordert. Er stellt sich das Reich Gottes als einen Bereich vor, zu dem Sünder (und vor allem Sünderinnen) keinen Zutritt haben. Für ihn ist völlig klar, dass jemand, der so lebt wie diese Frau, nichts mit dem Reich Gottes zu tun hat.

Zu „wissen, was für eine sündige Person sie ist" heißt für Simon: Halte dich von ihr fern, weil Gott sich von ihr fernhält. Seine Welt ist klar geordnet. Sie bezieht ihre Stabilität aus der Ablehnung von Verhaltensweise und damit aus der Ausgrenzung von Menschen. Wer nicht der Norm entspricht, gehört nicht zu Gott.

Leider erleben viele Menschen auch heute noch die Kirchen als Wächterinnen von Norm und „Anstand", die Menschen wegen ihrer sexuellen Orientierung verurteilen und ausgrenzen. Es ist eine Schande für uns, wenn wir im Umgang mit Menschen eher Simon folgen als Jesus! Es ist dramatisch für die Ausbreitung des Evangeliums, wenn Menschen bei uns Ausgrenzung erleben statt Befreiung und Frieden. Gerade für solche, die auch gesellschaftlich um Respekt und Achtung für ihre Identität bangen. 43% der LGBTIQ+-Community (Lesben, Schwule, Bisexuelle, Transsexuelle, Intersexuelle) in Deutschland verstecken ihre Identität (nach einem Bericht der Tagesschau vom 15. Mai 2020). Leider ist für die meisten von ihnen die christliche Kirche kein Raum, in dem sie angstfrei zu sich selbst stehen können und wissen, dass sie geliebt und unterstützt werden, so wie sie sind.

In der Geschichte kanzelt Jesus Simon aber nicht einfach ab. Er gibt ihn auch nicht auf. Er wirbt um ihn und um eine Haltungsänderung bei ihm, indem er ihm eine Geschichte erzählt, die seinen Blick von der konfliktvollen Begegnung mit der Frau weg auf sich selbst hin lenkt.

 Ein schöner Kommentar zur Geschichte Jesu ist eine Tanzszene aus dem Film Scrooge von 1970, zu finden unter: **https://m.youtube.com/watch?v=q_n-cf5YPHQ**
Diese Geschichte von Charles Dickens erzählt, wie ein geiziger, halsabschneiderischer Geldverleiher mit Namen Ebenezer Scrooge in der Weihnachtsnacht durch die Konfrontation mit seinem eigenen Leben zu einem liebevollen und großzügigen Menschen wird. Am nächsten Morgen erlässt er seinen Gläubigern ihre Schulden, worauf hin sie ein Freudenlied singen und man ihnen ihre Dankbarkeit ansehen kann: *„Thank you very much. That is the nicest thing, that anyone ever done for me."* („Vielen Dank! Das ist das Netteste, was jemals jemand für mich getan hat"). Sehr schön in der Video-Szene ist auch die Gegenüberstellung zwischen den fröhlich feiernden ehemaligen Schuldnern und den ernsten Menschen, die ohne große Weihnachtsfreude aus einem Gottesdienst kommen.

Jesus führt Simon vor Augen, dass ihn mit der Frau etwas verbindet. Sie sind beide Sünder. Das ist für Simon wahrscheinlich schwer zu ertragen. Er will sich ja gerade von ihr abgrenzen, um seine Rechtschaffenheit zu bewahren. Deshalb kann er nicht sehen, dass sie beide von Gott mit Vergebung beschenkt werden. Während Simon scheinbarer der Frau an Rechtschaffenheit überlegen ist, ist sie ihm weit überlegen, wenn es darum geht, die Realität der Vergebung wahrzunehmen und sich darüber zu freuen. Sie weiß, dass sie sich der Gnade Gottes verdankt, und ist von Herzen dankbar dafür. Sie ist einfach Spezialistin in Fragen der Liebe. Augenzwinkernd gibt

Jesus Simon zu verstehen, dass er von dieser Frau lernen kann, was Liebe ist, von einer Frau, von der sich Simon gerade beim Thema Liebe unbedingt fernhalten wollte.

Sollte Simon aber das Thema Liebe zu brisant sein, kann er sich auch von der anderen Seite her dem schillernden Dreieck: „Liebe – Vergebung – Glaube" nähern. Er kann wahrnehmen, dass auch er von der Vergebung Gottes lebt, dass ihm diese Vergebung angeboten wird. Er kann lernen, selbst zu vergeben und großzügiger zu werden. Vielleicht wächst er so auch in die Liebe hinein.

 Was finden die TN leichter: zu lieben oder zu vergeben? Ist Dankbarkeit vielleicht als kleine Schwester der Liebe ein Weg, auf dem man Liebe lernen kann? Wer die Nähe zu Jesus sucht, dem wird immer auch die Nähe zu anderen Menschen zugemutet, die man sich selbst nicht ausgesucht hätte. Über welche Menschen würden die TN sich wundern, wenn sie diese an der Seite von Jesus sehen würden?

Worin besteht denn nun die Rettung, die Simon braucht? Was erzählt Lukas über „Rettung" in dieser Geschichte? Was bedeutet Rettung für die verschiedenen Personen in der Geschichte? Welche Rolle kommt dabei den LeserInnen der Geschichte zu? Mit wem identifizieren sie sich? Sind sie auch gerettet? Müssen sie noch „gerettet" werden?

In einer Gebetsrunde stehen heute Menschen im Mittelpunkt,
→ die von anderen gemobbt und verachtet werden,
→ die sich nach Liebe und Anerkennung sehnen,
→ Chancenlose,
→ Ausgegrenzte,
→ Prostituierte,
→ missbrauchte Kinder und Frauen,
→ die LGBTQ+_Community und unser Umgang mit Menschen, die uns fremd sind,
→ Suchende,
→ Menschen, die sich selbst im Weg stehen, weil ihr Weltbild zu klar und festgelegt ist, die andere verurteilen,
→ die unfähig sind zu lieben und zu vergeben.

Gott segne uns mit der Hoffnung, die alles erwartet. Segne uns mit dem Glauben, der sich in allem an dir festhält. Segne uns mit der Liebe, die bereit ist, dir alles zu geben. Amen
(aus: *Te Deum. Das Stundengebet im Alltag, März* 2020, hrg. von Benediktinerabtei Maria Laach und Verlag Katholisches Bibelwerk Stuttgart, S. 173)

3.3 Vorschlag für eine Bibelarbeit

Katharina Wiefel-Jenner

Inhaltlicher Schwerpunkt

In diesem Abschnitt geht es um zwei verschiedene Weisen, Jesus zu begegnen. Für die eine Weise steht der Pharisäer, für die andere die sog. Sünderin. Beiden ist die Begegnung mit Jesus wichtig. Sie wollen eine Beziehung zu Jesus. Der Pharisäer hält sich an die Konventionen, die Frau bricht alle Regeln. Auch der Pharisäer geht über das Erwartbare hinaus. Er lädt Jesus in sein Haus ein. Die Frau ist radikaler. Sie zeigt vollkommene Hingabe und gibt alles preis. Diese beiden Weisen spiegeln zugleich das Selbstverständnis und das Selbstwertgefühl der beiden wider. Ihre Sicht auf ihr eigenes Leben und auch auf ihren eigenen Wert kommt in ihrem Verhalten gegenüber Jesus zum Ausdruck. Sie bieten ein Muster an, an dem man sich in der Beziehung zu Jesus orientieren kann. Das Verhalten der Frau führt am Ende dazu, dass sie Frieden findet, obwohl sie die Konventionen bricht. Der Pharisäer hat am Ende nur die Erinnerung an ein Gespräch mit Jesus und die grundsätzliche Infragestellung seiner Haltung durch Jesus selbst.

Materialien und Medien
→ Blätter, je mit einem stilisierten Mann und mit einer stilisierten Frau – eines pro TN.
→ Stifte mit unterschiedlichen Farben, Kerzen, Gesangbücher.

Liturgische Eröffnung

Entzünden einer Kerze
   Gott lädt uns ein
   Wir haben Gemeinschaft.
   Wir sitzen an einem Tisch.
   Wir sehen einander an.
   Wir hören auf Gottes Wort.
   Wir sprechen miteinander.

Wir beten:
   Ewiger, dein Wort ist in unserer Mitte.
   Du sprichst zu uns.
   Du weckst unseren Glauben.
   Du schenkst uns Frieden durch Jesus Christus.
   Segne unser Hören und Reden.
   Amen.

Auf den Text zugehen (ca. 15 Min.)

Vorurteile überwinden – Lk 7,36-38
Hintergrundinfo für den / die Leitende/n:
Pharisäer gelten als Besserwisser und Heuchler, die zu Jesu Verurteilung beigetragen haben.
Tatsächlich waren sie keine Feinde. Ihr Interesse war es, den Willen Gottes so perfekt wie
möglich zu erfüllen. Die Tora war ihre Richtschnur. Das hatten sie mit Jesus gemeinsam.
Besonders bei Lukas werden sie differenzierter geschildert
Die Frau wird in der Überschrift Sünderin genannt. Ihr Lebenswandel wird als unmoralisch
bezeichnet. Ihr Auftritt ist skandalös; die Art und Weise, in der er beschrieben wird, spielt
mit der erotischen Fantasie der LeserInnen. In den anderen Evangelien wird dieser Auftritt
mit der Passion Jesu verbunden. Über ihre soziale Stellung ist nichts bekannt. Das teure Öl,
mit dem sie Jesus salbt, lässt vermuten, dass sie vermögend war. Ob sie eine Prostituierte war,
bleibt gerade vor dem Hintergrund der Parallelüberlieferungen bei Mk, Mt und Joh fraglich.

TN-Einzelarbeit
Die TN werden gebeten, sich ausgehend von Lk 7,36-38 ein Bild vom Pharisäer und der Sünderin zu machen. Sie erhalten zwei Blätter mit der stilisierten Form eines Mannes und einer
Frau. Sie schreiben ein Urteil oder Charaktereigenschaft über den Pharisäer und über die Frau
auf das Blatt – jeweils zwei bis drei Stichworte. (5 Min)

Nach dem Vortragen der Notizen Erläuterungen zur Differenz zwischen Vorurteil über die
Pharisäer und ihrer Rolle im Lukas-Evangelium durch L. Ebenso zum Auftritt der Frau.

Die TN werden gebeten nun mit einer anderen Farbe auf ihren Blatt eine zweite Meinung mit einem neuen Stichwort unter die ersten Notizen zum Pharisäer und zur Frau zu schreiben. (3 Min)

Dem Text begegnen (ca. 30 Min.)

Distanzierte und berührende Nähe zu Jesus – Lk 7,39-46

Die TN lesen reihum zunächst den gesamten Abschnitt. Anschließend wird ein TN gebeten, Vers
39 vorzulesen, dann ein TN die Verse 44–46.

→ Die TN werden gebeten, sich in den Pharisäer hineinzuversetzen.
Hierfür werden die Verse 44–46 verändert und der von Jesus angeredete Pharisäer spricht in
der 1. Person. Zunächst redet er zu Jesus: **„Du bist in mein Haus gekommen; ich habe dir kein
Wasser für deine Füße gegeben ...“**

→ Ein anderer TN verändert die Verse 44–46 und spricht als Pharisäer zu der Frau:
„Du bist in mein Haus gekommen; du hast Jesu Füße mit deinen Tränen benetzt ...“

→ Schließlich werden die TN gebeten, sich in die Frau hineinzuversetzen und ebenfalls in
der 1. Person zum Pharisäer zu sprechen:

„Ich bin in dein Haus gekommen; du hast Jesus kein Wasser für seine Füße gegeben, ich habe seine Füße mit meinen Tränen benetzt ...“

Austausch darüber, wie sich die Sicht auf die Begebenheit und auf die handelnden Figuren durch die direkte Rede verändert hat.

Zum Abschluss dieses Austausches halten die TN fest: Was gibt der Pharisäer Jesus? Was gibt die Frau Jesus? Die TN schreiben dazu ein Stichwort auf die Blätter zum Pharisäer und zur Frau mit einer dritten Farbe.

Mit dem Text weitergehen (ca. 15 Min.)

Vergebung und Frieden durch die Begegnung mit Jesus V 41-43 + 47-48
Der / die Leitende liest den TN die Gleichnisgeschichte und Jesu Erklärung vor. Die TN erhalten Sachinformationen zum Wert der Schulden (500 Denare ein Jahresgehalt, 50 ein Monatslohn).

Gesprächsimpulse zum Vergleich von Schuldenerlass und Vergebung:
→ Wenn das Verhalten des Pharisäers und der Frau ihre Beziehung zu Jesus spiegeln, wel-chen Wunsch gegenüber bzw. an Jesus kommt in ihrem Verhalten zum Ausdruck?
→ Entspricht ihr jeweiliges Verhalten ihrem Selbstverständnis und Selbstwertgefühl?
→ Was gewinnen sie jeweils durch ihre Begegnung mit Jesus?

Abschließendes Blitzlicht:
Die TN legen ihr Blatt vom Pharisäer oder von der Frau in die Mitte und nennen die Figur, an deren Stelle sie in der Geschichte treten möchte und das, was sie aus der Begegnung mit nach Hause nimmt. (Für die Unentschlossenen soll es möglich sein, auch die anderen Jünger und Gäste zu benennen.)

Alternativ oder ergänzend können die Anregungen zur Textbeobachtung aus der Teilnehmerheft herangezogen werden.

Liturgischer Abschluss
Magnificat im Wechsel
→ **Lied**: Lobe den Herrn meine Seel (mit Strophen, die gut zum Text passen)
→ **Gebet**
   Jesus Christus,
   du kommst zu uns und wir kommen zu dir.
   Du schenkst uns Glauben und wir glauben an dich.
   Du liebst uns und wir zeigen dir unsere Liebe.
   Du vergibst uns und wir finden Frieden.
   Wir danken dir – heute und alle Tage. Amen.
   Vater unser
→ **Segen**
→ **Löschen der Kerze**

3.4 Bildbetrachtung zur Salbung durch die Sünderin

Johannes Beer

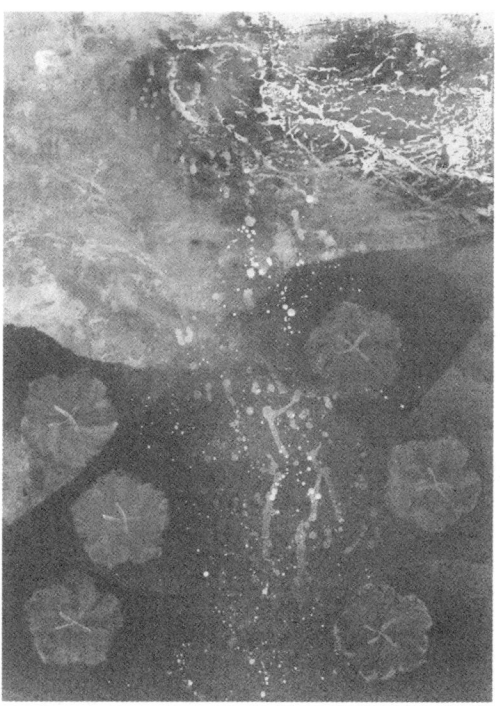

Christiane Oellerich: „Die Salbung durch die Sünderin", 2018, Mischtechnik auf Papier, 38,8 x 36,8 cm.

Dieses Bild von Christiane Oellerich hat große Blauanteile, die fast den ganzen Hintergrund gestalten. An leichte Tücher erinnernd, schweben die blauen Flächen in den unteren Zweidritteln vor- und hintereinander. Im oberen Drittel tritt das Blau in den Hintergrund und es treten helle Gelb- und Weißtöne hervor, wobei das Weiß sich wie Spritzer oder Tropfen bis in den unteren Teil fortsetzt. Besonders auffällig sind die sechs roten Blüten, die in der unteren Hälfte vor dem Blau schweben. Hier sind keine Stängel und keine Pflanzen zu sehen, nur die Blüten, wie sie gestreut werden können. Das ganze Bild hat etwas Duftiges und Wolkiges. Es wirkt warm und angenehm.

Außer den sechs Blüten ist auf diesem Bild nichts Gegenständliches zu entdecken. Auch keine aufrechten Formen, die wir mit Menschen assoziieren könnten. Doch finden wir, wenn wir auf dem Hintergrund des Lukastextes dies Bild betrachten, viel von dem Text wieder. Sicherlich ist nicht die Situation der Einladung zum Abendessen, die Männerrunde am Tisch und der Geruch nach Speisen, den dieses Bild in Szene setzt. Auch nicht die Spannungen zwischen Jesus und dem Gastgeber und das Gleichnis spielen eine Rolle. Es ist die Beziehung zwischen dieser einen Frau und Jesus und das, obwohl weder Jesus noch diese Frau dargestellt oder auch nur angedeutet sind. Es ist die Zuwendung in der Liebe, die wir diesem Bild abspüren, in dem wir es fast zu riechen meinen. Der alles beherrschende Duft, der alle anderen Gerüche des Raumes zurückdrängt, ist hier gemalt. Das Salböl und die vergossenen Tränen kommen uns entgegen. Die große Liebe, die diese Frau Jesus entgegenbringt, ist hier offensichtlich erfahrbar. Die Blumen, die Tränen, das Fließende machen es deutlich.

Aber warum ist im Hintergrund so viel Blau? Durch die liebende Zuwendung der Frau, durch ihre ganze Hingabe, bekommt sie die Zuwendung Jesu. Er nimmt sich ihrer an und hat verstanden, was sie ihm mit dieser Zeichenhandlung sagen will. Jesus sagt ihr die Sündenvergebung zu. Er öffnet ihr den Himmel. Hinter all dieser Zuwendung tut sich für diese Frau das Blau des Himmels auf.

4 | Hören und handeln – Lk 10,38-42

4.1 Exegese

Prof. Dr. Christfried Böttrich

Die kurze Episode in Lk 10,38-42 reißt ein Thema an, das bei Lukas eine besondere Rolle spielt: „Jesus und die Frauen". Häufiger als in den anderen Evangelien treten bei Lukas Frauen auf – und das nicht nur anonym, sondern namentlich benannt und mit klaren Persönlichkeitsprofilen. Dies setzt sich bis in die Apostelgeschichte hinein fort. Deshalb ist das lukanische Werk auch stets ein bevorzugter Gegenstand feministischer Exegese gewesen. Maria und Marta scheinen in dieser Hinsicht besonders aufschlussreiche Figuren zu sein. Lukas erzählt über beide Frauen eine kurze, merkwürdige, offene – und deshalb auch reichlich traktierte Geschichte.

In der Auslegung sind Maria und Marta gerne als Typen verstanden worden: die Aktiv-rührige und die Wissbegierig-zuhörende, die Macherin und die Schülerin. Marta erscheint im Text als die Hauptfigur, die sich äußert und exponiert, dafür aber getadelt wird. Maria hingegen wird belobigt – sagt aber kein einziges Wort. Dieses ganze Spiel von Lob und Tadel wirft die größten Fragen auf.

Aber: Geht es in dieser Geschichte überhaupt um den Rollendiskurs? Würde sie nicht ebenso funktionieren, wenn sie von einem Brüderpaar handelte? Vermutlich nicht. Auch wenn sich ihr Anliegen im Rollendiskurs sicher noch nicht erschöpft, hat es doch Bedeutung, dass Hören und Tun gerade am Beispiel zweier Frauen diskutiert wird.

1. Textstruktur

Der Text stellt sich als eine kurze, überschaubare Episode mit einem offenen Ende dar. Durchgängig ist der theologisch gewichtige Titel *„kyrios* / Herr" die einzige Kennzeichnung Jesu. Er geht schon über die einfache Ehrenbezeichnung hinaus und lässt an den Kyrios-Titel als den bevorzugten Ersatznamen Gottes denken. Während die ersten beiden Abschnitte im Duktus der Erzählung gestaltet sind, besteht der dritte aus einem Dialog bzw. genauer aus einer Rede der Marta und einer Gegenrede Jesu. Eine Reaktion der Marta wird nicht mehr mitgeteilt. Maria bleibt ohnehin stumm.

Beide Frauen werden hier zum ersten Mal eingeführt, vorgestellt und durch ihr Verhalten – im Falle der Marta auch durch ihre Worte – charakterisiert. Alles Gewicht liegt auf dem letzten Teil, der den Einspruch der Marta und dessen Abweisung durch Jesus enthält.

Die Episode schwankt in ihrer ganzen narrativen Sparsamkeit zwischen konkreten und allgemeinen Zügen. Mit den Namen Marta und Maria scheinen bekannte Personen bezeichnet zu sein. Der Ort des Geschehens könnte Erinnerungen an eine der frühen Hausgemeinden aufbewahren. Ansonsten aber verbleibt die Episode ganz im Exemplarischen. Sie spiegelt die Situation von Wandercharismatikern wider, die auf gastliche Aufnahme angewiesen sind. Den Ton trägt die auch andernorts immer wieder angemahnte Haltung, auf die Verkündigung zu hören.

Betrachtet man diese kleine Erzählung daher als eine rhetorisch bewusst formatierte Anekdote, dann fällt das erzählerische Gewicht auf die beiden Äußerungen am Schluss. Die vorhergehende Erzählung trägt nicht zu deren Deutung bei, sondern schafft lediglich den Kontext, in dem sie stehen. Sie sind jedoch textlich unsicher und schreien nach Interpretation:

Im ersten Falle („Was ist das Eine, das nötig ist?") bieten die Handschriften unterschiedliche Lesarten an; im zweiten Falle bleibt offen, was genau „das gute Teil" sein könnte (Näheres in 4.4 Sachinformationen – Konzentration und Vertrauen). Damit ist der Text von vornherein daraufhin angelegt, diskutiert zu werden.

2. Figurenkonstellation

Der erste Vers beschreibt die Ausgangssituation und wirft sogleich die Frage auf: Wen beherbergen beide Schwestern eigentlich? Im unmittelbaren Kontext ist Jesus unterwegs, umgeben von seinen Schülern, namentlich den Zwölf. Dieser Zusammenhang legt nahe, dass er auch mit seinem Schülerkreis bei den beiden Schwestern auftaucht. Eine solche Gruppe von Männern könnte immerhin den Aufwand, den Marta als Gastgeberin betreibt, plausibel erklären. Der Wortlaut deutet jedoch etwas anderes an: „Als *sie* aber weiterzogen, ging *er selbst* in ein Dorf hinein. Eine Frau aber mit Namen Marta nahm *ihn* auf ..." (Lk 10,38). Das klingt eher nach einer Aufteilung der Gruppe. Die Schüler ziehen weiter, Jesus aber sondert sich ab und besucht das Haus der Schwestern allein. Immerhin setzen beide Möglichkeiten eine durchaus delikate Situation ins Bild. Im Haus befinden sich zwei alleinstehende Frauen – von einem Mann ist zumindest keine Rede. **Ob sie nun einen einzelnen Mann oder eine ganze Männergruppe beherbergen, macht in der Außenwahrnehmung keinen großen Unterschied: Anstößig ist es in jedem Falle!** Auch wenn auf dem Land Gastfreundschaft vielleicht unkomplizierter praktiziert werden mag, fällt die Eigenständigkeit und Unabhängigkeit beider Schwestern auf. In der Antike lebt man immer in einer Hausgemeinschaft, der ein Hausherr vorsteht und zu der eine größere Personengruppe gehört. Das Leben als Single ist erst in der Moderne erfunden worden. Lukas aber reduziert alles auf eine Dreierkonstellation: ein Mann und zwei Frauen allein zu Haus.

Marta erscheint in der Rolle des Hausherrn (des *oikodespotes*; s. 4.3 Sachinformationen). Man möchte meinen: *nomen est omen*, denn ihr Name leitet sich von dem aramäischen Femininum „zu *mar* / Herr" ab – also „die, die herrscht / die Herrin", was ja durchaus auch ihrer vorgestellten Rolle entspricht. Einige der frühen Handschriften fügen dem „nahm ihn auf" noch hinzu „in ihr Haus". Wäre es demnach Martas Haus, in dem die Geschichte spielt? Wo ist der Mann? Marta erscheint hier so selbständig wie andernorts etwa Tabita (Apg 9) oder Lydia (Apg 16). Frauen in der Rolle der Hausherrin hat es immer wieder gegeben, und gerade Lukas scheint einige davon vor Augen zu haben. Soll man sich Marta etwa als Witwe denken? Lebt sie mit ihrer Schwester allein? Gibt es keine weiteren „Hausgenossen"? Projiziert Lk hier das Bild selbständiger wohlhabender Frauen aus seiner Lebenswelt in die Jesusgeschichte hinein?

Häufig hat man versucht, Lk 10 im Lichte von Joh 11-12 zu erklären. Denn dort tauchen beide Schwestern erneut in zwei weiteren Geschichten auf. Die erste Geschichte erzählt von der Auferweckung des Lazarus: Maria, Marta und Lazarus treten hier als Geschwister auf, die mit Jesus befreundet sind. Es heißt, dass Jesus „sie liebte"; von Lazarus wird mehrfach gesagt, dass er „sein Freund" sei. Der Ort des Hauses wird bei Johannes mit Betanien angegeben. Ist also Lazarus der Mann im Haus? Warum aber wird er bei Lukas dann nicht erwähnt? Die zweite Geschichte handelt von jener denkwürdigen Salbung Jesu, die schon auf sein künftiges Begräbnis hinweisen soll; die salbende Frau, die bei Markus und Matthäus anonym bleibt, wird bei Johannes mit Maria, der Schwester Martas, identifiziert. Auch hier bedient Marta bei Tisch,

Lazarus sitzt mit beim Mahl, und Maria ist die Frau mit der Aufsehen erregenden Symbolhandlung. Sind das möglicherweise vergleichbare Rollen oder Positionen? Diese Parallelen zählen jedenfalls zu den berühmten Berührungen zwischen Johannes und Lukas, die schon häufig untersucht worden sind. Im Hintergrund stehen zweifellos Erinnerungen und Überlieferungen, auf die beide Evangelisten zurückgreifen. Man sollte jedoch nicht versuchen, Lukas 10 mit Hilfe von Joh 11-12 zu vervollständigen. Beide Evangelisten haben ihre Gründe, so zu erzählen, wie sie es tun. Bei Lukas würde Lazarus die holzschnittartig knapp gezeichnete Beziehung beider Schwestern nur stören; bei Johannes hingegen ist alles auf ihn als die Hauptperson ausgerichtet. Immerhin bleibt die Frage bestehen: Findet sich der Ausgangspunkt dieser Überlieferung vielleicht bei einer Hausgemeinde und ihren Bewohnerinnen bzw. Bewohnern nahe Jerusalem, die in der Erinnerung aufbewahrt worden ist? Das wäre im Übrigen dann auch ein Indiz für die dezentralen Anfänge der christusgläubigen Gemeinden, die sich auch vor Ostern schon hausweise konstituieren und zum Anlaufpunkt für verschiedene Wanderprediger werden.

Marta wird jedenfalls erst einmal positiv geschildert. Sie nimmt Jesus auf – und gibt dem Wanderprediger Quartier. Man muss im Orient annehmen, dass der Gast dabei nicht nur auf einen kleinen Kaffee eingeladen wird. Hier geht es um die Beherbergung für wenigstens eine Nacht. Die wichtigste Figurenkonstellation der Geschichte wird indessen durch die Beziehung beider Schwestern konstituiert. Belobigt und hervorgehoben wird Maria – die aber bleibt stumm. Von ihr wird nur erzählt. Die Handlung spielt zwischen Jesus und Marta, deren Gespräch über den Kopf der anwesenden Maria hinweggeht. Eine Differenzierung zwischen den beiden Schwestern erfolgt vor allem in Gestalt von Abstufungen, die sich wiederum an ihrer Beziehung zu dem Gast bemessen. Marta schafft die Rahmenbedingungen der Begegnung, während Maria die Begegnung selbst wahrnimmt.

Maria wird nur kurz und knapp durch ihr Verhalten beschrieben. Sie sitzt zu den Füßen Jesu und hört. Das ist die charakteristische Haltung einer Schülerin; in Apg 22,3 lässt Lukas ganz analog dazu Paulus berichten, er habe als Schüler in Jerusalem „zu den Füßen Gamaliels" gesessen. Maria ist also eine „*mathetria* / Schülerin", auch wenn Lukas diesen *terminus technicus* hier noch vermeidet; erst in Apg 9,36 wird er dann die Tabita ganz ausdrücklich als „*mathetria*" bezeichnen. Schüler lernen nur deshalb, um später selbst einmal Lehrer zu werden und das Gelernte weiterzugeben. Das ist auch der Sinn jener Lehrer-Schüler-Beziehung, in der Petrus und die anderen Männer im Umfeld Jesu stehen. Sie hören und lernen, um später an der Verkündigungstätigkeit ihres Lehrers teilzunehmen. Man muss deshalb wohl schlussfolgern: **Maria erscheint hier in der Rolle einer Schülerin, weil auch sie später zur Verkündigerin werden wird.** Sie hört Jesu „Wort" – und das meint keine leichte Plauderei, sondern Theologie. Ob sie auch in eine Nachfolgebeziehung tritt, bleibt offen. Immerhin hatte Lukas kurz zuvor von einer Frauengruppe berichtet (Lk 8,1-3), die so wie der Zwölferkreis auch gemeinsam mit Jesus durch Galiläa zieht. Nachfolge und Schülerschaft bleiben jedenfalls nicht auf Männer beschränkt. Dafür ist Maria ein markantes Beispiel.

Marta wird sehr viel umfänglicher dargestellt als Maria und zusätzlich durch ihre direkte Rede charakterisiert. Was sie tut, nennt der Erzähler *diakonia*. Im vorliegenden Falle meint das die Versorgung des Gastes, obgleich der Begriff ein sehr viel weiteres semantisches Spektrum abdeckt. *Diakonia* begegnet ansonsten auch als Fachbegriff der Missionssprache und steht für nicht weniger als die Verkündigung des Evangeliums selbst. Jedenfalls sollte man sich nicht von der Situation, in der Marta hier einen Gast bewirtet, dazu verleiten lassen, die

Rede vom „Dienen" allein auf die Ausübung „rückwärtiger Dienste" hochzurechnen. Im Übrigen wird ja auch der „Dienst" der Marta als solcher gar nicht kritisiert. Es ist vielmehr die Art und Weise ihres Dienens, die in der Kritik steht. Schon einleitend heißt es, Marta sei davon „ganz in Anspruch genommen" (Lk 10,40). Das hier verwendete griechische Verb müsste man noch genauer mit „hin- und hergerissen, gezerrt, aufgerieben werden" übersetzen. Marta geht in ihrer Arbeit unter, sodass sie den Grund ihrer Mühe (den Gast) aus den Augen zu verlieren droht. Ihr Dienst vereinsamt sie – denn sie klagt, ihre Schwester habe sie „allein zum Dienen zurückgelassen" (Lk 10,40).

Jesus reagiert, indem er das Verhalten beider Schwestern kommentiert. Dabei kommt Maria deutlich besser weg, ohne dass Marta jedoch einfach in die Ecke gestellt würde. Vielmehr wirbt Jesus bei ihr darum, Marias Verhalten zu akzeptieren. Was sie tut, ist nichts Ungebührliches. Marta aber steht in der Gefahr, sich selbst zu verlieren. Diese Sicht auf die beiden ungleichen Schwestern fordert dazu heraus, sich selbst zu überprüfen und zu positionieren.

3. Sachinformationen

Was wissen wir über die Bildungsmöglichkeiten von Frauen in der Antike, und ganz besonders im Judentum? Betritt der lukanische Jesus hier Neuland, oder fügt er sich in einen bestehenden Diskurs ein? Wie hat die frühe Christenheit im Anschluss an eine solche Geschichte die Rolle von Frauen in Bezug auf die Verkündigung des Evangeliums verstanden?

Die Jesusbewegung bricht auf in einer patriarchalen Welt. Sowohl die altorientalische als auch die hellenistisch-römische Gesellschaft sind grundlegend von der Struktur des *„oikos /des Hauses"* bestimmt. „Haus" meint in diesem Falle die soziale Grundeinheit, aus der sich die Gesellschaft aufbaut, und die hierarchisch organisiert ist. An der Spitze steht der *„oikodespotes /* Hausherr", dem alle anderen Mitglieder – Ehefrau, Kinder, Sklaven, Schutzbefohlene – untergeordnet sind. Damit ist vor allem die Beziehung der Geschlechter geklärt. Der Mann trifft alle Entscheidungen und vertritt das Haus nach außen; die Frau ist rechtlich von ihrem Mann abhängig und bleibt auf den Bereich der vier Wände beschränkt. In der Öffentlichkeit hat sie Verhaltensregeln zu beachten, die ihr einen deutlich kleineren Spielraum gestatten als Männern. Diese Struktur gilt unhinterfragt im ganzen Mittelmeerraum und bleibt über Jahrhunderte hin stabil. Modifikationen gibt es gelegentlich mit Blick auf die Region, auf den Unterschied von Stadt und Land oder auf den konkreten sozialen Status. Frauen aus der Oberschicht nehmen für sich mitunter erstaunliche Freiheiten in Anspruch. Doch alle Beispiele, die in der Literatur von solchen selbstbestimmten Frauen überliefert sind, bleiben Ausnahmen von einer Regel, die dadurch nur weiter bestätigt wird. Von einer „hellenistischen Emanzipationsbewegung", wie sie gelegentlich diskutiert wird, kann man bei einer genaueren Betrachtung der Quellen jedenfalls nicht sprechen.

Dennoch sind gerade solche Ausnahmen von Interesse, weil sie Lücken im System und Ansatzpunkte für Veränderungen sichtbar machen. Den nächstliegenden Kontext für die Haltung der Maria stellt das Judentum im 1. Jh. dar. „Lernen" hatte in jüdischer Tradition schon immer einen hohen Stellenwert, denn sein Gegenstand ist nichts Geringeres als das „Wort Gottes". Schon früh wird Kindern deshalb das Lesen und Schreiben beigebracht, was immer wieder auch die Töchter mit einschließt. In der späteren rabbinischen Literatur kommt es darüber jedoch zu einer kontroversen Debatte. Gern zitiert wird der Schlagabtausch zweier Lehrer im Traktat Sota aus der Mischna: „Ben Azzai (um 110) sagte: Ein Mensch ist verpflichtet, seine Tochter Tora zu lehren. R. Eliezer (um 150) sagte: Wer seine Tochter Tora lehrt, lehrt sie Ausschweifung!" Beides wird vertreten, und beides wird offensichtlich auch praktiziert. Dennoch bleiben studierte Theologinnen im Judentum lange Zeit eine Ausnahme; erst seit relativ kurzer Zeit gibt es Rabbinerinnen; zur Tora-Lesung werden inzwischen auch Frauen aufgerufen. Wie mühsam man darum noch vor gar nicht allzu langer Zeit ringen musste, hat Nobelpreisträger Isaak Bashevis Singer in seinem Roman Jentl von 1983 eindrücklich erzählt.

Unter den Strukturen der antiken Gesellschaft bleiben Frauen als Schülerinnen eine Ausnahme. In der Jesusbewegung aber scheinen sich solche Ausnahmen gehäuft zu haben. Damit bricht noch nicht gleich das Zeitalter der Frauenbefreiung an. Aber es entsteht eine neue Sensibilität, die der Lebenswirklichkeit von Frauen stärkere Aufmerksamkeit schenkt. Dieses Erbe der Jesusbewegung wird von den christusgläubigen Gemeinden der Anfangszeit übernommen. Paulus gibt ihm eine solide theologische Begründung, wenn er in Gal 3,28 schreibt: „in Christus gibt es nicht mehr ... männlich und weiblich". Frauen treten in der Gemeindeöffentlichkeit auf, beten und reden prophetisch (1Kor 11). Das heißt, dass sie aktiv an Evangeliumsverkündigung und Lehre teilnehmen. Solche Aufbrüche sind erstaunlich und ungewöhnlich. Die Kleingruppen der Anfangszeit, deren Leitbild die Gemeinde als „Leib Christi" (also als ein vitaler Organismus wie in 1Kor 12 beschrieben) ist, vermögen dieses neue Selbstverständnis auch zu leben. In dem Maße allerdings, in dem die Gemeinden wachsen und in die sie umgebende Gesellschaft hineinwirken, kehren sie von Neuem zu dem Leitbild der Gemeinde als „Haus Gottes" zurück – wobei nun auch die hierarchische Struktur des *oikos* durch die Hintertür Einzug hält. An der Wende zum 2. Jh. sind die christusgläubigen Gemeinden schon wieder zu dem alten Über- und Unterordnungsverhältnis zurückgekehrt. Der Mann ist das „Haupt der Frau" (Eph 5,23) – und so bleibt das bis weit in die Moderne hinein.

Lukas befindet sich an einem Punkt der frühchristlichen Geschichte, an dem die Dinge gerade zu kippen beginnen. Längst schon hat man überall Frauen wieder aus ihren verantwortlichen Funktionen in der Gemeindeöffentlichkeit zurückgezogen. Die sich allmählich ausbildende „Ämterstruktur" ist männlich dominiert. Dennoch bleibt die Erinnerung wach, wie es in den Anfängen einmal war. Lukas hat nicht nur viele dieser Erinnerungen aufbewahrt. Vermutlich leben in seinem Umfeld auch Frauen, die für solche Überlieferung einstehen. Ihnen bietet er mit seiner Erzählung immer wieder Identifikationsmöglichkeiten. Aber damit gerät er zugleich in ein Dilemma. Die Gemeindewirklichkeit seiner Zeit sieht inzwischen anders aus als die erzählte Geschichte jener Männer und Frauen in der Jesusbewegung. Deshalb verfährt Lukas in dieser Hinsicht sehr behutsam. Immer wieder stellt er Frauenfiguren wie etwa die hörende und lernende Maria in den Mittelpunkt; gleichzeitig aber hält er sich damit zurück, sie auch frei heraus als eine Schülerin bzw. Nachfolgerin zu benennen oder etwa von ihrer Verkündigungstätigkeit zu erzählen. Dennoch legt er der Theologie mit dieser Szene ein Thema auf den Tisch, das sie noch lange beschäftigen wird.

4. Schwerpunktthemen

Hören und Tun

Der Unterschied beider Schwestern scheint auf den ersten Blick durch Hören und Tun bestimmt zu sein. So hat es die Auslegungsgeschichte zumindest lange Zeit verstanden, ohne daraus einen Gegensatz zu konstruieren. Schon in der Vätertheologie hat man die beiden Frauen gerne als Verkörperung der *vita activa* und der *vita contemplativa* verstanden und als

Vorbild für den Welt- und den Ordensstand betrachtet. Im Hintergrund solcher Überlegungen steht die neuplatonische Unterscheidung von Praxis und Theoria. Beides gehört zusammen. Im Protestantismus des 19. Jh.s macht der Name Marta dann eine erstaunliche Karriere und wird für diakonische Anstalten gewählt, während man im 20. Jh. vor allem Maria als Beispiel der Frauenbefreiung favorisiert. Aber ganz so einfach liegen die Dinge nicht. Es geht hier mit Hören und Tun nicht einfach um die zwei Seiten einer Medaille. Weder wird Marta für ihr Tun getadelt und Maria für ihr Hören gelobt, noch werden beide Verhaltensweisen als gleich gewichtig und notwendig gewürdigt. Der Konflikt ist in dieser Geschichte anders gelagert.

Konzentration und Vertrauen
Die Entscheidung fällt am Verständnis der beiden abschließenden Worte. Das erste liegt in der handschriftlichen Überlieferung in zwei Fassungen vor: *„Eines aber ist nötig"* und *„Weniges oder Eines aber ist nötig."* Die erste Fassung formuliert exklusiv: nur Eines, ein Einziges ist nötig; sie zielt auf ein Entweder-oder. Die zweite Fassung formuliert relativierend: weniger wäre mehr; sie zielt etwa auf eine schlichtere Bewirtung des Gastes. In beiden Fällen aber geht es um Prioritäten, die es zu setzen gilt – und eben nicht um zwei gleichberechtigte, alternative Modelle. Was aber ist dann der Kritikpunkt? **Nicht Martas Tun als solches wird zurückgewiesen, sondern ihre Klage. Der Gegensatz besteht nicht zwischen Hören und Tun, sondern zwischen Vertrauen und Sorgen.** Marta wird von Jesus entgegengehalten: „Du sorgst dich". Sorge ist in der Sprache der Bibel ein gefüllter Begriff. Um nur zwei Beispiele aus dem unmittelbaren Kontext zu nennen: Lk 8,14 spricht in der Auslegung des Sämannsgleichnisses von jenen, die „das Wort Gottes" zwar hören, es dann jedoch unter „den Sorgen dieser Welt" ersticken lassen; Lk 12,22-32 fordert dazu auf, nicht „für den morgigen Tag" zu sorgen. Sorge ist somit eine Art Gegenbegriff zum Vertrauen auf Gott: Sorge schafft Unruhe; Sorge und Unruhe gelten vielen Dingen, die Marta hin und her reißen. Indem sie sich sorgt, verzettelt sie sich. Deshalb mahnt das erste Wort Konzentration an: „Eines aber ist nötig!" Das zweite Wort wirft die Frage auf, worin denn genau „das gute Teil" der Maria besteht? Der Begriff „Anteil, Los" erinnert an den Begriff „Erbe", der kurz zuvor in der Frage jenes Gesetzeslehrers angeklungen war: „Was muss ich tun, um ewiges Leben zu erben?" (Lk 10,25) Maria konzentriert sich auf das Wort, das zum „Leben" führt. Dass hier tatsächlich eine solche eschatologische Perspektive angepeilt ist, macht die Schlussbemerkung deutlich: Dieses gute Teil / Los / Erbe „wird ihr nicht mehr genommen!" Priorität haben also Vertrauen und Konzentration auf Gottes Wort. Beides wird dem Tun vorgeordnet, ohne das Tun damit zu entwerten. Aber Tun ohne Hören und Vertrauen läuft Gefahr, zu isolieren und aufzureiben. Daran wird deutlich: Marta soll nicht in die Ecke gestellt, sondern davor bewahrt werden, sich selbst zu verlieren.
Die Unterscheidung zwischen Konzentration und Vertrauen auf der einen, Sorge und Verzettelung aber auf der anderen Seite gilt einem allgemeinmenschlichen, grundsätzlichen Problem. Männer sind davon genauso betroffen wie Frauen. Was hier auf exemplarische Weise der Marta ins Stammbuch geschrieben wird, sollen sich auch die Leser dieser Geschichte zu Herzen nehmen. Dennoch hat es gute Gründe, dass Lukas gerade zwei Frauen in den Mittelpunkt stellt. Zu seiner Zeit ist man schon wieder bereit, das Hören und die Konzentration auf Gottes Wort als eine Domäne der Männer zu betrachten. Dass die notwendige Unterscheidung an der Beziehung zweier Frauen durchgespielt wird, stellt ihren prinzipiellen Charakter deshalb sehr viel deutlicher heraus.

5. Ausblick

In der Predigtliteratur begegnet man immer noch dem alten, komplementären Modell: Wir brauchen sie beide – die tatkräftige Marta wie auch die aufmerksame Maria; beiden fehlt etwas, beide ergänzen einander. Es bleibt durchaus ein schöner Gedanke: Alle sollten gemeinsam abwaschen gehen, denn auch in der Küche könne man gut miteinander reden. Die kurze Geschichte setzt jedoch sehr viel tiefer an. **Sie handelt von einem Gottvertrauen, das sich nicht unter den Sorgen dieser Welt aufreiben lässt – das sich nicht verzettelt, sondern konzentriert.** Solches Gottvertrauen erwächst aus dem Hören und wird zur Kraft- und Inspirationsquelle für das Tun. Das gilt für Männer und Frauen gleichermaßen.

4.2 Der Text heute – Themen und Bausteine

Kerstin Offermann

Lukas erzählt von einer Begegnung, deren Grundkonstellation wahrscheinlich jeder und jedem bekannt vorkommt. Es ist eine typische Familienszene. Man kennt sowohl die geschäftig-ungemütliche Unrast als auch den stillen Vorwurf: „Immer muss ich alles alleine machen. Du könntest mir ja auch mal helfen!" Aber auch die Erfahrung, zwischen zwei Parteien als Schiedsrichter fungieren zu sollen und sich dabei sehr unwohl zu fühlen, kommt einem sehr alltäglich vertraut vor.

Sehr wahrscheinlich gibt es in der TN-Gruppe sowohl Marta- als auch Maria- Sympathisantinnen. Es wird sowohl typische kleine als auch typische große Schwestern geben, die diese Begegnung jeweils aus ihrer Erfahrung und Perspektive verschieden lesen: als Rückenstärkung und Befreiung oder als Ohrfeige und Vorwurf.

1. Marta

Vor allem die Marta-Sympathisantinnen bekommen mitunter bei dieser Geschichte ein schlechtes Gewissen. Damit werden sie von ihren „Sorgen und Mühen" dann aber nicht frei, sondern verstricken sich nur noch mehr hinein. „Nun soll ich zu dem ganzen Haushaltskram auch noch Ruhe zum Beten und Bibellesen finden ..." In sehr schöner Art wird dieses Dilemma von Theresa von Avila (vermutlich) aufgenommen und zugleich überwunden, indem es zu einem Gebet wird:

Herr der Töpfe und Pfannen

Herr der Töpfe und Pfannen,
ich habe keine Zeit, eine Heilige zu sein
und Dir zum Wohlgefallen in der Nacht zu wachen,
auch kann ich nicht meditieren
in der Morgendämmerung und im stürmischen Horizont.
Mache mich zu einer Heiligen,
indem ich Mahlzeiten zubereite und Teller wasche.
Nimm an meine rauen Hände,
weil sie für Dich rau geworden sind.
Kannst Du meinen Spüllappen
als einen Geigenbogen gelten lassen,
der himmlische Harmonie hervorbringt
auf einer Pfanne?
Sie ist so schwer zu reinigen und ach so abscheulich!
Hörst Du, lieber Herr, die Musik, die ich meine?
Die Stunde des Gebetes ist vorbei,
bis ich mein Geschirr vom Abendessen gespült habe,
und dann bin ich sehr müde.
Wenn mein Herz noch am Morgen bei der Arbeit gesungen hat,
ist es am Abend schon längst vor mir zu Bett gegangen.

Schenke mir, Herr, Dein unermüdliches Herz,
dass es in mir arbeite statt des meinen.
Mein Morgengebet habe ich in die Nacht gesprochen
Zur Ehre Deines Namens.
Ich habe es im Voraus gebetet für die Arbeit des morgigen Tages,
die genau dieselbe sein wird wie heute.
Herr der Töpfe und Pfannen,
bitte, darf ich Dir anstatt gewonnener Seelen
die Ermüdung anbieten, die mich ankommt
beim Anblick von Kaffeesatz und angebrannten Gemüsetöpfen?
Erinnere mich an alles, was ich vergesse:
nicht nur um Treppen zu sparen,
sondern dass mein vollendet gedeckter Tisch ein Gebet werde.
Obgleich ich Marta-Hände habe,
hab' ich doch ein Maria Gemüt,
und wenn ich die schwarzen Schuhe putze,
versuche ich, Herr, Deine Sandalen zu finden.
Ich denke daran, wie sie auf Erden gewandelt sind,
wenn ich den Boden schrubbe.
Herr, nimm meine Betrachtung an,
weil ich keine Zeit habe für mehr.
Herr, mache Dein Aschenbrödel
Zu einer himmlischen Prinzessin;
Vergib mir, dass ich mich absorge,
und hilf mir, dass mein Murren aufhört.
Erwärme die ganze Küche mit Deiner Liebe
Und erleuchte sie mit Deinem Frieden.

Das eigentliche Problem der Marta sind ihre Sorgen. Während Maria in der Nähe zu Jesus die Freiheit findet, zu tun, was gut (für sie) ist und sich für etwas zu entscheiden, was dem Leben dient, macht Marta sich Sorgen und wird von ihnen kontrolliert. Die so aktiv erscheinende Marta ist die eigentlich Passive, die ihren Sorgen ausgeliefert ist, während Maria in ihrer scheinbaren Passivität die Freiheit hat, selbst aktiv zu wählen, was sie möchte.

Sehr schön nimmt auch Susanne Niemeyer die Martaproblematik in der Geschichte „Streich das Wort ‚Muss'" auf. (in: Bibel heute 1/2020) „Als Gott die Ich-Erzählerin auffordert, blauzumachen, zählt sie auf, warum das nicht geht, weil sie so vieles noch tun muss. „Hab ich dich nicht aus der Sklavenarbeit befreit?", fragt Gott. „Wer befiehlt dir?" Gott sagt „Ich gebe dir frei!" aber die Marta in uns glaubt den Sachzwängen und der Eigendynamik des Alltags mehr als dem Wort Gottes.

Die Geschichte von Maria und Marta ist ein sehr schönes Beispiel für das Gleichnis vom vierfachen Acker, in dem Sorgen eine der drei Kräfte sind, die das Wort Gottes ausbremsen und verhindern, dass es im Leben von Menschen Frucht bringt (Lukas 8,14).

Die TN werden sich sehr leicht in Marta hineinversetzen können. Vielleicht auch mithilfe der oben genannten Geschichte. Kann man denn einfach so aus dem „du musst" und aus der Eigendynamik des Alltags aussteigen? Tut Maria das nicht auch auf Kosten von Marta? Marta ist in sich selbst gefangen. Vielleicht weiß sie sogar, dass es besser für sie wäre, sich zu Jesus zu setzen und zuzuhören, aber sie schafft es nicht. Sie ist in ihrer Geschäftigkeit gefangen. Marta geht zwar auch zu Jesus, aber nur, in dem Versuch, Maria und ihn in die Eigendynamik der Sorge hineinzuziehen. Die Sorgen sind wie ein schwarzes Loch. Sie haben eine enorme Anziehungskraft und was sie in ihrer Umlaufbahn haben, geben sie nicht wieder her. Sowohl Maria als auch Jesus sollen in der Lebens-Inszenierung von Marta mitspielen. Sie versucht beide so zu manipulieren, dass sie sich nicht ändern muss.

Unsere Kirchen sehen sich auch gerade mit der Gravitationskraft der Sorge konfrontiert. Wie wird es mit den Finanzen und mit den Mitgliederzahlen weitergehen? In der Umlaufbahn der Sorge gefangen, beginnen sie Programme zu entwickeln, und Problemlösungen zu entwerfen, die etwas von dem Umgetriebensein einer Marta haben und wenig von der ruhigen Gelassenheit und Freiheit von Maria.

→ Was ist das Eine, das notwendig ist?

→ Was ist das Gute? Das Wesentliche?

Luther fasst diese Geschichte zusammen, indem er feststellt: „Die Ohren sind die wichtigsten Organe des Christen" (so Klaus Berger, S.250). Der Gegensatz ist also nicht der von Nichtstun oder Handeln, sondern der zwischen Vertrauen und Sorgen, zwischen Eigenwillen / Eigendynamik und Jesus-Ergebenheit. All eure Sorgen werft auf ihn, denn er sorgt für euch! (1. Petrus 5,7)

2. Jesus

Jesus bietet Marta (und uns) einen Ausweg in die Freiheit an. Er lässt sich nicht in die Gravitationskraft der Sorge hineinziehen. Marta will Jesus dienen, aber im Moment käme es darauf an, dass sie sich von ihm dienen lässt. Er bleibt ihr nah, auch wenn sie sich aus der Nähe zu ihm herauswindet.

Sie (und wir) haben in jedem Moment die Möglichkeit, diese Nähe Jesu anzunehmen und uns dienen zu lassen. Jesus bleibt zugewandt. Selbst der manipulative Versuch von Marta wird von Jesus als eine Gelegenheit genutzt, seinem Wort Raum zu verschaffen und damit Leben zu ermöglichen. In diesem Freiraum könnte Marta wieder zu Jesus und zu sich selbst finden und auch zu Maria.

Die Nähe zu Jesus bietet auch für verfahrene menschliche Beziehungen eine neue Chance. Jenseits von Manipulation, Vereinnahmung, Egoismus, Übergriffigkeit, jenseits von Schuldzuweisungen und vom sich miteinander vergleichen und sich gegenseitig abwerten. Von Jesus kann man lernen, gleichzeitig klar und liebevoll zu sein. Wir, als Leser*innen von Lukas erfahren nicht, was Jesus zu Maria gesagt hat. Aber wir erfahren, was Jesus zu Marta gesagt hat. Damit sind wir auch zu Hörenden seiner Worte geworden, so wie Maria. Diese Worte Jesu schaffen Freiraum und Freiheit und Frieden.

 Woran erinnern sich die TN, was die Bibel über Worte Gottes, Worte Jesu sagt. Was bewirken diese Worte? Wie sind sie? Wo hören / erfahren / lesen die TN die Worte Gottes / Jesu?

Die Worte Jesu heilen, stärken Menschen, trösten sie, fordern sie heraus, sprechen Vergebung zu, machen Tote lebendig. Die Worte Gottes schaffen neues Leben, rufen aus dem Tod, machen Menschen neu, richten, sprechen Recht, retten Menschen, erheben Schwache, nehmen Übersehene wahr, schaffen Zukunft (Meine Worte werden nicht vergehen … Lk 21, 33)

Jesus hat offensichtlich Frauen in seiner Nähe gehabt, als Jüngerinnen, als Freundlinnen. Er hat über Frauen Gleichnisse erzählt, hat sich in ihre Situation hineinversetzt, hat ihre Themen aufgegriffen und hatte keine Berührungsängste. Er hat Frauen geheilt, gelehrt, geliebt und mit ihnen theologische Dispute gehabt. Er hat sie aus ihren engen gesellschaftlichen Rollen herausgerufen und ihnen den Rücken gestärkt, wenn andere sie wieder in diese Rollen drängen wollten – so auch hier.

 Welche Frauengeschichten fallen den TN ein? Welche Gleichnisse, Bildworte, Themen, die die Alltagswelt von Frauen spiegeln? Könnten Sie sich diese Geschichte auch mit ausschließlich männlichen Akteuren vorstellen? Was wäre anders? Sind das immer noch frauenspezifische Verhaltensweisen und Themen? Können die Tns sich in dieser Rollenzuschreibung wiederfinden oder würden sie gerne etwas daran ändern?

Manchmal sind es wie hier grade Frauen, die andere Frauen in eine bestimmte Rolle drängen wollen. Maria verlässt so wie die Frau aus Lukas 7 den für sie gesellschaftlich zugewiesenen Platzt. In Jesu Nähe verhält sie sich so, als wäre sie mit Jesus alleine auf der Welt. Sie hat die innere Freiheit, zu tun, was gut und notwendig ist. Nämlich Jesus zuzuhören.

Wenn Marta Jesus bittet, Maria wieder auf den angemessenen Platz zu schicken, dann tut sie es auch aus der Sorge heraus, „was die Leute sagen werden". (So Kenneth E. Bailey: Jesus war kein Europäer, SCM 2018, S. 233). Frauen sind groß darin, sich mit andern zu vergleichen und dann eine innere Rangordnung zu erstellen. Damit beschneiden sie sich selbst und die andere und schränken die Lebens- und Entfaltungsmöglichkeiten von sich selbst und von anderen ein. Wege aus diesem ständigen Vergleichen zu finden, ist nicht leicht. Das will geübt sein. Der Anderen das Gute zu gönnen, was sie hat, was sie kann, wie sie ist. Sich selbst wahrzunehmen und dann zu tun, was für mich gerade gut und wertvoll ist, ohne die andere imitieren oder übertreffen zu wollen. Sich von Jesus sagen zu lassen: ich bin gerne mit dir zusammen. Wenn du bei mir bist, reicht das aus. So wie du bist, bist du willkommen.

 Geben Sie jeder/m TN einen kleinen Kosmetik-Spiegel und einen Folienstift. Bitten Sie sie darauf zu schreiben, was sie gerade Freundliches zu sich selbst sagen möchten, was sie Gutes an sich entdeckt haben, was sie brauchen, was sie sich wünschen oder gönnen oder versprechen.

In einer Gebetszeit (Ideen für die Umsetzung beim Download-Material) könnte gebetet werden für:

→ Wirte und Herbergsgeber, Hoteliers

→ Hingebungsvolle Kümmerer, Krankenschwestern, Altenpfleger, Eltern, Erzieherinnen

→ Menschen, die vom Alltäglichen aufgezehrte sind, Ruhebedürftige, Unruhige

→ Für Geschwister und Familien

4.3. Vorschlag für eine Bibelarbeit

Stephan Zeipelt

Inhaltlicher Schwerpunkt:

In der Begegnung von Jesus mit den Schwestern Marta und Maria geht es um das Hören und Handeln. In welcher Beziehung stehen diese beiden Aktivitäten zueinander? Was ist wann dran? Wie und wo können wir von Jesus lernen, Antworten auf diese beiden Fragen zu bekommen?

Raumgestaltung

Die Teilnehmenden sitzen in einem Stuhlkreis. Der Text sollte allen zugänglich sein. Entweder mit Hilfe von Bibeln, Kopien oder dem Teilnehmerheft. Außerdem sollte jeder das Bild von Christiane Oellerich vor Augen haben.

Materialien und Medien

- Evtl. Beamer, Laptop, Leinwand für eine Projektion des Bildes. Es reicht aber auch aus, wenn jede/r TN das TN-Heft hat, um das Bild zu betrachten.
- Text aus dem TNH – evtl. auch als Blätter mit eingezeichneten Rollen.
- Moderationswand, Moderationskarten, Pinnnadeln, Stifte.
- Evtl. zum Mitgeben das Lied EG 198 „Herr dein Wort" auf kleinen Karten.

Liturgische Eröffnung

Lied

z. B. Liebster Jesu, wir sind hier (EG 161, GL 520)

Auf den Text zugehen (ca. 15 Min.)

a) Dimensionen kirchlicher Arbeit
Die Teilnehmenden werden gebeten, in kleinen Gruppen bis zu drei TN auf Moderationskarten Antworten auf folgende Fragen zu schreiben:
- Was gehört notwendigerweise zur Kirche?
- Was sind die Aufgaben von Kirche?
- Welche Dimensionen kirchlichen Lebens müssen eigentlich in jeder Gemeinde vorkommen?

Anschließend sammelt die Leitung die Karten und versucht die Antworten zu clustern, möglichst unter den Aspekten:
- Mission / Zeugnis = *martyria*;
- Dienen / helfen = *diakonia*;
- Gottesdienst, Spiritualität, Verkündigung = *leiturgia*;
- In Gemeinschaft zusammenkommen und handeln = *koinonia*
- → **Allerdings ohne diese Begriffe schon zu nennen!**

Doppelungen der Antworten gerne zulassen, um so die Bedeutsamkeit kenntlich zu machen.

Nach Ansicht der Antworten auf der Wand die Frage an die Gruppe:
Kann man einen Aspekt hervorheben oder braucht es mehrere Dinge an erster Stelle?
Kurze Aussprache.

b) Bildbetrachtung
Die TN schauen sich zunächst für sich das Bild zu Maria und Marta von Christiane Oellerich an. Anschließend gibt es eine offene Runde im Plenum zu den Fragen:
- Was sehe ich?
- Was fällt mir auf?
- Woran bleibe ich hängen?
- Was für weitere Bilder / Geschichten / Lieder fallen mir beim Betrachten ein?

(Sollte die Gruppe zu groß sein, gerne ein Austausch in 3er/4er Gruppen
→ danach Bündelung im Plenum)
- Welche Überschrift würde das Bild am Besten tragen?

Anschließend kann versucht werden, die Punkte a) und b) zu verbinden:
→ Zu welcher Eigenschaft (*a*) passt das Bild?

Dem Text begegnen (ca. 30 Min)

Der Text wird nun in *verteilten Rollen* gelesen (falls möglich die Angaben des Erzählers nachspielen): Vier Sprecher/innen: Dazu können die Zettel so vorbereitet werden, dass zum einen der Part als Überschrift darauf steht und die jeweilige Rolle beispielsweise kursiv gedruckt wird. Die vier Freiwilligen sitzen in der Mitte der Gruppe und werden sozusagen von den anderen beobachtet. Es bietet sich an, das Ganze zweimal zu machen. Evtl. mit anderen Personen. (Oder die Rollen der Personen tauschen)

Die Lesung kann durch die *Form des Reifenspiels* unterstützt werden:

Es werden auf den Boden drei Reifen oder Kreise mit Schnur oder Klebeband gelegt. Jeder Kreis ist der Platz für eine Person: Jesus – Maria – Marta.

Drei freiwillige Mitspielende treten in die Kreise und lesen/sprechen die kurze Rolle.
Dabei wird deutlich, dass Maria gar nichts sagt.

Es kann gewechselt werden, sodass die Szene mehrfach von verschiedenen TN gespielt wird. Außerdem können sich die Spielenden dann allmählich vom Text lösen und ihre Rolle frei formulieren:

Erzähler:
Als Jesus mit seinen Jüngern weiterzog, kam er in ein Dorf, wo ihn eine Frau mit Namen Marta in ihr Haus einlud. Sie hatte eine Schwester, die Maria hieß. Maria setzte sich dem Herrn zu Füßen und

hörte ihm zu. Marta hingegen machte sich viel Arbeit, um für das Wohl ihrer Gäste zu sorgen. Schließlich stellte sie sich vor Jesus hin und sagte::

Marta:
Herr, findest du es richtig, dass meine Schwester mich die ganze Arbeit allein tun lässt? Sag ihr doch, sie soll mir helfen!«

Erzähler:
Der Herr aber erwiderte:

Jesus:
Marta, Marta, du bist wegen so vielem in Sorge und Unruhe, aber notwendig ist nur eines. Maria hat das Bessere gewählt, und das soll ihr nicht genommen werden.

Anschließend werden zunächst die TN der Rollen befragt (beim Reifenspiel können die Außenstehenden die TN in den Reifen fragen):

Wie ging es dir als Marta / Maria / Jesus?

Danach dürfen die anderen ihre Eindrücke schildern.

Anschließend tauschen sich die TN in Kleingruppen (ca. 4 TN) über den Text noch einmal aus und überlegen, wie es nach V. 42 evtl. weiterging. Fragestellungen dazu sind:
- Was bleibt mir als Frage?
- Was ist das „eine Notwendige"?
- Wie geht die Geschichte vielleicht weiter?
- Wie könnte man eine wesentliche Aussage des Textes zusammenfassen?

Anschließend eine kurze Zusammenfassung im Plenum:

Gab es Unterschiede zwischen den Gruppen? Waren alle gleich? Warum?
Was würden wir Jesus sagen oder fragen?

Bei Bedarf gibt es ein paar Hinweise zum Text aus den Exegesen. Z.B.:
- Name Marta = Herrin
- Dass zwei alleinstehende (?) Frauen einen Wanderprediger aufnehmen, ist zumindest ungewöhnlich – bis hin zu delikat
- Jesus wurde nicht nur auf einen Kaffee eingeladen – eher blieb er wohl über Nacht (s.o.)
- Marias Sitzen zu Jesu Füßen ist für eine Frau eine ungewöhnliche, ja unerhörte Anmaßung: Nur Schüler saßen den Lehrern (Rabbis) zu Füßen
- Was Jesu Rede war, ist unklar – wohl aber schon ein Lehrgespräch = Theologie
- Sich zu schaffen machen = wörtlich: ganz in Anspruch genommen sein bzw. hin- und hergerissen, gezerrt, aufgerieben werden ...
- Für das Dienen steht hier: Diakonia
- Marta verliert beim Dienen den Grund des Dienens aus dem Blick

- Marta fragt bzw. bittet ihre Schwester nicht direkt, sondern wendet sich an Jesus
- Die doppelte Anrede ist Wertschätzung der Person
- Jesus hat ihren Dienst erkannt – und ihre Mühe. Er kommentiert mehr, als dass er bewertet
- Sorge = Gegenbegriff von Vertrauen
- Eins ist Not. = Es geht um Prioritätensetzung
- Kein Gegensatz von Hören und Tun, sondern Gegensatz von Sorgen und Vertrauen
- Das gute Teil: Nicht Bewertung im Vergleich (andere Übersetzungen: „das bessere Teil" sind falsch)
- Teil = Los, Erbe: Sie hat das „gute" Erbe angetreten. So steht es im griechischen Text. Die Übersetzung „das Bessere", die wir in den meisten Bibelausgaben finden, betont die hörende Rolle der Maria. Das lässt sich aber aus dem Text nicht so einfach entnehmen!
- Marta soll nicht in die Ecke gedrängt werde, sondern vielmehr aus ihrer Ecke geholt werden. Bewahrung, sich selbst zu verlieren.

Mit dem Text weitergehen (ca. 15 Min)

Nun wird die Episode kurz in den biblischen Kontext von Lk 10 insgesamt dargestellt: Ausführung. Zunächst werden nur die Texte vorgestellt: Vorher kommen die Aussendung der 72 und die Erzählung vom Barmherzigen Samaritaner, danach folgt die Lehre des Vaterunser.)

Kurzes Gespräch im Plenum:
- Gibt der Kontext Hilfen zum Verständnis des Abschnittes?
- Was für Botschaften enthalten die Abschnitte?
- Inwiefern passen sie zu unserem Text, wo unterscheiden sie sich?

Hintergrundinfo, die mitgegeben werden kann:
Das Kapitel beginnt mit der Aussendung der 72 Jünger (Lk 10,1-12). Es werden nicht nur die „Hauptamtlichen", sondern auch die „Ehrenamtlichen" losgesandt. Am Ende der Perikope könnte man festhalten, dass die Aufgabe der „Kirche" die Mission *(martyria)* ist.
Danach folgt in Lk 10,25-37 das Gleichnis vom barmherzigen Samariter. Man könnte kontextuell sagen, dass Priester und Levit die Aussendung der 72 „verstanden" haben: Sie sind auf dem Weg zur „Mission". Jesus macht aber deutlich, dass das dienende Handeln füreinander *(diakonia)* eine ebenso wichtige Dimension der Kirche ist.
Anschließend kommt unsere Episode von Maria und Marta. Marta hat vielleicht das Gleichnis gehört und macht sich eben daran, zu dienen (nicht umsonst steht im Text „diakonia"). Und wieder stellt Jesus eine andere Eigenschaft von Kirche in den Mittelpunkt: Das Sitzen zu seinen Füßen, das Hören auf sein Wort, die leiturgia.
Und auch die vierte Dimension von Kirche, die Gemeinschaft = koinonia, kommt in allen drei genannten Texten vor: Die Jünger werden immer zu zweit ausgesandt, der Samariter arbeitet mit dem Wirt zusammen und Maria und Marta haben gewöhnlich ihr Leben miteinander geteilt.

Noch einmal wird zum Schluss auf die gesammelten Karten auf der Moderationswand eingegangen und das Bild zur Hand genommen:
- Wo kommen unsere vier Dimensionen vor?

- Wie wird das Bild jetzt gesehen?
- Wie können wir entdecken, wann Handeln und wann Hören dran ist?

Zum Schluss wird EG 198 gesungen. Gerade die zweite Strophe macht die Verbindung sehr schön deutlich. Vielleicht kann der Text als kleines Kärtchen mitgegeben werden.

1. Herr, dein Wort, die edle Gabe,
diesen Schatz erhalte mir;
denn ich zieh es aller Habe
und dem größten Reichtum für.
Wenn dein Wort nicht mehr soll gelten,
worauf soll der Glaube ruhn?
Mir ist's nicht um tausend Welten,
aber um dein Wort zu tun.

2. Halleluja, Ja und Amen!
Herr, du wollest auf mich sehn,
dass ich mög in deinem Namen
fest bei deinem Worte stehn.
Lass mich eifrig sein beflissen,
dir zu dienen früh und spat,
und zugleich zu deinen Füßen
sitzen, wie Maria tat.

4.4 Bildbetrachtung zu Maria und Marta

Johannes Beer

Christiane Oellerich: „Maria und Martha", 2018, Mischtechnik auf Papier, 38,8 x 36,8 cm

Vor einem roten Hintergrund auf einer hellbeigen Fläche steht eine Waage. Sie wirkt zugleich altertümlich und doch sehr vertraut. Es könnte eine alte Goldwaage aus Messing sein. Über einem profilierten runden Fuß erhebt sich der Schaft. In dessen oberem Ende ist der Arm befestigt, der sich zu beiden Seiten hin erstreckt. Wir kennen solche Goldwaagen und ihr fragiles Gleichgewicht auch im Sprichwörtlichen. Wird die eine Seite des Armes nur etwas mehr belastet als die andere, gerät der Arm sofort aus der Horizontalen. Das Ungleichgewicht wird erkennbar und ist deutlich ablesbar. Allerdings hat diese Waage keine erkennbaren Schalen, auf die kleinste Mengen Gold auf der einen Seite und die kleinen Gewichte auf der anderen Seite aufgelegt werden könnten. Stattdessen stehen auf den Arm-Enden abstrakte Formen. Die linke ist in einem Orangeton mit wenigen helleren Einschlüssen gehalten. Vor ihr erkennen wir eine wirbelnde Linie in Blau. Die rechte Figur ist in hellbeigen und weißen Tönen gehalten. Auch vor dem Schaft der Waage ist eine solche durchbrochene Figur in Weiß mit bläulichen Anklängen. Sie wird fast mit der Waage eins.

Wenn wir nun dies Bild von Christiane Oellerich auf dem Hintergrund des Lukastextes betrachten, erkennen wir in der Figur vor der Waage Jesus. Er wird gefragt. Er soll abwägen und damit abwiegen. Er soll entscheiden. In der linken oberen Figur erkennen wir dann Marta. Sie machte sich viel zu schaffen, um ihre Gäste zu bewirten. Sie wirbelte in der Küche und im Esszimmer und und und. Ich denke, wir kennen alle dieses Wirbeln. Auf der anderen Seite des Waagearmes erkennen wir dann Maria. Sie ist ganz ruhig und hat nichts Wirbelndes. Sie hört zu und lernt von Jesus. Sie saugt seine Lehre auf und wird so von seinem Licht erfüllt. Und Marta will nun von Jesus den Vergleich, das Abwägen. Sie ist dabei sicher, dass sie im Gegensatz zu ihrer Schwester das Richtige tut und deswegen die Waage zu ihren Gunsten ausschlagen wird. Und Jesus wägt und wiegt ab. Er erkennt Martas Sorgen und Mühen und zollt ihr Anerkennung. Aber erkennt auch Marias Hören und zollt ihr Anerkennung. Er hält die Waage im Gleichgewicht.

5 | Heilen und danken – Lk 17,11-19

5.1 Exegese

Prof. Dr. Christfried Böttrich

Mit Lk 17,11-19 wird ein ziemlich unangenehmes Thema angeschlagen. Wer hört schon gerne von Hautkrankheiten? Die Badekultur unserer Zeit setzt an den Stränden gebräunte Körper in Szene. Nackte Haut zeigt sich gern, wenn sie gesund ist. Andernfalls wird sie verborgen. Was genau die Bibel mit „Aussatz" meint, wissen wir nicht. Dennoch ist die Situation in diesem Punkt über die Jahrhunderte hin vergleichbar geblieben. Die Gesunden und Schönen wollen kranke Haut nicht sehen, die Kranken leiden unter massiven Schamgefühlen.

In den biblischen Texten, die von Aussatz handeln, geht es um Ausgrenzung – zunächst im kultischen Bereich, damit verbunden dann aber auch in allen anderen gesellschaftlichen Beziehungen. Die Krankheit greift in alle Bereiche des Lebens hinein. Das spiegelt sich auch in Lk 17 wider. Am Anfang steht das Thema Heilung, am Ende das Thema Rettung. Weg und Bewegung spielen eine wichtige Rolle: Die Kranken befinden sich außerhalb des Ortes auf dem Weg, sie gehen weg und einer kehrt wieder zurück. Aus einem Heilungswunder entwickelt sich eine Umkehrgeschichte. Eingebunden ist das ganze Geschehen in den Bereich des Kultes, was nicht nur durch die Frage der Reinheitsbestimmungen, sondern auch durch die Spannung zwischen Juden und Samaritanern (s. unten) signalisiert wird.

Als einer der lukanischen Samaritanergeschichten kommt Lk 17 noch einmal eine besondere Bedeutung zu. Mit der Geschichte von dem barmherzigen Samaritaner aus Lk 10 im Ohr meint man schon zu wissen, um wen es sich dabei handelt. Doch dieser Eindruck täuscht. Um die Beurteilung der Samaritaner wird im 1. Jh. gestritten. Für Lukas gehören sie noch zum Gottesvolk Israel hinzu – sodass mit dieser Heilung Integration gleichsam in einem doppelten Sinne erfolgt.

In der Rezeption dieser Geschichte hat man gerne die moralische Karte gezogen und den Kindern im Religionsunterricht eingetrichtert: „Immer schön Danke sagen!" Damit wäre der Text indessen verfehlt. Dankbarkeit, die ein wichtiges biblisches Thema darstellt, hat etwas mit Erkenntnis und Einsicht zu tun, nicht aber mit eingetrichterten Verhaltensregeln.

Die Erzählung von dem Samaritaner, der umkehrt, ist eine Begegnungsgeschichte der besonderen Art. In der Begegnung wird Ausgrenzung überwunden und Integration vollzogen. Aus Beziehungslosigkeit erwächst die Gewinnung neuer Beziehungen. Das verschafft dieser Geschichte eine ganz neue Aktualität.

1. Textstruktur

Die Erzähleinheit wird von einem Rahmen umfasst, der zu Beginn Ort und Situation benennt, sowie zum Schluss mit der Entlassung des Geheilten endet. Dazwischen gliedert sich die Erzählung in zwei Teile. Der erste Teil (Lk 17,12-14) enthält ein Heilungswunder. Der zweite Teil (Lk 17,15-18) besteht aus einem kleinen Lehrgespräch, in dem das vorausgegangene Geschehen besprochen wird.

Platziert ist die Einheit auf dem langen Weg Jesu nach Jerusalem. Besonders merkwürdig erscheint dabei die Ortsangabe „zwischen Samarien und Galiläa" (Lk 17,11). Wo genau soll man sich Jesus dabei vorstellen? Die Wendung passt weniger zu einem zielgerichteten Weg als zum Aufenthalt in einer Grenzregion, bei dem das Stichwort „Samarien" den Ton trägt.

Vermutlich will der Erzähler mit diesem Überleitungsvers schon im Vorhinein auf jenen einen Geheilten hinweisen, der sich am Ende dann als ein Samaritaner erweisen wird.

Das Heilungswunder folgt dem üblichen Erzählschema. Mit den zehn aussätzigen Männern kommt eine Notsituation in den Blick, die in dem Ruf der Kranken („Jesus, Meister, erbarme dich unser!") auch sogleich den Wundertäter adressiert. Ausdrücklich heißt es, dass die Männer ihm „begegneten" – auch wenn sie den Quarantänebestimmungen entsprechend „von ferne" stehen bleiben. Aus dieser Begegnung entsteht die Reaktion. Der Wundertäter entspricht ihrer Bitte. Dabei fällt jedoch auf, wie sparsam das Moment der Heilung beschrieben wird. Weder erfolgt (wie in anderen Fällen) eine Berührung oder ein direktes, wirksames Wort. Vielmehr scheint der Wundertäter den Akt der Heilung zu überspringen und dem Erfolg schon vorzugreifen. Denn er schickt die zehn Männer auf den Weg zu „den Priestern", die in diesem Falle für die Beglaubigung der erfolgten Heilung zuständig sind. Der Erzähler setzt voraus, dass die Heilung auf dem Weg erfolgt („als sie fortgingen") – dass mit dem Wort „Geht …!" also ein Prozess beginnt, der mit der Ankunft bei den Fachleuten dann seinen Abschluss findet. Das bedeutet aber auch, dass den Kranken ein hohes Maß an Vertrauen abverlangt wird, denn sie machen sich auf den Weg, noch bevor sie die vollständige Heilung an ihrem Körper beobachten können. Noch stärker lässt sich das Element des Heilungsvorganges selbst kaum zurücknehmen. Nicht ein von geheimnisvollen Praktiken umgebenes Mirakel steht hier im Mittelpunkt, sondern ausschließlich das Vertrauen in denjenigen, der schon als „Meister" erkannt ist.

Mit diesem Wunder könnte es sein Bewenden haben. Das anschließende Lehrgespräch erfüllt jedoch noch einmal eine neue, wichtige Funktion, indem es eine Art Nachgeschichte liefert. Wie schon in anderen, analogen Fällen, kommt dabei ein besonderes Thema in den Blick: die „Ehre Gottes". Dessen Relevanz wird aber nicht einfach nur theoretisch reflektiert, sondern vielmehr an einem spektakulären Beispiel vor Augen geführt. Dabei liegt alles daran, welches Vorurteil das Hör- und Lesepublikum der Figur des Samaritaners entgegenbringt. Vermutlich würde auch das schlichte Verhältnis von 1:9 schon ausreichen, um noch einmal einen neuen Akzent zu setzen. Dass dieser Eine jedoch ein Samaritaner ist, intensiviert das Ganze aber offensichtlich noch einmal.

Das abschließende Wort an den Geheilten enthält eine Zusage, mit der die Geschichte in eine wichtige lukanische Motivlinie eingefügt wird: Dass Glaube rettet, wird auch in einer ganzen Reihe weiterer Texte betont. **Aus einem Heilungswunder wird eine Umkehrgeschichte, die sich am Ende als eine Erzählung von Gottes rettendem Handeln erweist.**

2. Figurenkonstellation

Bereits der Einleitungssatz signalisiert eine Art Grenzsituation: Jesus befindet sich zwischen zwei Regionen, zwischen Bevölkerungsgruppen, Kultgemeinschaften, Wohn- bzw. Aufenthaltsorten. Es ist eine Situation, die der Ausgrenzung der Kranken entspricht. Zwar ist von der Ankunft in einem Dorf die Rede; die Aussätzigen aber müssen sich außerhalb des Dorfes aufhalten.

Die Grundkonstellation, von der diese Erzählung lebt, besteht deshalb auch in der Relation von Ferne und Nähe. Jesus und sein Schülerkreis befinden sich auf Wanderschaft und können in dem angesteuerten Dorf auf Quartier hoffen. Die zehn aussätzigen Männer jedoch befinden sich in Quarantäne. Deshalb müssen sie auch „ihre Stimme erheben" und die Distanz durch lautes Rufen überbrücken. Offenbar ist ihr Zustand auch aus der Ferne erkennbar, sodass es nur dieses knappen, unspezifizierten Hilferufes bedarf.

Interesse verdient, dass die Zehn in Jesus bereits den Wundertäter erkennen. Haben sie von ihm, der nun erstmals in dieser Region auftaucht, bereits gehört? Jedenfalls wissen sie ihn mit seinem Eigennamen „Jesus" sowie mit dem Ehrentitel „Meister" anzureden. Besonders letzteres fällt auf. Nur bei Lukas kommt diese Bezeichnung vor, wobei sie sich ausschließlich im Munde der Schüler Jesu findet. Sind diese Zehn also schon positiv voreingenommen, im Herzen bereits gewonnen und berührt? Oder ist es schlicht ihre Verzweiflung, die sie nach dem letzten Strohhalm greifen lässt?

Warum besteht die Gruppe der Kranken eigentlich ausgerechnet aus zehn Männern? Die Zehn hat in der biblischen Überlieferung keine besonders auffällige Bedeutung. Sie steht allein – und das gerade bei Lukas – für ein abgerundetes, vollständiges Ganzes. Die 100 Schafe bzw. 10 Drachmen in Lk 15 symbolisieren eine Vollzahl, die keinen Verlust duldet. Ist das auch der Sinn dieser Zahlenangabe in Lk 17? Man könnte, im Grenzgebiet zu Samarien, auch an die „verlorenen" zehn Nordstämme denken, deren Spuren sich seit der Deportation des Nordreiches Israel 722 v. Chr. verloren haben. Hat das Ziel einer Sammlung des „Zwölfstämmevolkes" (Apg 26,7) auch diese Zehn mit im Blick? Von der Vollzahl der Geheilten kehrt nur einer – also der kleinstmögliche Teil – um. Es ist diese Differenz zwischen dem Einen und den Neun, die hier den Ton trägt.

Im Unklaren bleibt, wie sich die Gruppe der Zehn zusammensetzt. Der Eine wird den Neun verbleibenden nicht nur durch seine Umkehr gegenübergestellt, sondern auch durch seine Kennzeichnung als ein „Samaritaner". Sind die anderen demnach Juden? Ist die Gruppe im Grenzgebiet schon von vornherein inhomogen? Diese Frage wird dadurch verstärkt, dass Lukas hier – entgegen seiner sonstigen Sichtweise – den Samaritaner als einen *allogenēs / Fremdstämmigen*" bezeichnet. Ist dieser Eine etwa von vornherein schon das schwarze Schaf in der Gruppe? Auf jeden Fall unterstreicht Lukas damit eine Spannung, die der Umkehr des Samaritaners ihre besondere Note verleiht.

Schließlich verdient noch Beachtung, wie Jesus und der geheilte Samaritaner am Ende auseinandergehen. Das letzte Wort Jesu hat den Charakter eines Zuspruchs, der mit einer Aufforderung beginnt: „Steh auf und geh!" Der Geheilte wird nicht etwa in die Nachfolge gerufen, sondern schlicht und einfach entlassen. Er kehrt in sein früheres Leben zurück, wenngleich ganz sicher als ein Anderer. Aber selbst ein besonderer Auftrag ist damit nicht verbunden. Dass er „Gott die Ehre gibt", bezeichnet seinen Lerneffekt vollständig und ausreichend.

3. Sachinformationen

Die biblische Überlieferung bringt dem Phänomen des „Aussatzes" eine auffällige, besondere Aufmerksamkeit entgegen. Das hat seinen Grund in den Konsequenzen, die der Aussatz für die soziale Identität der Betroffenen mit sich bringt. **Krankheit schließt generell und immer von gesellschaftlichen Beziehungen aus.** Blinde und Lahme können nicht mehr ihrer bisherigen Arbeit nachgehen und sind aufs Betteln angewiesen. „Besessene" provozieren durch ihr abweichendes Verhalten Ausgrenzung und Isolation. **Im Falle des „Aussatzes" aber ist zusätzlich noch die Kultfähigkeit, die Fähigkeit der gemeinsamen Religionsausübung, berührt.** Deshalb überrascht es auch nicht, dass eine bestimmte Gruppe von Heilungswundern genau diese Form von Krankheit in den Mittelpunkt stellt. Bei Lukas begegnen allein zwei solcher Heilungserzählungen (Lk 5,12-15 / 17,11-19); in der Antrittspredigt Jesu in Nazaret wird die Heilung des aussätzigen Syrers Naeman als Predigtbeispiel benutzt (Lk 4,27); in einer Zusammenfassung der Wundertaten Jesu wird die Heilung Aussätziger ausdrücklich benannt (Lk 7,22).

Wofür aber steht der Begriff „*lepros* / aussätzig" genau? Er darf jedenfalls nicht mit dem modernen Begriff der „Lepra" verwechselt werden, der für eine Krankheit steht, wie sie heute in verschiedenen Entwicklungsländern grassiert. Den nächstliegenden Bezugspunkt für die neutestamentlichen Texte bieten die Ausführungen in Lev 13-14, wo „Aussatz" eine Form von Hautanomalie beschreibt (weiße Flecken, Schuppenflechten, Hauterhöhungen, Ausschlag). In den biblischen Texten fungiert der Begriff „Aussatz" als eine Art Sammelbezeichnung für ganz verschiedene Hautkrankheiten. Sie alle gelten als Grund, um die Kranken von ihrer Umgebung abzusondern. Lev 13 führt diese Quarantänebestimmungen im Einzelnen aus und betont dabei vor allem den Aspekt der Unreinheit, der für den Ausschluss vom Kult entscheidend ist. „Aussatz" erscheint damit als jene Krankheit, die am sichtbarsten aus der Gemeinschaft der anderen ausgrenzt. Der jüdische Historiker Flavius Josephus geht sogar so weit, zu behaupten, dass sich Aussätzige in nichts von einem Toten unterscheiden (Antiquitates III 264). Nimmt man hinzu, dass es im antiken Judentum insgesamt einen hohen Standard der Körperpflege gibt und dass Mikwen (rituelle Tauchbäder) für die regelmäßigen Reinigungsrituale überall vorhanden sind, wird das Ausmaß gerade dieses Problems noch einmal besonders deutlich.

Der Aspekt der Kultunfähigkeit ist dann auch dafür verantwortlich, dass die Priesterschaft für die Beglaubigung einer Heilung verantwortlich zeichnet. Die Aufforderung „Geht und zeigt euch den Priestern!" nimmt auf eine solche Prüfung Bezug. Dabei ist es nicht unbedingt erforderlich, nach Jerusalem zu gehen. Priester, die ihren befristeten Dienst am Tempel absolvieren, leben ansonsten im Lande verstreut und nehmen Pflichten wie diese auch außerhalb ihrer Dienstzeiten wahr. Interessant wäre die Frage, ob der Eine, der später umkehrt, vielleicht einen samaritanischen Priester aufsucht? Solche Details bewegen sich jedoch außerhalb dessen, was die Erzählung mitteilen will.

Wenn es um Fragen des Kultes geht, dann hat das Auftauchen eines Samaritaners besondere Bedeutung. Denn Juden und Samaritaner sind vor allem kultisch getrennt, auch wenn sie ansonsten eine lange gemeinsame Geschichte aufzuweisen haben. Grob skizziert: Bei der Eroberung des Nordreiches Israel durch die Assyrer wird die jüdisch-israelitische Oberschicht deportiert und Bewohner aus den fernen Provinzen des assyrischen Reiches werden angesiedelt. 2Kön 17 beschreibt, dass die Neusiedler ihre fremden Kulte im Land etablieren, und ein jüdischer Priester aus dem Exil zurückgeholt wird, um die Neusiedler den JHWH-Glauben zu lehren. Im Ergebnis kommt es dabei zu einer Religionsmischung, die fortan das kultische Leben bestimmt. Diesen „Synkretismus"-Vorwurf werden die Bewohner Samariens in der Folge nicht mehr los, auch wenn vermutlich der größere Teil der im Lande verbliebenen Bevölkerung auch weiterhin den alten, ererbten JHWH-Glauben praktiziert. Nach dem Fall des Südreichs und der Rückkehr der Exilanten aus Babylon entstehen weitere Spannungen. Noch gehört man zwar zusammen, doch die Gegensätze verschärfen sich zunehmend. Ein weiterer Schritt der Entfremdung ist der Bau eines JHWH-Heiligtums auf dem Garizim, der neben Jerusalem für die Nordreichbewohner zu einem zweiten legitimen Ort wird, an dem Gott Opfer dargebracht werden können. Erst gegen Ende des 2. Jh.s v. Chr. bricht die Gemeinschaft endgültig auseinander, als das Heiligtum auf dem Garizim durch einen jüdischen König zerstört wird. Nun grenzt man sich gegeneinander ab und die Feindseligkeiten nehmen zu. Das ist die Situation, die Jesus bei seiner Wanderung „zwischen Samarien und Galiläa" vorfindet. Die entscheidende Frage lautet: Gehören die Samaritaner zur Zeit Jesu noch zum Gottesvolk Israel? Oder gehören sie bereits zu den „Anderen"? Darüber konnte man durchaus unterschiedlicher Auffassung sein, was sich auch im Neuen Testament bemerkbar macht. In Mt 10,5-6 werden Samaritaner und Nichtjuden in einem gemeinsamen Atemzug genannt, wenn Jesus seinen Schülern aufträgt: „Geht nicht zu den Heiden, betretet keine Stadt der Samaritaner!" Der Dialog Jesu mit einer Frau aus Sichem in Joh 4 geht davon aus, dass Juden und Samaritaner unterschiedlichen Religionsgemeinschaften angehören. Allein Lukas bezieht hier eine andere Position: **Für ihn gehören die Samaritaner ganz offensichtlich noch immer zu jenen „irrenden Schafen" (Jes 53,6) des Hauses Israel, die Jesus sammeln möchte.** Deshalb nimmt er sie schon in seinem Evangelium in den Blick: Zwar werden zu Beginn des langen Weges nach Jerusalem die üblichen Feindseligkeiten der Samaritaner gegenüber jüdischen Festpilgern nicht verschwiegen (Lk 9,51-57), dann aber treten mit dem barmherzigen Helfer (Lk 10) und dem dankbaren Geheilten (Lk 17) überraschend zwei Samaritaner als Vorbilder auf. Besonders aufschlussreich ist die Art und Weise, wie Lukas in der Apostelgeschichte die Schrittfolge der frühchristlichen Mission nachzeichnet: Noch bevor der Durchbruch zur Völkermission erfolgt (Apg 10), verkündigt Philippus das Evangelium in Samarien (Apg 8-9) – das heißt, dass die Samaritaner auch hier für Lukas noch immer zu Israel gehören, wenngleich sie in ihrer theologischen „Randlage" die letzte Station auf dem Weg zu den Nichtjuden darstellen.

Deshalb scheint es inkonsequent, wenn Lukas den Samaritaner in Lk 17,15-18 nun plötzlich einen „Fremdstämmigen" nennt. Mit genau diesem Begriff verwehrten die Warnschilder im Herodianischen Tempel jedem Nichtjuden den weiteren Zugang über den „Vorhof der Heiden" hinaus. Wird Lukas hier seiner Konzeption untreu? Wohl kaum! Vermutlich will er mit diesem drastischen, die Sache überzeichnenden Ausdruck nur den Kontrast zwischen jenem „randständigen" Frommen und den Vertretern der „Kerngemeinde" so deutlich wie möglich herausstellen. „Gott die Ehre zu geben" ist jedenfalls keine Frage der kultischen Anbetung.

4. Schwerpunktthemen

Dank und Lobpreis

Was an dem Einen, der umkehrt, besonders hervorgehoben wird, ist seine Dankbarkeit. Damit sagt der Text etwas aus, was in der biblischen Überlieferung beider Testamente große Bedeutung hat: „Danket dem Herrn, denn er ist freundlich ..." (Ps 106,1 u.ö.). Der Dank beschreibt ein grundlegendes Beziehungsgeschehen zwischen dem Menschen und Gott jenseits aller Moral – denn der Mensch verdankt sich selbst mit allem, was ihn ausmacht, Gottes Barmherzigkeit und Fürsorge. Im zwischenmenschlichen Bereich ist Dank in der Regel die Reaktion auf ein vorausgegangenes Handeln und festigt die Beziehung zwischen Geber und Empfänger. Wichtig ist, dass ein solcher Dank ausgesprochen wird. Das stellt sich auch gegenüber Gott nicht anders dar, wobei hier Dank und Lobpreis ineinanderfließen.

Mit seinem Dank reagiert der Samaritaner auf die erfahrene Heilung. Interessanterweise hat sein Dank dabei eine doppelte Adresse: Zunächst kehrt er um, „mit lauter Stimme Gott preisend", dann aber fällt er nieder auf sein Angesicht zu Füßen des Wundertäters und dankt ihm. In der Spiegelung des Geschehens durch Jesus aber wird die gesamte Aktion dann als „Gott die Ehre geben" bezeichnet. **Gott ist es, der Leben gibt und erhält. Jesus hingegen erscheint als derjenige, der dieses Handeln Gottes erfahrbar macht.** Schon in Lk 7,16 stellt die Volksmenge nach der Auferweckung des Jünglings zu Nain durch Jesus fest: „Gott hat sein Volk besucht!" In dieser Doppelung kommt zugleich die Semantik des hebräischen Verbs *jdh* zum Ausdruck, das sowohl „danken" als auch „preisen" heißt.

Mit dem Lob des Einen verbindet sich der Tadel der anderen. Er hat die Gestalt von drei rhetorischen Fragen, deren Beantwortung offensichtlich ist. Die dritte ist die entscheidende: Um zu danken, muss man zurückkehren zum Ort des Geschehens. Dank und Umkehr gehen hier Hand in Hand. Was der Samaritaner tut, ist nicht das Außergewöhnliche, sondern das Normale und Erwartbare. Überraschend ist vielmehr die Unterlassung. Der Dank stellt die Beziehung zwischen den ausgegrenzten Kranken und dem Rest der Gesellschaft wieder her, vor allem aber zwischen den Geheilten und Gott. Im Dank wird jede Beziehungsstörung überwunden.

Ärgerliche Vorbilder

Der eine Samaritaner, der umkehrt, wird zum „ärgerlichen Vorbild" für die anderen. Lukas hat diesen Topos immer wieder aufgenommen: die Witwe von Sarepta und der Syrer Naaman erhalten als Fremde einen Vorzug vor den Einheimischen (Lk 4); der Glaube des römischen Hauptmanns von Kafarnaum übertrifft den Glauben seiner jüdischen Zeitgenossen (Lk 7); die salbende Sünderin wird zum Vorbild für den frommen Pharisäer (Lk 7); die Bewohner Sodoms wie auch die Leute von Tyrus und Sidon werden im Gericht besser dastehen als die Bewohner achtbarer jüdischer Städte (Lk 10); ein Samaritaner hilft, wo Priester und Levit vorbeigehen (Lk 10); die Königin vom Süden und die Männer von Ninive sind klüger als die Männer dieser Generation (Lk 11); Zufallsgäste erhalten einen Vorzug vor den Geladenen (Lk 14); selbst von einem Urkundenfälscher kann man sich noch eine Scheibe abschneiden (Lk 16); die Kinder dieses Äons sind klüger als die Kinder des Lichtes (Lk 16); nur der eine Samaritaner kehrt um und gibt Gott die Ehre (Lk 17). Ob solche „ärgerlichen Vorbilder" didaktisch geschickt sind, mag dahingestellt sein. Sie rücken jedoch einige nicht weniger ärgerliche Vorurteile zurecht: Die Beziehung zu Gott hängt jedenfalls nicht davon ab, ob einer Samaritaner oder Jude oder vielleicht sogar Nichtjude ist. Sie bemisst sich vielmehr an dem Gottvertrauen, das einen Menschen zur Umkehr führt.

Glaube und Rettung

Der Zusammenhang zwischen Glaube und Rettung wird von Lukas zu einem Leitthema seiner Begegnungs- und Umkehrgeschichten ausgebaut. Die Formel „Dein Glaube hat dich gerettet!" findet sich bei ihm allein vier Mal: in der Salbungsgeschichte (Lk 7,50); gegenüber der blutflüssigen Frau (Lk 8,48); an die Adresse des dankbaren Samaritaners (Lk 17,19); zur Ermutigung des Blinden vor Jericho (Lk 18,42). Aber auch darüber hinaus spielt Lukas diesen Zusammenhang immer wieder ein (Lk 8,12.50; Apg 14,9-10; 15,11; 16,30-31). Der Glaube wird damit nicht etwa zu einer Leistung, die als Vorbedingung für die „Rettung" zu erbringen wäre. **Vielmehr beschreiben Glauben und Rettung zwei Bewegungen, die aufeinander zulaufen und einander wechselseitig bedingen.** Pointiert formuliert Hans Weder: „Glaube entsteht, wo das Rettende erscheint. Glaube ist etwas, das mir zugespielt werden muss, so wie das Lachen durch den Witz zugespielt wird, oder der Tanz durch die Musik" („Einblicke ins

Evangelium", Göttingen 1992, 144). Glaube und Rettung begegnen sich in einem Raum, der von Zuwendung und Vertrauen bestimmt ist. Darin besteht das ganze Geheimnis „rettenden Glaubens".

5. Ausblick

Würde die Geschichte von der Umkehr des Einen, der Gott die Ehre gibt, auch ohne die Figur des Samaritaners „funktionieren"? Zweifellos ja, denn sie erzählt von der Re-Integration des Ausgegrenzten. Glaube und Rettung begegnen einander. Der Dank gegenüber dem Wundertäter fließt mit dem Lobpreis Gottes zusammen und bringt den Geheilten auf einen neuen Weg: „Steh auf und geh!"

Mit der Figur des Samaritaners werden alle diese Aspekte jedoch noch einmal intensiviert. Ausgegrenzt war der Eine nicht nur aufgrund seiner Krankheit, sondern auch aufgrund seiner kultischen Orientierung. Die Vollzahl des Gottesvolkes, die auch in der Symbolzahl 10 noch nachklingt, kennt keine Grenzen. Dafür ist der Samaritaner nicht nur ein „ärgerliches Vorbild", sondern das deutlichere Zeichen.

Die christliche Kirche hat eine besondere Aufgabe auf dem Gebiet des Heilens.

**Das bedeutet,
dass es Einsichten in das Wesen von Heilung gibt,
die nur in Verbindung mit dem Glauben an Christus zu gewinnen ist.**
[...]

Auszug aus den Thesen der Tübinger Konsultation 1964 des Deutsches Institutes für Ärztliche Mission

---

5.2 Der Text heute – Themen und Bausteine

Kerstin Offermann

1. Nähe und Distanz

Diese Geschichte, in der Quarantäne und Isolation aufgrund von Krankheit eine große Rolle spielen, knüpft gerade an unsere persönliche Erfahrung an. Durch die Erfahrungen während der Corona-Pandemie können wir erahnen, wie sich das anfühlt.

 Bitten Sie die TN, ihre Erfahrung während der Corona-Zeit zu erinnern. Wie hat sich der Shutdown für sie angefühlt? Was haben sie vermisst? Was ist ihnen schwergefallen? Lassen sich diese Erfahrungen auf die Erfahrung der zehn Aussätzigen übertragen? Was ist hier ähnlich, was ist anders?

Wir hatten immer vor Augen, dass unsere Quarantäne wieder vorbeigehen wird, und dass wir irgendwann zur Normalität des Alltags zurückfinden werden. Auch mit diesen Vorbedingungen war es schon schwierig genug und die Sehnsucht nach dem, wie es vorher war, war groß – vor allem natürlich bei Infizierten oder deren Angehörigen. Wir haben gelernt, Abstand zu halten; vor allem, um andere nicht zu gefährden. In dieser Geschichte ist die Frage nach Abstand, nach Nähe und Distanz, nach dem Überschreiten von Grenzen ein wichtiges Motiv: Jesus bewegt sich im Grenzland. Er ist ein Grenzgänger. Auch Jesus ist eine isolierte, einsame Gestalt. („Die Füchse haben Gruben und die Vögel unter dem Himmel haben Nester; aber der Menschensohn hat nichts, wo er sein Haupt hinlege" Lukas 9,58). Die Aussätzigen müssen auf Abstand bleiben, um niemanden anzustecken. Sie überwinden diesen Abstand zumindest teilweise, indem sie rufen. Jesus überwindet seinerseits den Abstand, indem er sie ansieht, Blickkontakt aufnimmt. Dann vergrößert sich der Abstand zwischen ihnen wieder. Die Aussätzigen gehen weg. Nur einer kommt Jesus wieder näher, und den schickt Jesus am Ende auch wieder weg. Wäre er womöglich gerne näher bei Jesus geblieben? **Jesus lässt auf seinem Weg immer wieder Menschen zurück, die durch ihn die Gegenwart des Reiches Gottes erfahren haben**, aber nun in ihren Alltag zurückkehren. Sie sind dort Zeuginnen und Zeugen für die Gegenwart von Gottes Reich mitten unter ihnen, in ihrem Alltag. Das ist für uns heute tröstlich. Nachfolge Jesu findet nicht nur in der Erfahrung von Heimatlosigkeit und Isolation statt. Diese Bewegung von Nähe und Distanz lässt sich gut mit den TN nachvollziehen und auch szenisch gestalten. Für jede Figur der Geschichte könnte symbolisch ein Gegenstand genommen werden (Stein, Figur, Zettel, Baustein …). Diese Gegenstände werden dann so zueinander gestellt, wie nah sich die Personen im Verlauf der Geschichte kommen bzw. voneinander entfernen. Es ist auch denkbar, diese Nähe und Distanz mit den TN selbst darzustellen, sodass einige TN die Personen der Geschichte repräsentieren und sich dann entsprechend der Handlung in Beziehung zueinander stellen.

 Wie nah oder fern würden sich die TN zu Jesus aufstellen? Ist das für sie eine gute Distanz? Oder würden sie sich wünschen, Jesus oder Gott näher zu sein? Der Samaritaner wird von Jesus weggeschickt. Glauben kann auch in der Distanz zu Jesus gelebt und durchgehalten werden.

In den Geschichten aus dem Lukasevangelium haben die TN während dieser Bibelwoche schon sehr unterschiedliche Reaktionen von Menschen auf die Nähe zu Jesus Christus erfahren. Tragen Sie mit den TN zusammen, wie die Personen in den Geschichten auf die Nähe zu Jesus reagiert haben: mit Dank, mit Gehorsam, mit Schweigen, mit Zuhören, mit Aktionismus, mit Erschrecken, mit einem Kniefall, mit Liebe, mit Tränen, mit Irritation, mit Abstand …
Wie nah sind die zehn Aussätzigen zu Anfang der Geschichte Jesus? Sie nennen ihn „Meister". Sie wissen etwas über ihm und sie erwarten etwas von ihm. Sind sie ihm nah? Offensichtlich kommt der eine samaritanische Aussätzige Jesus näher als die anderen. Nur ihm spricht Jesus zu, dass sein Glaube ihn gerettet habe. Was meint Rettung hier im Unterschied zu Heilung? Was unterscheidet den Glauben des einen von dem Glauben der neun anderen? Wo sind die anderen?
Jesu Enttäuschung über das Fernbleiben der Neun können wir als Kirche durchaus nachvollziehen. Wir teilen seine Erfahrung. Dass nur ein Zehntel zu Jesus zurückkehrt, liegt doch noch weit unter den auch so schon dramatisch rückläufigen Kirchenmitgliedschaftszahlen.

Wie gelingt es uns, mit unserer Enttäuschung umzugehen? Wie fühlen wir uns? Isoliert? Verlassen? Im Stich gelassen?

 Wo sind die anderen Neun? Bitten Sie die TN, diese Frage zu beantworten: Was denken sie, wo die anderen Neun hingegangen sind? Manfred Siebald spekuliert in seinem Lied „Zehn" über die neun nicht zurückgekehrten: „Stürzten sich ins volle Leben. Holten, was sie konnten nach." Was denken die TN: Gehen sie zu ihren Familien zurück? Bleiben sie zunächst im Tempel? Knüpfen sie wieder an ihrem alten Leben an? Oder hat sich durch die Heilung in ihrem Leben etwas radikal geändert?

Der eine, der zurückkehrt, bringt dadurch zum Ausdruck, dass er sich von jetzt an Jesus verdankt. Sein Leben gehört untrennbar mit Jesus zusammen. Sie alle haben erlebt, was es bedeutet, dass Gottes Reich da ist. Aber er ist ein Bekenner und Zeuge des Reiches Gottes geworden. „Wieder einmal gehen Heilung und Glaube Hand in Hand. Wieder einmal meint Glaube hier nicht einfach irgendein altes Bekenntnis oder eine allgemeine religiöse Einstellung dem Leben gegenüber. Glaube ist die Überzeugung, dass der Gott des Lebens und des Todes in und durch Jesus am Werk ist. Glaube ist auch das Vertrauen, dass das nicht nur eine vage allgemeine Vorstellung ist, sondern dass es sich in diesem Fall, hier und jetzt bewahrheitet." (N.T. Wright, Lukas für heute, Brunnen-Verlag 2016, S.250f.)
Jesus schickt die Aussätzigen und auch den geheilten Samaritaner auf den Weg. „Geh los!" ist die wichtigste Aufforderung in dieser Geschichte. Sie fordert auch die heutigen LeserInnen auf, darüber nachzudenken, wo sie gerade auf ihrem Glaubensweg sind. Sind sie stehengeblieben? Eingeschlafen? Sind sie auf dem Weg hin zu Jesus oder gerade auf einem Weg, der sie von ihm wegbringt?
Das Tröstliche am Bild des Wegs ist, dass wir nicht fertig oder bereits angekommen sein müssen. Es ist okay, auf dem Weg zu sein, auf der Suche, noch unterwegs, noch im Werden und Wachsen. Es ist sogar okay, sich im Moment von Jesus wegzubewegen, weil es immer möglich ist, dass der weitere Weg einen auch wieder zu Jesus hinträgt.

2. Wundergeschichten

Vor dem Hintergrund der Corona-Pandemie ist diese Geschichte durchaus aktuell, aber auch problematisch. Ein solches Heilungswunder hätten wir auch gerne in unserer aktuellen Situation erlebt. Aber die Scheu war groß, auch nur darum zu beten, geschweige denn daran zu glauben, dass Gott tatsächlich der Corona-Epidemie Einhalt gebieten würde. Die Wundergeschichten des Neuen Testaments sind einerseits eine Quelle für Hoffnung und Glauben, andererseits aber auch eine Irritation und Herausforderung für einen Glauben an Jesus Christus. Das ist gut so. Ruben Zimmermann regt an, dass diese Texte gerade dann angemessen gelesen werden, wenn sie genau das dürfen: uns irritieren. Wundert euch mit diesen Texten! Lasst euch irritieren, fangt an zu staunen. Die Frage nach der Wahrheit der Wunder hat mit unserer Wahrnehmung zu tun. „Wer Gottes Handeln in der Welt verstehen will, der muss provoziert und aufgerüttelt werden. Die Wundererzählungen vermögen deshalb auch heute noch ihre Leser in Irritation und Staunen zu versetzen. Nur wer sich auf diese Störungen einlässt, wer mit ihnen lernt, sich wieder zu wundern, der kommt der Wahrheit näher." (so: Ruben Zimmermann, in: „Welt und Umwelt der Bibel", 2/2015, Jesus der Heiler, S. 19)

Die Geschichte hat einen Rhythmus von Nähe und Distanz, von Unterwegssein, von Anrufen und Dankbarkeit. Die Männer erwarten Hilfe von Jesus. Sie schreien ihm ihre existentielle Not ins Gesicht: Kyrie eleison! Erbarme dich! Das ist ein Gebetsruf. Ein solcher uneinge-schränkt ehrlicher Gebetsruf schafft selbst in der größten Gottesferne noch die Nähe zu Jesus Christus. Zusammen mit dem Dank am Ende der Geschichte sind beide die Grundelemente christlichen Gebetes und Gottesdienstes. Im Gottesdienst gehen wir jeden Sonntag diesen Glaubensweg aus der Ferne in die Nähe Jesu. So erfahren wir ein Stück der Wirklichkeit des Reichs Gottes mitten unter uns.

> *Menschen gehen zu Gott in ihrer Not,*
> *flehen um Hilfe, bitten um Glück und Brot*
> *um Errettung aus Krankheit, Schuld und Tod.*
> *So tun sie alle, alle, Christen und Heiden.*
> *Menschen gehen zu Gott in Seiner Not,*
> *finden ihn arm, geschmäht, ohne Obdach und Brot,*
> *sehen ihn verschlungen von Sünde, Schwachheit und Tod.*
> *Christen stehen bei Gott in Seinen Leiden.*
> *Gott geht zu allen Menschen in ihrer Not,*
> *sättigt den Leib und die Seele mit Seinem Brot,*
> *stirbt für Christen und Heiden den Kreuzestod,*
> *und vergibt ihnen beiden.*
>
> aus: Dietrich Bonhoeffer, Widerstand und Ergebung, DBW Band 8, Seite 515 f

3. Kyrie

Im Kyrie legt man Gott alles in die Hände, was das Leben und den Glauben hindert. Damit gibt man es an Gott ab. Es steht nun nicht mehr zwischen Gott und einem selbst. Zugleich bringt man damit zum Ausdruck, dass man Gott zutraut, sich darum zu kümmern und das eigene Leben zu erhalten und in Ordnung zu bringen.

Der Samaritaner dankt Jesus. Daraufhin sagt Jesus ihm, dass er gerettet ist. Der Dank spielt offensichtlich eine essenziell wichtige Rolle für den Samaritaner. Körperlich geheilt war er auch schon vorher. Nun ist er auch innerlich geheilt. Dank heilt die Seele. Er lenkt unsere innere Aufmerksamkeit auf das Gute, auf das Lebensspendende. Er gibt Gott die Ehre. Er gibt Gott Raum in uns. Der Dank bekennt, dass wir uns verdanken und wem wir uns verdanken. Das entlastet uns.

 Tragen Sie mit den TN zusammen, was für sie das Kyrie-Gebet im Gottesdienst bedeutet. Wie fühlt es sich an: „Erbarme dich!" zu beten? Spielt es in ihrem persönlichen Leben eine Rolle? Welche Bedeutung hat für sie das Dankgebet? Können sie etwas damit an-fangen, dass es heilsam ist für die Seele, sich im Danken zu üben, weil sich dann unse-re Aufmerksamkeit auf das Gute und auf Gott richtet?

Wir können uns als LeserInnen dieser Geschichte in die Gemeinschaft derer einfügen, die sich auf den Weg zu Jesus machen, indem sie in Gebeten mit ihm reden. In einer **Kyrie-Einheit**

können wir einstimmen in den Ruf der Aussätzigen: Erbarme dich! Erbarme dich über Kranke und Ausgegrenzte, über Krankenhäuser, Pflegepersonal und Ärzte, über unseren schwachen Glauben, über den weltweiten Kampf gegen Corona, über Ärzte ohne Grenzen, über PolitikerInnen, die Verantwortung tragen und weitreichende Entscheidungen fällen ... Für ein **Dankgebet** bitten Sie die TN zu formulieren, was sie heute an Gutem und Lebenswertem erlebt haben, woran sie denken, wenn sie an Gott denken, wofür sie Jesus danken, was sie in ihm sehen, was ihnen am ihm gefällt, was ihnen gutgetan hat, was sie getröstet hat ...

Eine solche **Gebetszeit** kann auch im Stillen geschehen, mit leiser Musik im Hintergrund. Es ist aber eine besondere Erfahrung, wenn die TN sich dazu ermutigt fühlen, etwas von dem auszusprechen, wofür sie bitten oder wofür sie danken. Dann können die anderen TN in ihr Gebet einstimmen, z.B. durch einen kurzen gesungenen Gebets-Vers eines Kyrie oder Glorias. Gerade für ungeübte Beter ist es hilfreich, wenn alle sich kurz fassen und die Gebete aus schlichten Sätzen bestehen. Evtl. geben Sie auch einen Satzanfang vor, den die TN dann mit Stichworten ergänzen. Machen Sie vier Runden mit folgenden Satzanfängen: „Herr, erbarme dich über ...", „Ich bitte dich ...", „Ich danke dir für ...", „Ich finde großartig an dir, dass du ...". (Die Bibelwoche beinhaltet das Angebot, Gebet einzuüben. Methoden und Ideen, dies gemeinschaftlich zu tun, finden Sie im Downloadbereich.)

5.3 Vorschlag für eine Bibelarbeit

Katharina Wiefel-Jenner

Inhaltlicher Schwerpunkt

Die Beschäftigung mit der Heilung der zehn Aussätzigen lädt zu einem Perspektivwechsel ein. Wir sind es gewohnt, das Evangelium aus der Perspektive der Jünger oder der nach Heilung Suchenden zu lesen. In diesem Abschnitt ist es möglich, das Evangelium aus dem Blickwinkel Jesu wahrzunehmen. Mit der veränderten Blickrichtung wird deutlich, dass der Glaube kein einseitiges Geschehen ist, das nur den Menschen betrifft. Der Glaube ist auf den Dialog von Gott und Mensch ausgerichtet. Jesu Nachfrage, ob niemand anderes Gott die Ehre geben wollte, macht deutlich, dass es Gott genauso wichtig ist, eine Antwort vom Menschen zu bekommen. Der Glaube braucht die Wechselseitigkeit. Im Glauben begegnen Gott und Mensch einander. Mit der Heilung der Zehn und dem Dank des Samariters bildet das Evangelium ein Muster für diese Wechselseitigkeit: Bitte – Heilung – Dank – Zuspruch.

Materialien und Medien
→ Blätter für jeden TN
→ Stifte
→ Große Bögen
→ Kerze
→ Gesangbücher

Liturgische Eröffnung
Entzünden einer Kerze

Kanon
Danket, danket dem Herrn (EG 336, GL 406)

Gebet
Gott, du Ewiger, du sprichst zu uns.
Täglich hören wir viele Worte,
aber dein Wort ist anders.
Dein Wort ist das Leben.
Täglich sprechen wir viele Worte,
aber dein Wort ist anders.
Dein Wort klingt und heilt,
dein Wort ist wahr und trifft.
Lass uns dich hören.

Auf den Text zugehen (ca. 15 Min.)

Quarantäne und ihre Auswirkungen

Die TN werden gebeten, sich an die Zeit der Ausgangsbeschränkung während der Corona-Pandemie zu erinnern. Die TN erhalten ein Blatt, auf dem sie ein Stichwort zu ihrem ersten Gottesdienstbesuch aufschreiben, nachdem wieder öffentliche Gottesdienste stattfinden konnten.

Der / die Leitende (L) legt die Blätter in die Mitte und liest Lk 17,11-13.

Sachinformation
Quarantäne war seit jeher ein Weg, um Ansteckungen zu verhindern. Informationen über Aussatz, Quarantäne, die Verpflichtung für die Kranken, sich von der Gesellschaft fernzuhalten und nur durch Rufen Kontakt zu halten. Im Judentum kommt noch dazu, dass manche Krankheiten als unrein galten, weshalb Befallene sich vom Tempel fernhalten mussten und auch sonst nicht mit „reinen Juden" zusammenkommen durften.

Dem Text begegnen (ca. 30 Min.)

Von Gottesferne zu Gottesnähe – Heilung auf Distanz
Der / Die Leitende liest Lk 17,14-16 vor.

Die TN werden gebeten, sich an einen Arztbesuch während der Corona-Pandemie zu erinnern, und das Verhalten des Arztes und der Menschen in der Praxis mit Jesu Verhalten zu vergleichen.

L notiert auf einem großen Papierbogen die Unterschiede in zwei Spalten, Jesus – Arztpraxis.

Dabei können auch Worte für die Patienten wesentlich sein: Was sage ich einem Arzt? Ist das leicht? Kostet es Überwindung? Wie mag es den Kranken in der Erzählung gehen, ehe sie den Hilferuf gestartet haben? Und wie danach?

Austausch über die Art des „Arztgesprächs".
→ Welche Redeweise sorgt für Zuversicht und Vertrauen?
→ In welcher Phase des Krankseins ist welche Art von Zuspruch hilfreich?

Nähe im Dank
L liest Lk 17,14-18 vor.

Sachinformation über Samarien und die Samariter; die Haltung des Lk zu den Samaritern, Verweis auf den Barmherzigen Samariter. Sie gehören für Lk zum Haus Israel, wenn auch als irrende Schafe, die Jesus sammelt und zurückgewinnt.

„Blitzumfrage" unter den TN: Melden Sie sich bei Ihren Ärzten, wenn Sie wieder nach einer Krankheit durch ärztliche Hilfe gesund wurden? Wenn ja, wie schwer war die Erkrankung?

L notiert die Antworten auf einen zweiten in zwei Spalten unterteilen Bogen in einer Spalte.

Anschließend **Austausch** über das Verhalten des Samariters. Seine Motive werden in der zweiten Spalte – nach Möglichkeit neben und in Entsprechung zu den aus dem TN-Kreis benannten eigenen Motiven und Berichten – notiert.

Optional:
Möglicher Austausch darüber, ob es eine Rolle für das Verhalten des Samariters gespielt hat, dass er Samariter war, mit Blick auf die Entsprechung von unserem Ausdruck von Dank gegenüber den Ärzten nach Gesundung.

Mit dem Text weitergehen (ca. 15 Min.)

Danken und Leben

Die L. liest Lk 17,17-19 vor.

Austausch, was „Gott die Ehre geben" geben im aktuellen Leben bedeutet.

Impulse dazu:
→ Welche Bewegung ist nötig sich „Gott die Ehre geben" – der Samariter kehrt um
→ Wie äußert sich „Gott die Ehre geben" – der Samariter fällt vor Jesus auf den Boden
→ Was erwartet Gott – Jesus fragt nach
→ War Jesus enttäuscht? Oder stellt Jesus „nur" fest, dass allein der Samariter zurückkam?

Die Blätter vom Anfang mit den Gefühlen beim ersten Gottesdienstbesuch nach der Aufhebung der Distanzregeln während der Pandemie werden wieder in die Hand genommen. Dabei ist es gleichgültig, ob es das eigene Blatt war.
Jedes Blatt wird noch einmal vorgelesen, aber jeweils vom vorlesenden TN kommentiert durch die Überlegung: Was hätte Jesus hier gefragt oder festgestellt – so wie bei der Rückkehr des Samariters.

Die L. fasst die Kommentare zusammen und hält fest, dass nicht nur wir auf Zuspruch und Nähe warten, sondern auch Gott auf Antwort und Nähe.

Liturgischer Abschluss

Gebet
Jesus Christus,
Du sprichst und wartest auf unsere Antwort.
Du heilst und wartest auf unseren Dank.
Du rettest uns und wartest auf unseren Glauben.
Wir danken dir für dein Wort,
für dein Leben,
für deinen Heiligen Geist.

Heute und alle Tage.
Vater unser
Segen.

Kanon
Danket, danket dem Herrn EG 336, GL 406

Löschen der Kerze

5.4 Bildbetrachtung zu Lukas 17,11-19

Johannes Beer

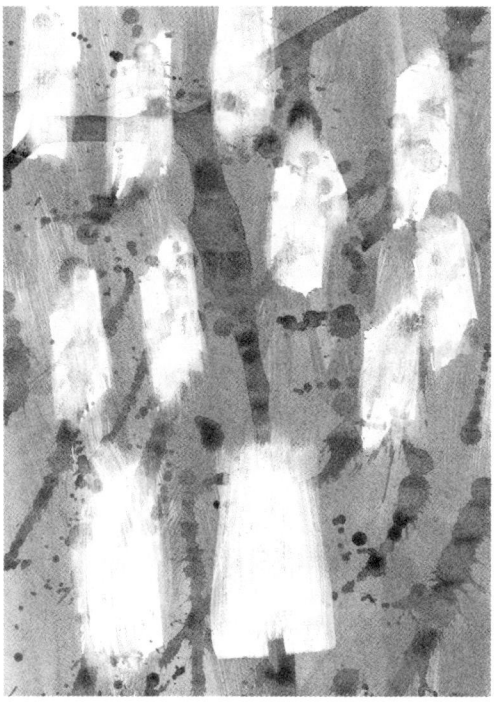

Christiane Oellerich: „Die zehn Aussätzigen", 2018, Mischtechnik auf Papier, 38,8 x 36,8 cm

Auf diesem Bild von Christiane Oellerich fallen sofort weiße Formen auf grüner Fläche auf. Die grüne Fläche selbst hat deutliche senkrechte Malstrukturen. Unter ihr liegen blaue Strukturen, die aus Linien, Punkten und kleinen Flächen bestehen. Nur an einigen wenigen Stellen strahlt das Blau klar durch das Grün hindurch. Alles scheint irgendwie in Bewegung. Besonders gilt das für die weißen Formen, die wie aufgewischt wirken. Diese elf Formen sind alle ähnlich und doch nicht gleich. Eine einzige, die unten in der Mitte des Blattes steht, wirkt etwas breiter und etwas weiter als die anderen zehn. Diese sind unregelmäßig auf das Blatt verteilt. Manche verbinden sich optisch zu Gruppen und sind doch einzeln. Nur an einer Stelle gibt es eine flüchtige Berührung zweier weißer Formen, die eher zufällig wirkt.

Wenn wir nun dies Bild auf dem Hintergrund des Lukastextes betrachten, assoziieren wir natürlich mit den elf weißen Formen Jesus und die zehn aussätzigen Männer. In der Form unten in der Mitte des Blattes, die heller und breiter ist als die anderen, sehen wir dann Jesus. Auf diese Figur läuft alles zu und von ihr auch wieder alles weg. Dies gilt selbst für die blaue hinterlegte Linie, die dann zur Andeutung eines Weges wird, bei dem man sich, die Gabelung im oberen Bildteil macht es deutlich, zwischen dem linken und dem rechten, zwischen dem falschen und dem richtigen Weg entscheiden muss.

Bei den zehn Formen, die hier für die zehn Männer stehen, bin ich nicht sicher, ob sie noch auf dem Weg zu Jesus sind oder schon auf dem Weg von ihm weg. Wenn sie noch auf dem Weg sind, dann kann der grüne Hintergrund ihre Hoffnung auf Heilung symbolisieren, die sie mit ihrer Bitte um Erbarmen ausdrücken. Aber vielleicht sind sie doch schon auf dem Weg, sich den Priestern zu zeigen. Ihre Hoffnung hat sich erfüllt und ihre Zukunft grünt wieder. Sie laufen zurück ins Leben. Nur einer, seine Form ist gleichgroß wie die Form Jesu, ist mit Jesus auf einer Höhe. Er ist zurückgekehrt, um Jesus zu danken und Gott die Ehre zu geben. Nun steht er vor ihm und Jesus wendet sich ihm erneut zu.

6 | Bitten und beharren – Lk 18,1-8

6.1 Exegese

Prof. Dr. Christfried Böttrich

Unter den Bibelwochentexten ist Lk 18,1-8 die einzige Gleichniserzählung. Lukas hat davon eine ganze Reihe zu bieten – vor allem solche, die ausschließlich von ihm überliefert werden. Dazu gehört auch das Gleichnis von der bittenden Witwe. Es hat von jeher die Gemüter in besonderer Weise erregt. Denn es tritt einer Gruppe von weiteren Gleichnissen zur Seite, in denen „unmoralische Helden" die Hauptrolle spielen. Man denkt etwa an den Dieb, der die Hausbewohner zur Wachsamkeit motiviert (Lk 12,39-40) oder an den Urkundenfälscher, der für sein entschlossenes Handeln gelobt wird (Lk 16,1-8). Auch sonst findet man im Munde Jesu immer wieder drastische Worte, die den Bogen überspannen – wie etwa jenes von den toten Totengräbern (Lk 9,60). Offensichtlich liebt der Prediger aus Nazaret die plastische, drastische Rede und erinnert damit gelegentlich an die *parrhesia* (Freiheit bzw. Frechheit) der kynischen Wanderphilosophen. Das Gleichnis von Richter und Witwe fügt sich diesem Zug ein. Der Richter ist bestenfalls ein Antiheld, und dennoch wird ihm gestattet, eine wichtige Erkenntnis über die Gottesbeziehung des Menschen zum Ausdruck zu bringen.

Zur Zeit der Kirchenväter versteht man die Gleichnisse Jesu noch in erster Linie als „Allegorien" – als Geschichten also mit einem doppelten Boden, die Zug um Zug und Begriff um Begriff zu entschlüsseln wären. Dabei liest man am Ende die ganze kirchliche Dogmatik in Geschichten hinein, die zunächst nur von dem Alltag und der Lebenswirklichkeit einfacher Menschen handeln. Von dieser Art Lektüre setzt sich zu Beginn des 20. Jh.s der evangelische Theologe Adolf Jülicher ab, der die ursprünglich beabsichtigte Klarheit und Unmittelbarkeit dieser kleinen literarischen Meisterwerke wiederentdeckt. Für ihn besteht die entscheidende Aufgabe der Gleichnisauslegung nun darin, erst einmal die Bildgeschichte als solche zu verstehen und ihre Pointe zu erfassen. Nur diese Pointe verlangt danach, übertragen zu werden. Die Ausleger und Auslegerinnen nach ihm aber durchlaufen einen Lernprozess, der vor allem im Austausch mit der Literaturwissenschaft den ganzen Reichtum metaphorischer Sprache, den die Gleichnisse Jesu zu bieten haben, entdeckt und analysiert. Diese ganze Erfahrung von gut 100 Jahren Gleichnisforschung findet sich inzwischen dokumentiert in Ruben Zimmermanns „Kompendium der Gleichnisse Jesu" (2007), das wie – einst schon das Werk von Adolf Jülicher – alle Gleichnistexte aufnimmt und nach einer gemeinsamen Methodik interpretiert.

Das Gleichnis von Richter und Witwe hat eine seiner Eigenheiten darin, dass die beabsichtigte Übertragung schon wie eine Überschrift vorangestellt wird: Es handle davon, „dass sie (die Schüler Jesu) immer wieder beten und niemals aufgeben sollten." Hier spricht der Evangelist, der den überlieferten Text in seine Großerzählung aufnimmt und passgerecht einfügt. Das ist das Schicksal aller Gleichnistexte. Sie werden neu erzählt und neuen Situationen angepasst, wobei ihnen auch neue Interpretationen hinzuwachsen. Häufig findet man an ihrem Schluss Sentenzen, die eine verallgemeinernde Lehre formulieren, oder eben wie hier eine Einführung, die der vorbereitenden Lenkung des Lesepublikums gilt. Die Gleichniserzählung selbst ist davon noch einmal zu unterscheiden.

Die Einleitung in Lk 18,1 erfolgt aus gutem Grund. Denn das Thema Gebet spielt in dem lukanischen Erzählwerk eine wichtige Rolle. Jesus selbst wird immer wieder als Vorbild im Beten dargestellt. Auf dem Weg findet jene Gebetsunterweisung statt, in die auch das Vaterunser eingebettet ist (Lk 11,1-13). Insofern liefert Lukas zu diesem Gleichnis das entscheide Stichwort gleich mit – wobei er die Anwendung Jesus selbst in den Mund legt. Folgerichtig hat man diese kleine, spektakuläre Geschichte dann auch dem Sonntag Rogate zugeordnet. Ob sie sich darauf reduzieren lässt, bleibt noch zu prüfen.

1. Textstruktur

Die kleine Erzählung von der bittenden Witwe wird einleitend als „Parabel" vorgestellt. Das griechische Wort *parabolē* bedeutet dabei so viel wie „Nebeneinanderstellung / Vergleich" und ist der einzige Begriff, den das Neue Testament für diese Textsorte kennt. Adolf Jülicher hatte seinerzeit eine weitere Aufgliederung der Gattung „Gleichnisrede" vorgenommen und dabei den Begriff „Parabel" nur für solche Texte reserviert, die von einem unerhörten Vorgang berichten, der die Hörerschaft zu einer Positionierung nötigt. Genau das wäre bei der folgenden Geschichte der Fall.

Alles beginnt mit einem Überleitungssatz (Lk 18,1), der nicht nur den Gleichniserzähler und sein Publikum einführt, sondern zugleich auch das Thema benennt. Am Schluss findet sich ein Wort, das vom Kommen des Menschensohnes handelt (Lk 18,8b) und dessen Verbindung zu der vorausgehenden Geschichte nur eine sehr lose ist.

Die Bildgeschichte selbst findet sich in Lk 18,2-5. **Sie erzählt kurz und bündig von einem Konflikt, wie er für das Rechtssystem der Antike wohl durchaus charakteristisch ist. Ein Richter handelt aufgrund von Willkür und Eigennutz**, anstatt das geltende Recht durchzusetzen. Davon betroffen ist eine Witwe, die keinen Rechtsbeistand hat. Eine Lösung des Konfliktes wird nicht mehr mitgeteilt. Nur der innere Monolog des Richters deutet am Schluss sein Einlenken an. Diese Offenheit fordert dazu heraus, die Geschichte aufzunehmen, abzuklopfen, zu befragen und weiterzuspinnen.

Der Bildgeschichte folgt in Lk 18,6-8a eine Anwendung. Wie schon in der Einleitung übernimmt der Gleichniserzähler selbst die Deutung, wobei er vom Erzähler volltönend als *„kyrios / Herr"* bezeichnet wird. Der „Herr" beginnt mit einem Aufmerksamkeitsruf und zieht sodann einen Schluss vom Kleineren zum Größeren: „wenn schon dies ... dann erst recht das!" Gott wird das Gebet derer, die ihn bitten, erhören.

Die gesamte Texteinheit in Lk 18,1-8 lässt ohne Frage die Spuren eines Wachstumsprozesses erkennen. In ihrer vorliegenden Endgestalt geht sie auf den Evangelisten Lukas zurück. Ihr Kern aber besteht aus den Versen 2-5; daran muss auch zunächst die Absicht der ursprünglichen Bildgeschichte bzw. eben deren Pointe ermittelt werden. Diesem Kern wächst im Verlauf der Überlieferung dann eine Anwendung in den Versen 1 und 6-8a hinzu; mit ihr verschiebt sich die Pointe, die deshalb einer erneuten Bestimmung bedarf. Vers 8b wird von Lukas als ein frei umlaufendes Jesus-Wort noch hinzugefügt, ohne einen engeren sachlichen Zusammenhang herzustellen. Schließlich ist es die Entscheidung des Evangelisten Lukas, dieses Gleichnis auf seiner Themenlinie „Gebet" gegen Ende des langen Weges nach Jerusalem platziert zu haben.

2. Figurenkonstellation

Die Bildgeschichte stellt in äußerster Sparsamkeit eine Zweierkonstellation an Figuren vor. Außer dem Richter und der Witwe werden lediglich noch „die Menschen" sowie der Prozessgegner der Witwe erwähnt, ohne jedoch eine eigenständige Rolle zu spielen.

Wer ist in diesem Kammerspiel die Hauptperson? Der Richter oder die Witwe? Die Witwe erscheint als diejenige, deren Verhalten schon in der Einleitung empfohlen wird. Sie ist eine Identifikationsfigur für alle Unterdrückten und Benachteiligten, die um ihr Recht kämpfen müssen. Sie tritt indessen nur einmal auf. Zwar wird ihr ein kurzes Statement in direkter Rede zugestanden. Ansonsten aber kommt sie nur noch indirekt vor. Ihre gewalttätige Aktion spielt sich ausschließlich in der Fantasie des gottlosen Richters ab. Der Richter wiederum ist der Handlungssouverän, mit dem die Parabel beginnt. Er führt einen inneren Monolog und fällt zum Schluss eine Entscheidung. Auf ihn als Hauptfigur ist die ursprüngliche Bildgeschichte in Lk 18,2-5 zugeschnitten.

Die vorgestellte Konstellation besteht aus einem Kontrast: Macht gegen Ohnmacht. Der Richter wird als gottlos und respektlos charakterisiert. Das weiß nicht nur der Erzähler. Der Richter selbst macht sich dieses Urteil zu Beginn seines inneren Monologs zu eigen! Es gehört zur erzählerischen Raffinesse des Gleichnisses, dass auf diese Weise das negative Charakterbild des Richters eine doppelte Bestätigung erfährt. Eine solche Figur ist von vornherein skandalös und bringt die Hörerinnen und Hörer gegen sich auf. Richter sind dazu da, Recht zu sprechen – und nicht dazu, das Recht zu beugen! Warum „will er lange Zeit nicht"? Soll man annehmen, dass die mittellose Witwe nicht in der Lage ist, den Richter zu bestechen? Liegt es daran, dass er nicht nur gott- und respektlos, sondern auch noch korrupt ist? Die Zeichnung des Richters macht jedenfalls den Zustand eines fragwürdigen Rechtssystems sichtbar: Es kommt gar nicht darauf an, Recht zu haben: Was man braucht, ist das Wohlwollen des Gerichtes, oder ein guter Anwalt. Deutlich genug ist diese Geschichte aus der Perspektive der Ohnmächtigen erzählt, die wissen, wie es in der Welt aussieht.

Zu der Witwe wird nichts weiter gesagt, als dass sie einen Gegner hat, der ihr Recht bestreitet. Worum geht es? Vermutlich geht es um den schuldigen Unterhalt, der ihr vorenthalten wird. Witwen sind nicht automatisch erbberechtigt und aufgrund eines frühen Heiratsalters auch nicht immer alt. Wenn ihr Ehemann stirbt, haben sie ein doppeltes Problem, denn es fehlt ihnen sowohl der Ernährer als auch der Rechtsbeistand. Haben sie Kinder, dann besteht Hoffnung. Auf sich allein gestellt sind sie jedoch der Willkür eines männlich dominierten Rechtssystems ausgeliefert. Der wichtigste Zug, der die Witwe in der vorliegenden Parabel kennzeichnet, besteht in ihrer Hartnäckigkeit. Sie kommt „fortwährend" zu dem Richter und wird ihm damit lästig. Der Richter hat offenbar Grund zu der Befürchtung, sie könne schließlich einen Eklat provozieren.

Der Faustschlag ins Gesicht findet nur in der Fantasie des Richters statt. Er hätte davon (selbst bei einer jungen, sportlichen Frau) nicht wirklich viel zu befürchten. Ihm geht es bei seinen Überlegungen auch gar nicht um die reale Bedrohung, sondern um den Skandal, um die damit verbundene Peinlichkeit und um die Störung seiner beruflichen Abläufe. Dies alles wird in dem inneren Monolog des Richters so anschaulich entworfen, dass die zu erwartende Dynamik vor den Augen des Publikums schon Gestalt anzunehmen beginnt.

Die Lösung des Konfliktes bahnt sich ebenfalls nur in der Selbstreflexion des gottlosen Richters an. Dass er bereit ist, einzulenken, wird nur als ein stiller Entschluss angedeutet. Dieses Einlenken aber ist gerade das Empörende! Denn der Richter tut damit nicht das, wozu ihn sein Amt verpflichtet. Er steht der Witwe nicht bei aus Einsicht in ihr Recht, sondern allein aus eigennützigen Gründen. Der Richter spricht Recht zum eigenen Vorteil bzw. noch genauer zur Vermeidung des eigenen Nachteils. Der Erfolg dieser Entscheidung ist nicht etwa ein

Sieg der Gerechtigkeit und noch nicht einmal ein Sieg der Beharrlichkeit – sondern schlicht und einfach ein Sieg der Selbstsucht und der Willkür!

Wenn man versucht, die Pointe allein auf der Ebene dieser ursprünglichen Bildgeschichte zu bestimmen, dann fällt das Ergebnis einigermaßen ernüchternd aus. Die Pointe müsste lauten: Auch ein blindes Huhn findet einmal ein Korn; auch aus Selbstsucht geschieht gelegentlich einmal etwas Gutes; auch das korrupte System hat seine Lücken; auch das Unrecht kann nicht immerzu flächendeckend agieren! Mit einer solchen Pointe will man sich nicht gern zufriedengeben, auch wenn sie sehr viel mehr als nur ein Körnchen Wahrheit enthält. **Der Richter, der als Hauptfigur der Bildgeschichte fungiert, ist ein „unmoralischer Held"**: Das Gleichnis bedient sich eines höchst anstößigen Geschehens.

Immerhin kann man der Bildgeschichte nicht absprechen, dass sie eine schonungslose Situationsanalyse liefert – die eben auch nicht ganz ohne Hoffnung bleibt. Hier wird nicht viel versprochen, aber trotzdem Mut gemacht. Die Adressaten, bei denen eine solche Geschichte ankommt, sind ohne Frage die Mutlosen, Entrechteten und Ohnmächtigen, die am täglichen Unrecht zu verzweifeln drohen. Ihnen gegenüber wird das Böse (in Gestalt des gottlosen Richters) deutlich relativiert, ein bisschen demaskiert und ansatzweise auch seiner Allmacht beraubt. Man weiß, dass Gott grundsätzlich gegen alle Hybris steht und auf die Seite der Armen tritt, auch wenn das in der Alltagserfahrung immer nur Momente sind. In dem Gleichnis wird weder schöngefärbt noch schwarzgemalt. Die Welt ist, wie sie ist. Aber es lohnt, auf die Lücke, auf den Bruch oder auf die Überraschung zu setzen. Die Welt ist es wert, ein wenig differenzierter betrachtet zu werden.

Diese Pointe verschiebt sich, wenn man die Anwendung in Vers 1 und 5-8a hinzunimmt. Denn jetzt wechselt die Hauptfigur und die Witwe tritt in den Vordergrund. Vers 6 bleibt mit seinem Aufmerksamkeitsruf zunächst noch ganz offen: Der Richter bleibt ein „ungerechter" Richter, aber er hat (bei sich selbst) etwas Wichtiges gelernt und gesagt. In der neutestamentlichen Handschrift Codex D aus dem 5. Jh. wird zu Vers 4 noch hinzugefügt: Der Richter „ging in sich selbst und sagte ..."; damit wird so etwas wie eine kleine „Bekehrung" angedeutet oder ein Lernprozess. Vers 1 aber gibt nun ganz klar das Thema an: Es geht um die Aufforderung zu beharrlichem Gebet! Dafür ist die Witwe die maßgebliche Identifikationsfigur. Ihr fortwährendes Lästigfallen wird zu einer Tugend, die es nachzuahmen gilt. Jetzt lautet die Pointe: Dranbleiben lohnt! Nur Beharren führt zum Ziel! Auch darin wird natürlich ein Stück Welterfahrung aufgenommen – oder sollte man besser sagen: Frömmigkeitserfahrung? Wie viele Gebete bleiben scheinbar ungehört? Auch die Frommen, die Beter oder Kirchgänger werden krank. Die alte Hiobserfahrung ist allgegenwärtig. Dagegen richtet sich der Appell: Lass nicht nach im Gebet, sondern mach es wie jene Witwe! Tu noch mehr, denn irgendwann erhört Gott dich doch! Du brauchst nur Geduld!

Die Verse 7-8 nehmen diese Pointe auf und malen sie aus. Damit aber kommt offen zum Ausdruck, was man schon die ganze Zeit über befürchtet hat: **Wenn die Witwe zur Hauptfigur wird, dann rückt Gott in die Rolle des „gottlosen" Richters ein, der sich nicht einfach erbarmt** (wie es zu erwarten wäre), **sondern rein willkürlich und gleichsam nur genervt Gebete erhört** – wobei es auch noch um die Gebete seiner „Auserwählten" geht! Das ist eine geradezu unerträgliche Übertragung, die aber gesichert wird durch den Schluss vom Kleineren zum Größeren in Vers 7. Natürlich: Gott ist mehr als dieser Wicht, dieser Wurm, dieser verbrecherische Richter. Bei dem barmherzigen und gütigen Gott rennt jedes Gebet schlicht und einfach offene Türen ein. Aber Vorsicht: Die Alltagserfahrung sieht auch gegenüber Gott anders aus! Es wird eben nicht jedes Gebet erhört. Es gibt gute Gründe, immer wieder zum Gebet zu ermutigen.

An dieser Stelle kommt Vers 8a ins Spiel. „Recht verschaffen in Kürze" – spricht sich hier etwa die Hoffnung auf das Kommen Gottes bzw. des Menschensohnes zum Gericht aus? Wird die Erhörung aller Bitten auf die nahe „Parusie" vertagt? Immerhin macht man zur Zeit des Lukas gerade die Erfahrung, dass dieses endzeitliche Kommen wohl noch etwas auf sich warten lässt. 8b ist ganz bestimmt ein späterer Zusatz, basierend auf einem frei umlaufenden Menschensohn-Wort. Aber es fügt sich der anvisierten Parusieperspektive durchaus gut ein. „Wenn der Menschensohn kommt" (was niemand terminieren kann) – werden die „Auserwählten" dann ausreichend vorbereitet (vgl. Lk 21,36) sein? Das Gleichnis, ergänzt um seine Anwendung in den Versen 1 und 5-7, wird zum Appell, sich durch ein intensives Gebetsleben auf das Kommen des Menschensohnes vorzubereiten. Das Stichwort „Recht" wird jetzt durch das Stichwort „Glaube und Gebet" abgelöst.

3. Sachinformationen

Wenn im lukanischen Doppelwerk immer wieder Witwen auftauchen, spiegelt sich darin ein Stück der sozialen Wirklichkeit im 1. Jh. n. Chr. wider. Im Kontext einer patriarchalen Gesellschaftsordnung sind Witwen in besonderer Weise auf die Unterstützung anderer angewiesen. Da ihnen in der Regel der Rechtsbeistand fehlt, werden sie zu bevorzugten Opfern von Willkür und Ausbeutung. Schon in der Welt des Alten Orients sieht ihre Situation nicht anders aus. Eine Reihe von alttestamentlichen Texten überliefert das sogenannte „Fremdling-Waise-Witwe-Gebot", das den Schutz für diese drei besonders gefährdeten Gruppen der sozialen Unterschicht anmahnt: „Die Fremdlinge sollst du nicht schinden noch unterdrücken, denn ihr seid auch Fremdlinge in Ägyptenland gewesen. Ihr sollt keine Witwen und Waisen bedrängen. Wirst du sie bedrängen, so werden sie zu mir schreien, und ich werde ihr Schreien erhören; so wird mein Zorn ergrimmen, dass ich euch mit dem Schwert töte und eure Frauen Witwen und eure Kinder Waisen werden." (Ex 22,20-24) Offensichtlich besteht in dieser Hinsicht massiver Handlungsbedarf, denn sonst müsste ein solches Gebot nicht immer wieder eingeschärft werden. Ethische Bestimmungen verfahren gegenüber Witwen mit besonderer Sensibilität. Bei Josephus und Philo gilt Gott als ihr Anwalt.

In der hellenistisch-römischen Welt gibt es um die Zeitenwende einen quantitativ hohen Witwenstand. Problematisch werden die Dinge vor allem im Alter und bei Kinderlosigkeit. Witwen sind im Erbrecht häufig benachteiligt. Besonders leiden sie unter Steuerlasten und sehen sich immer wieder mit der Pfändung ihres Eigentums konfrontiert. Ohne Wiederheirat oder Versorgung durch die Familie sind sie zu eigener Erwerbstätigkeit gezwungen. Witwen werden deshalb in der frühen Christenheit zur bevorzugten Zielgruppe einer organisierten Liebestätigkeit (Apg 6,1-7). Das wird von der nichtchristlichen Gesellschaft auch mit großem Erstaunen wahrgenommen. In 1Tim 5,3-16 (etwa zeitgleich mit dem lukanischen Werk) findet sich eine „Witwenordnung", in der sowohl soziale Fürsorge geregelt als auch eine Art kommunitärer Gemeinschaft „wirklicher Witwen" vorgestellt wird. Diese Gruppe, der man einen Anspruch auf gemeindliche Unterstützung zuerkennt, zeichnet sich offensichtlich durch eine spezifische Frömmigkeit aus und pflegt ein intensives Gebetsleben.

Lukas hat den Nöten der Witwen sehr viel mehr an Aufmerksamkeit gewidmet als andere neutestamentliche Autoren. Das liegt an seinem geschärften sozialen Gewissen sowie dem

Anliegen, Armut im Kreise der christusgläubigen Gemeinde generell zu überwinden. Schon früh tritt bei ihm die Witwe Hannah auf, die am Jerusalemer Tempel mit einer besonderen Erwartungshaltung lebt (LkS 2,36-38); die Witwe von Sarepta (1Kön 17,9-24) wird von Jesus als Predigtbeispiel und „ärgerliches Vorbild" zitiert (LkS 4,25-26); der Tod des Jünglings zu Nain trifft vor allem seine verwitwete Mutter (LkS 7,11-17); das Gleichnis von der rechtlosen Witwe und dem korrupten Richter spricht Bände (LkS 18,1-8); Jesus prangert an, dass die Witwen um ihre Häuser gebracht werden (Lk 20,45-47); die Selbstlosigkeit gerade einer Witwe am Opferkasten verdient deshalb höchstes Lob (Lk 21,1-4). So geht das auch in der Apostelgeschichte weiter, wo vor allem die Witwenversorgung in Jerusalem (Apg 6,1-7) und die Liebestätigkeit der Tabita (Apg 9,36-43) Thema sind.

Am Ende der Einheit kommt ein Phänomen in den Blick, für das die exegetische Fachsprache den Begriff der „Parusie" geprägt hat. **Schon im Judentum der Zeitenwende wächst die Hoffnung, dass Gott am Ende der Zeit kommen und Gericht über alle Völker halten werde.** In der frühen Christenheit verbindet sich diese Hoffnung mit der Erwartung des Kommens Christi. In seiner Himmelfahrtserzählung berichtet Lukas von zwei Gottesboten, die den Schülern Jesu entgegentreten und sie mit der Frage konfrontieren: „Ihr Männer von Galiläa, was steht ihr da und starrt in den Himmel? Dieser Jesus, der von euch weg in den Himmel aufgenommen wurde, wird so wiederkommen, wie ihr ihn in den Himmel habt gehen sehen." (Apg 1,11) Die Christenheit der ersten Generation ist davon überzeugt, dass diese „Parusie", das Kommen Christi, noch zu ihren Lebzeiten geschehen werde. Doch die Zeit verstreicht, und spätestens gegen Ende des 1. Jh.s greift die ernüchterte Einsicht Raum, dass es mit der Parusie wohl noch etwas dauern werde. Das muss erst einmal verarbeitet werden, zumal es schon bald auch „Spötter" gibt, die sich nun über die Christen lustig machen (2Petr 3,3-4). Das etwa ist auch die Situation des Lukas, der die „Parusieverzögerung" erzählerisch zu begründen versucht. Denn vorerst besteht noch die Aufgabe, das Evangelium bis an die Enden der Erde zu tragen. Dass Lukas in Lk 18,8 jedoch formuliert, Gott werde seinen Auserwählten „in Kürze" Recht verschaffen, zeigt, dass man auch zu seiner Zeit noch nicht mit 2000 Jahren Kirchengeschichte rechnet. Das Bewusstsein, in einer „Endzeit" zu leben, hält in der Christenheit jedenfalls noch lange an.

4. Schwerpunktthemen

Gebetsunterweisung
Die Texteinheit Lk 18,1-8 stellt das Thema „Gebet" als Leitthema an den Anfang. Beten versteht sich heute schon lange nicht mehr von selbst. Einige einschlägige Publikationen greifen immer wieder die aus der Hirnforschung stammende These eines „Gott-Moduls" im Bereich der Schläfenlappen auf, das für die Erzeugung religiöser Wahrnehmungen zuständig sein soll. Das Gebet wird somit als ein innerpsychisches Phänomen bzw. als der kurze Draht zum eigenen Ich dargestellt. Wer betet, muss sich viele Fragen gefallen lassen.

Die Fähigkeit zu beten, wird niemandem in die Wiege gelegt. Dazu bedarf es der Schulung, der Einübung und der Unterweisung. Vor allem aber braucht es dazu glaubwürdige Vorbilder. Das gilt umso mehr, als die Formen christlicher Gebetspraxis vielfältig sind. Freie und formulierte Gebete gibt es in großer Bandbreite, flankiert von ganz verschiedenen Haltungen und Ritualisierungen. Deshalb beginnt auch der kleine Gebetskatechismus in Lk 11,1 mit einer

Bitte: „Herr, lehre uns beten …!" Diese Bitte geht davon aus, dass es einen Bedarf an Gebetsunterweisung gibt und dass dies ein gemeinschaftliches Anliegen ist – denn die Bitte setzt sich fort mit den Worten: „… wie auch Johannes seine Schüler lehrte!" Gebet und Gruppenidentität haben etwas miteinander zu tun, weshalb nun auch das Vaterunser ein neues Selbstverständnis im Kreis der Jesusanhänger begründet.

Eines aber lässt sich bei Lukas als Hauptthema dieser Motivlinie erkennen: Weil sich Beten nicht von selbst versteht, bedarf es hier der Ermutigung. Lohnt es überhaupt, Gott mit persönlichen Anliegen zu behelligen? Immer wieder setzt Lukas Jesus selbst als vorbildlichen Beter in Szene. Eine Reihe von Schlüsselereignissen gehen bei ihm aus Gebetssituationen hervor. Zugleich erzählt Lukas Gleichnisse, die zum Beten ermutigen. Damit beginnt er schon in jenem Gebetskatechismus in Lk 11: Unmittelbar auf das Vaterunser folgt dort das Gleichnis vom bittenden Freund, der seinen Nachbarn allein durch beharrliches Drängen zur Hilfeleistung überreden kann (Lk 11,5-8). Dieses Gleichnis korrespondiert spürbar mit dem von der bittenden Witwe, auch wenn hier die Bildgeschichte noch deutlich provokanter ausfällt. Auf der Ebene der lukanischen Jesus-Christus-Geschichte im Ganzen geht es jedenfalls um ein Publikum, das zum Beten ermutigt werden muss und dem Lukas deshalb immer wieder vor Augen führt: Beten lohnt! In diesem Zusammenhang ist es von Bedeutung, dass Lk 18,1-8 einen nüchternen Blick behält und nicht einfach das Blaue vom Himmel verspricht.

Gerechtigkeit Gottes
Im Hintergrund des ursprünglichen Gleichnisses Lk 18,2-5 steht die Theodizee-Frage. Warum gibt es so viel Unrecht in der Welt – und Richter, die das Recht beugen? Dass Gott in vielen Auslegungen mit dem korrupten Richter gleichgesetzt wird, der nur aus Überdruss Gebete erhört, bleibt unerträglich. Denn weniger Gott als die Welt wird hier nüchtern betrachtet. **Es geht beim Beten deshalb auch nicht um kalkulierbare Erfolgsaussichten, sondern um die Haltung, die ich als Beter einnehme,** bzw. um die Frage, wovon ich mich ermutigen lasse. Insofern ist die Witwe in der Tat eine gute Identifikationsfigur: Sie nimmt die Welt, wie sie ist, und lässt sich nicht irritieren. Der Richter aber steht für die Welt, nicht für Gott. Gott ist vielmehr der, der für alle Hoffnungszeichen einsteht. Das Gleichnis ermutigt demnach auch dazu, selbst entschlossen zu handeln, anstatt Gott alles Elend dieser Welt in die Schuhe zu schieben.

5. Ausblick

Die abschließende Frage nach dem Glauben hält fest, dass das Gebet nur aus einer Haltung des Vertrauens heraus erfolgen kann. Vertrauen ist dabei die Hoffnung gegen den Augenschein und gegen die Alltagserfahrung, die sich auch von dem Unrecht korrupter Richter nicht beirren lässt und darauf setzt, dass Gott das letzte Wort behält. Wer die Geschichte liest, wird zugleich für die Not der Rechtlosen und Benachteiligten sensibilisiert. Zwar ist die sozialgeschichtliche Situation hier nicht das Thema, sondern nur der Stoff, mit dessen Hilfe über Gottes Gerechtigkeit reflektiert wird. Doch es ist eben nicht gleichgültig, dass der Zustand dieser Welt dabei auf so ernüchternde Weise in den Blick kommt. Der rechtlosen Witwe kann man auch beistehen, und korrupte Richter lassen sich von denen, die dazu die Mittel haben, in die Schranken weisen. Insofern bleibt auch das Anliegen sozialgerechten Handelns ein Nebenzug des Gleichnisses in Lk 18.

6.2 Der Text heute – Themen und Bausteine

Kerstin Offermann

Offensichtlich brauchen Menschen, die mit Jesus unterwegs sind, die Ermutigung und Bestärkung, anhaltend und nachdrücklich zu beten. Der Glaube daran, dass Gott hört und hilft, und zwar bald, scheint für sie keine Selbstverständlichkeit zu sein. Oft spricht die eigene Erfahrung dagegen. Wie passen die alltägliche Realität und die von Jesus immer wieder behauptete Gegenwart des Reiches Gottes mitten unter uns zusammen? Oder anders formuliert: Wenn Jesus doch auferstanden ist und mitten unter uns anwesend ist, warum ist dann das Leben oft noch so, wie es ist und nicht gerechter und besser? Warum verändert sich vieles nicht, auch wenn wir nachhaltend dafür beten? Auf diese Frage antwortet die heutige Geschichte aus verschiedenen Perspektiven: aus der Alltagsperspektive, aus der Gemeindeperspektive und aus der Gottesperspektive.

Im Folgenden werden die drei Perspektiven in ihrer Aktualität für uns dargestellt. Arbeiten Sie zunächst mit den TN diese drei verschiedenen Ebenen aus dem Text heraus, die auch mit den Redaktionsebenen übereinstimmen (vgl. Exegese). Sprechen Sie dann mit den TN darüber, ob und wo sie diese Ebenen in ihrem Alltag erleben. Verweilen Sie bei der Ebene, die für die TN im Moment am aktuellsten ist. Welche Konsequenzen für ihr Leben und für ihren Glauben ergeben sich aus den Gedanken des Textes zu dieser Ebene?

1. Alltagsperspektive: Der ungerechte Richter und die hartnäckige Witwe

Die Erfahrung der Witwe ist vielen durchaus bekannt. Wir wissen, wie es sich anfühlt, ungerecht behandelt zu werden. Diese Erfahrung wird umso erdrückender, je ohnmächtiger sich der Einzelne fühlt. Für viele Menschen ist der Kontakt mit Behörden mit diesem Gefühl verbunden, bei dem sie mitunter schon damit überfordert sind, die Sprache der Antragsformulare zu verstehen. Kurt Tucholsky formuliert es überspitzt, aber in der Sache durchaus zutreffend, wenn er sagt, die größte Angst eines Deutschen sei es, vor einem Schalter zu stehen. Seine größte Schuld sei es, dahinter zu sitzen. In jeder hierarchischen Situation steckt die Gefahr des Machtmissbrauchs, der manchmal den privilegiert Mächtigen, Ärzten, Bürokraten, Direktoren, Chefs, oder Lehrern gar nicht bewusst ist.

Der Richter in dieser Geschichte weiß, dass er ungerecht ist. Er weiß auch, was rechtens wäre, aber er tut es aus Eigennutz nicht. Es gibt Machtmissbrauch und Rechtsbeugung auch da, wo Menschen dieses Rechtsbewusstsein nicht mehr haben, weil sie sich immer im Recht fühlen und quasi selbst das Gesetz sind. Die Frau war objektiv gesehen im Recht. Und sie war ohnmächtig. Aber sie hat sich nicht verängstigen lassen und nicht aufgegeben.

Eigentlich schwache Menschen, die aber um ihr Recht oder um das Recht anderer kämpfen, machen Menschen in Machtpositionen Angst. Sie sind lästig und bedrohlich für die eigene Souveränität. Starke Frauen (auch in schwacher Position) machen Männern Angst. Die Geschichte erzählt nun ganz alltäglich davon, dass solche Proteste nicht vergeblich sind. Es gibt Lücken im Unrecht. Es wird nicht immer Dunkel bleiben. Das Böse wendet sich gegen sich selbst. Wer andern eine Grube gräbt, fällt selbst hinein. Auch das sind Alltagserfahrungen, die ermutigen, nicht aufzugeben.

Die Bibel sieht Gott am Werk, hinter diesen alltäglichen Wendungen zur Gerechtigkeit. Ihr gedachtet es böse zu machen, aber Gott wendet die Dinge zum Guten. So in der Josefs-Novelle aus dem Buch Genesis oder in Römer 8,28. „Verlier nicht die Geduld, inmitten aller Schuld ist Gott am Werke. Denn der in Jesus Christ ein Mensch geworden ist, bleibt unsere Stärke." (EG 677,4). Diese Geschichte beschreibt beispielhafte und alltäglich, was im Magnifikat von Maria besungen worden ist: Ohnmächtige bekommen Recht.

Dass der Richter dabei nur aus niederen Motiven handelt, um einen Skandal zu verhindern, oder um nicht mehr genervt zu werden, ändert nichts daran, dass die Bibel auch in solchen Wendungen Gott am Werk sieht. **Die Machthaber dieser Welt können sich aussuchen, ob sie zu einem unfreiwilligen Werkzeug von Gottes Wirken werden möchten**, oder zu bereitwilligen Mitarbeitern in Gottes Reich.

Solche Beispielgeschichten für die reale Dynamik des Reiches Gottes sind auch eine Aufforderung, sich selbst auf die Seite der Ohnmächtigen zu stellen. Lukas möchte, dass wir Partei ergreifen. Und eigentlich lässt er uns keine Wahl, auf wessen Seite wir uns stellen. Sich auf die Seite der Witwe und damit der Ohnmächtigen zu stellen, heißt aber auch, sich dafür einzusetzen, dass sie zu ihrem Recht kommen. Lukas ermutigt dazu, nüchtern und realistisch zu sehen, dass wir in einer verführbaren und ungerechten Welt leben, und dabei die Menschen nicht zu übersehen, die um ihr Recht, um ihre Lebensgrundlage und um ihre Zukunft betrogen werden. Wir sollen uns mit diesen Menschen solidarisieren und ihnen beistehen. Aber auch Gott nicht zu unterschätzen, der mitten in diesem Unrecht dem Recht zum Durchbruch verhilft.

Allerdings gibt sich die Bibel keiner Illusion hin, wie sich die Mächtigen in der Regel entscheiden werden: In den meisten Fällen ist ihnen ihre Macht und ihr eigener Vorteil wichtiger als das Eintreten für Gerechtigkeit und Recht. Macht und Geld korrumpieren. Auch das ist eine Alltagserfahrung. Trotzdem werden die Mächtigen letztendlich Gottes Reich nicht verhindern können und in ihrer Lächerlichkeit sogar dazu beitragen müssen.

Es hilft sehr, die Erfahrung der Ohnmacht zu bewältigen und zu überwinden, wenn mit Ironie und Spott das Böse lächerlich gemacht wird, so wie es subtil auch in dieser Geschichte geschieht. In der Neuen Genfer Übersetzung wird das weniger deutlich als z.B. in der Lutherübersetzung oder in der Einheitsübersetzung: Der Richter fürchtet sich vor einer Ohrfeige. Die Szene, wie er in der Öffentlichkeit von der Witwe geohrfeigt würde, hat eine entlarvende Lächerlichkeit und Komik. Der will er sich nicht aussetzen.

Von einer interessanten Variante des ungerechten Richters erzählt Susanne Niemeyer: Der ungerechte Richter ist die verurteilende Stimme in mir selbst, die mich nicht gelten lässt, mich schlecht macht und aburteilt. Sie erzählt den inneren Kampf, vom sich selbst richten zum gnädig mit sich selbst umgehen. Die Stimme der Gnade lässt nicht locker und gewinnt letztlich. So geschieht Segen und Versöhnung in mir und mit mir selbst und das ist sicherlich eine Wirkung Gottes im Alltag (Susanne Niemeyer: Zimmer frei im Paradies, S. 96–98).

2. Die Gemeindeperspektive: unablässiges Beten

Offensichtlich ist es dennoch nicht selbstverständlich, dass die Jünger und Jüngerinnen Jesus Christi durch die Jahrtausende den Glauben an einen Gott, der hört, der hilft und gerecht ist, aufrechthalten können. Warum ist der Glaube, dass Gott hilft und gerecht ist, fragwürdig?

Christinnen und Christen mussten sich schon immer bis heute mit der Erfahrung der Wirkungslosigkeit von Gebeten herumschlagen. Die oben beschriebene Ohnmachtssituation ist uns auch aus dem Gebet bekannt. Dann wird Beten zu einem Ringen mit Gott. Der Text ermutigt geradezu dazu, genau das zu tun. Gott auf den Keks zu gehen. Nicht nachzulassen. Immer wieder mit seinen Anliegen anzukommen und Gott zu beknien.

Inständiges und beständiges Gebet ist sowohl angesichts der Kontingenz des Lebens als auch angesichts der Katastrophen und eben auch angesichts der scheinbaren Taubheit Gottes die einzige Möglichkeit, den Glauben nicht zu verlieren. Betet man aber beharrlich, wenn auch nicht unbeirrt, dann stärkt das Gebet die Resilienz. Realitätssinn und Unbeirrbarkeit und Vertrauen auf Gott können (nur) im Gebet zusammengehalten werden. Gebet überwindet Angst und Ohnmacht, sowohl gegenüber den ungerechten Richtern dieser Welt als auch gegenüber Gott.

Vorbild für das Gebet ist im Lukasevangelium Jesus selbst. „Jesus bereitet sich im Gebet auf wichtige Etappen seines Lebens und auf wichtige Entscheidungen vor: die Auswahl der zwölf Apostel (Lk 6, 12) oder seine Vorbereitung auf den Tod (Lk 22, 42) (...) Das Gebet basiert auf dem Vertrauen in Gott den Vater, der dem Menschen Gutes will und zielt auf das, was Menschen heute als Notwendiges brauchen. Die Antwort Gottes auf das Gebet besteht nicht einfach in der genauen Erfüllung der Bitte, sondern er schenkt den Geist, der das Menschenleben zu Gutem anleitet. Schließlich verwandelt das Gebet an erster Stelle den Beter in seiner Beziehung zu den Mitmenschen und dahin, dass er Gottes Plan versteht." (T. P. Osborne: *Die lebendigste Jesuserzählung*, Katholisches Bibelwerk 2016, S. 13)

In Getsemani können seine NachfolgerInnen lernen, wie Beten angesichts von Angst und Ohnmacht aussehen kann. Auch im Vaterunser stärkt Jesus diese Kompetenz und Resilienzkraft in uns: sowohl für die Zuwendung Gottes als auch für Gerechtigkeit auf Erden und für das, was wir alltäglich, existentiell, brauchen. Seitdem betet die Kirche unverdrossen und unablässig an und stärkt damit zugleich auch ihren Glauben und ihr Vertrauen in Gott.

Die Bibelwoche beinhaltet das Angebot, Gebet einzuüben. Methoden und Ideen, dies gemeinschaftlich zu tun, finden Sie im Downloadbereich.

 Als meditative Methode zu beten und sich mit dem Text auseinanderzusetzen, haben kreative Menschen und Gruppen das Bible Art Journaling (BAJ) für sich entdeckt. Im Downloadbereich finden Sie einen BAJ zum 6. Text ebenso wie eine kurze Anleitung, wie Sie mit den TN selbst einen BAJ (zu diesem oder zu einem der anderen Texte) gestalten können. Natürlich können Sie den fertigen BAJ auch mit den TN betrachten und mit ihnen entdecken, wie diese künstlerische Gestaltung Ihnen den Text neu erschließt.

Für andere zu beten, bedeutet auch stellvertretend für andere oder an ihrer Seite gemeinsam mit ihnen unbeirrbar an dem Glauben festzuhalten, dass Gott hören und eingreifen wird. Der Text legt es uns ans Herz, für Gerechtigkeit und für Menschen, die der Ohnmacht ausgeliefert sind, zu beten: für Menschen ohne Fürsprecher, für Politiker und Richter, für Angeklagte und Verurteilte, für Gefängnisinsassen, Flüchtlinge, Obdachlose ...

3. Gottesperspektive

Mit dem letzten Satz eröffnet der Text noch eine weitere Perspektive: einen Blick in die Ewigkeit hinein, in dem vom wiederkommenden Menschensohn die Rede ist.

Diese Dimension hat eine interessante zeitliche Komponente. Tragen Sie mit den TN alle Wörter aus dem Text zusammen, die für zeitliche Abläufe stehen: unablässig, immer wieder, lange Zeit ... Auffällig ist, dass sich daraus sowohl der Eindruck großer Dringlichkeit als auch der Eindruck unerträglicher Verzögerung ergeben. Beide Haltungen gibt es auch gegenüber der Wiederkunft des Menschensohns. Im Neuen Testament wird zu Wachsamkeit und Eile aufgerufen, die Zeit nicht zu verpassen, es könnte jederzeit soweit sein. Aber es gibt auch die Frage nach dem „Wie lange noch?", nach der Verzögerung und dem Ausbleiben.

So wie der im Lukasevangelium erwähnte Simeon zwei Jahrzehnte lang auf den Messias gewartet hat, so gibt es in der Gemeinde Jesu Christi – zumindest phasenweise – eine sehnsüchtige Erwartung, dass Christus endlich wiederkommen und alles zurechtbringen wird. „Die Unterdrückung seines Volkes lastete schwer auf Simeon. Alle Menschen, die Gott dienen, sollten ein Herz wie Simeon haben. Wir haben die Verzweiflung und Unterdrückung des Volkes Gottes gefühlt, und wir sollten auch aufatmen können und Frieden spüren, wenn Warmherzigkeit und Trost Gottes nahe sind." (Weifan Wang: Die Weisheit der Lilien. Herder Verlag 2010, S.124)

 Gibt es diese sehnsüchtige Erwartung des wiederkommenden Menschensohns auch bei uns? Ist es eine Aufgabe für uns, zu einer solchen Erwartung zurück zu finden und sie in uns zu wecken?

Jesus hat sich selbst „der Menschensohn" genannt – in einer interessanten Zusammenstellung von Bezügen. Lesen Sie mit den TN die (überschaubare Anzahl von) Stellen, in denen im Lukasevangelium „der Menschensohn" auftaucht. Was wird über ihn gesagt? Man kann zwischen drei Gruppen von Aussagen über den „Menschensohn" unterscheiden. Die erste Gruppe spricht von seinem irdischen Wirken (Lk 5,24; 6,5; 7,34; 9,58; 19,10). Die zweite Gruppe besteht aus Worten über das Leiden (und Auferstehen) des „Menschensohnes" (Lk 9,22; 24,7). In der dritten Gruppe von Texten schließlich geht es um die künftige Parusie des „Menschensohnes" (Lk 12,40; 17,24; 21,27; 22,69). Dabei hat er häufig die Funktion des Richters (so wie auch hier). (s. Themenkomplex „Christologische Hoheitstitel" auf www.bibelwissenschaft.de)

Der Theologe Thomas P. Osborne beschreibt dies treffend: „Jesus spricht von sich selbst oft als Menschensohn, der das Leben der Menschen teilt, sogar im Leiden bis in den gewaltsamen Tod. Er ist aber auch der, der kommt am Ende der Zeit, als Richter und als Anwalt zugleich für die Leute, die standhaft in ihrem Glauben waren, auch in Situationen der Verfolgung." (*Die lebendigste Jesuserzählung*, Katholisches Bibelwerk, S. 12.)

Gerade die Richterfunktion des Menschensohns und Gottes selbst tritt im aktuellen Text deutlich in den Vordergrund. Gott ist auch der Richter über die ungerechten Richter. Selbst wenn Menschen hier nicht zu ihrem Recht kommen, wird dies nicht ewig unbeantwortet bleiben. Denn Gerechtigkeit ist ein Wesenszug Gottes. Über Jesus Christus sagt die Bibel sogar noch mehr: Jesus ist Richter, Anwalt, Angeklagter, Verurteilter, Gerechtfertigter (Gekreuzigter und Auferstandener) zur gleichen Zeit. Er ist solidarisch mit allen Menschen, die auf der Suche nach Recht und Gerechtigkeit sind und er erträgt stellvertretend für alle Menschen Unrecht, um dadurch dem Recht zum Durchbruch zu verhelfen. Der Menschensohn ist Richter und Leidender in einer Person und überwindet das Unrecht – indem er es selbst erträgt. Das Magnificat bekommt hier noch eine Zuspitzung. Nicht durch (noch größere) Macht entmachtet Gott die Mächtigen, sondern durch Ohnmacht.

Aus der Perspektive der Ewigkeit Gottes wird klar, warum die Hoffnung, die in der ersten und zweiten Ebene des Textes zur Sprache kam, eine begründete Hoffnung ist: Der gute Ausgang ist gewiss. Daran können auch gegenwärtige Erfahrungen von Ungerechtigkeit oder Zweifel nichts ändern.

TESTBILD

Katharina Falkenhagen

Inhaltlicher Schwerpunkt

Im Unterschied zu den anderen Texteinheiten handelt es sich hier um ein Gleichnis, also nicht um eine reale Begegnung. Das Besondere ist, dass die Interpretation dieses Gleichnisses bereits an den Anfang der Erzählung gesetzt wird (vgl. 18,1). Der Blick wird also schon von Anfang an auf die bittende Witwe gelenkt. Sie und ihr drängendes Bitten sollen an diesem Abend den Mittelpunkt des Gespräches bilden. Als vergleichender Text könnte Lukas 11,5 ff hinzugezogen werden.

Materialien und Medien
→ Bibeltext im Gemeindeheft.
→ Zeichnung mit Berg, Weg und Gipfelkreuz (s. Downloadmaterial).
→ Kleine Zettel in drei verschiedenen Farben für jeden TN.
→ Zettel in drei verschiedenen Farben (A4) mit Aufschrift „Jesus", „Jünger", „Frau".
→ Bleistifte für die TN, dicke Filzstifte.
→ Drei Zettel mit einer Fragestellung für das Kleingruppengespräch.
→ Flipchart
→ Frieder Gutscher: „Erscheine mir, Herr" aus CD „Sichtwechsel" 1992 (s. Downloadmaterial).

Zur Gestaltung des Abends

Die TN sitzen im Stuhlkreis um eine gestaltete Mitte. In der Mitte befindet sich ein Bild mit einem Berg, auf dessen Gipfel bis zu Gipfelkreuz ein Weg führt (A3 oder A2). Eine Kerze im Glas wird an den Fuß des Kreuzes gestellt.

Liturgische Eröffnung
Leiter / Leiterin (L): Wir sind heute zusammen im Namen Gottes, des Vaters und des Sohnes und des Heiligen Geistes. Amen. Unsere Hilfe steht im Namen des Herrn,
Antwort der TN: ... der Himmel und Erde gemacht hat.

L: Ganz herzlich darf ich Sie begrüßen zu unserer heutigen Zusammenkunft im Rahmen der Ökumenischen Bibelwoche. Texte aus dem Lukasevangelium bilden jeweils den Mittelpunkt unserer Treffen.
Bibelwochenlied / Bibelwochenpsalm und / oder freies Gebet mit Bitte um den Heiligen Geist.

Auf den Text zugehen (ca. 10 Min.)

L: Bevor wir uns mit einem Gleichnis Jesu beschäftigen, möchte ich Sie einladen, das Bild in der Mitte zu betrachten. Wir sehen einen steilen Bergpfad. Am Ende des Weges winkt uns schon das Gipfelkreuz. Wir wissen, dass wir von dort aus eine wunderbare Aussicht haben werden. Doch bis dahin liegt noch ein gutes Stück Weg vor uns. Welche Gedanken gehen Ihnen dabei durch den Kopf?

Im Gespräch tragen die TN zusammen, welche Gedanken ihnen kommen, z. B.:
→ „Ich bin mir nicht sicher, ob ich das schaffe",
→ „Es braucht echt viel Kraft, bis dort oben hin zu kommen",
→ „Da ist Durchhalten angesagt",
→ „Die Versuchung aufzugeben ist sehr groß"

L. fasst die Gedanken der TN noch einmal kurz zusammen und führt fort: Um ein Ziel zu erreichen, braucht es viel Durchhaltevermögen. Die Versuchung ist immer groß, angesichts von Schwierigkeiten aufzugeben. Heute hören wir in einem Gleichnis, das Jesus seinen Jüngern erzählte, von einer Frau, die nicht bereit war, aufzugeben.

Die TN nehmen ihre Texthefte zur Hand. L liest den Text laut vor. Dann nehmen alle TN einen Stift zur Hand und markieren im Text die einzelnen Personen. Die Rollen werden verteilt: Erzähler, Jesus, die Frau, der Richter. Der Text wird noch einmal in verteilten Rollen gelesen.

Dem Text begegnen (ca. 30 Min.)

Leiter / Leiterin: Ich möchte Sie nun einladen, für einige Minuten in kleine Gesprächsgruppen zu gehen. Besprechen Sie bitte die Fragestellung, die Sie auf den Zetteln finden.

Die TN werden in drei Gruppen eingeteilt nach den am Anfang ausgegebenen Farben.
→ Jünger (Gelb)
→ Jesus (Grün)
→ Witwe (Lila)

Gesprächsimpulse

Jünger	Jesus	Witwe
Versetzen Sie sich in die Jünger hinein. In welcher Situation befinden sie sich?	Versetzen Sie sich in Jesus hinein. Was mag er von seinen Freunden denken? Wie schätzt er sie ein?	Versetzen Sie sich in die Frau hinein. Was mag sie dazu bewegen, den Richter so dauerhaft zu bedrängen mit ihrem Anliegen?

Zur genaueren Betrachtung des Textes können folgende Fragen hilfreich sein (s. Teilnehmerheft):
→ Lesen Sie den Text zunächst ohne den ersten Vers: Welche Personen / Gruppen zeichnet das Gleichnis und wie werden sie dargestellt?
→ Was will die Witwe genau?
→ Was will der Richter?
→ Was wollen die „Auserwählten"? Gibt es diese Menschen heute noch?
→ Beobachten Sie die Worte im Text, die mit „Recht" zu tun haben. Passen Sie zu Ihrer Vorstellung von Recht?
→ Welche Aussagen über die Zeit enthält der Text?

→ Trifft der Text Erwartungen, die Sie selbst auch haben?

→ Lesen Sie jetzt den ersten und den letzten Satz – die inhaltliche Rahmung des Gleichnisses: Wird das Gleichnis damit für uns heute aktuell?

L: Sie haben sich jetzt in die verschiedenen Akteure unserer Geschichte hineinversetzt. Ich bitte nun darum, dass jede Gruppe kurz über den Inhalt des Gespräches berichtet. Rückfragen aus dem Gesamtplenum sind erwünscht.

Vorstellung der Ergebnisse / kurze Diskussion / Visualisierung an der Flipchart oder auf dem Bild in der Mitte. Hier könnten nun auch einige Ausführungen zur Exegese des Textes (s. S. 109) eingeschoben werden, wenn es die Zeit und das Interesse der TN erlauben.

Mit dem Text weitergehen (ca. 15 Min.)

L: Lassen Sie uns nun ins Gespräch darüber kommen, welche Bedeutung dieses Gleichnis für uns heute haben könnte. Schauen Sie sich noch einmal das Bild vom Berganstieg in unserer Mitte an.

Im nun folgenden Gespräch können sich die TN über folgende Themenkreise austauschen:

→ Welche Erfahrungen habe ich mit dem Gebet? Wie bete ich: Dankend, bittend, fürbittend für andere …

→ Es gibt christliche Gemeinschaften, die „nichts tun", außer für andere zu beten. Wie sinnvoll ist das aus Ihrer Sicht?

→ Werden Gebete erhört? Und wie lange dauert das?

→ Wie werden Gebete von Gott erhört?

→ Was bedeutet es für mich, dran zu bleiben, nicht nachzulassen im Gebet?

→ Wie spricht der Text zu mir im Zusammenhang von Lukas 11,9–13?

Liturgischer Abschluss

L: Das Gebet spielt in unserer Glaubenspraxis eine wichtige Rolle. Es gibt uns die Möglichkeit, mit Gott zu reden; unsere Fragen, Zweifel, Ängste, Freuden und unseren Dank zur Sprache zu bringen. Wir machen immer wieder die Erfahrung, dass unsere Gebete erhört werden, ebenso wissen wir aber auch, dass vieles ganz anders kommt, als wir es uns erträumen oder wünschen. Am Gebet festzuhalten und auf seine Kraft zu vertrauen, gleicht oft einem beschwerlichen Anstieg, an dessen Ende aber ganz gewiss eine wunderbare Aussicht steht, die Gewissheit, ganz nah bei Gott zu sein.

Ich lade Sie ein, zum Abschluss auf ein Lied von Frieder Gutscher zu hören. In allem Beten können wir Gott immer nur bitten, dass er selbst uns entgegenkommt und unsere noch so kleinen und zögerlichen Gebete uns zu ihm hinführen. Auch im Gebet bleibt er der Handelnde.

Lied einspielen: Frieder Gutscher: Erscheine mir, Herr.

Freies Kerzengebet

Die TN werden eingeladen, Teelichter anzuzünden und ihre Gebetsanliegen zu formulieren. Die Kerzen werden um die große Kerze am Gipelkreuz aufgestellt. Dabei kann leise Musik gespielt werden.

Vaterunser

Segen

An dieser Stelle kann ein persönlicher Segenszuspruch stehen. Dabei geht der Leiter / die Leiterin im Kreis herum und spricht jedem / jeder einzelnen TN zu: „Gott hört dein Gebet. Geh unter dem Segen."

Abendlied zum Abschluss

Johannes Beer

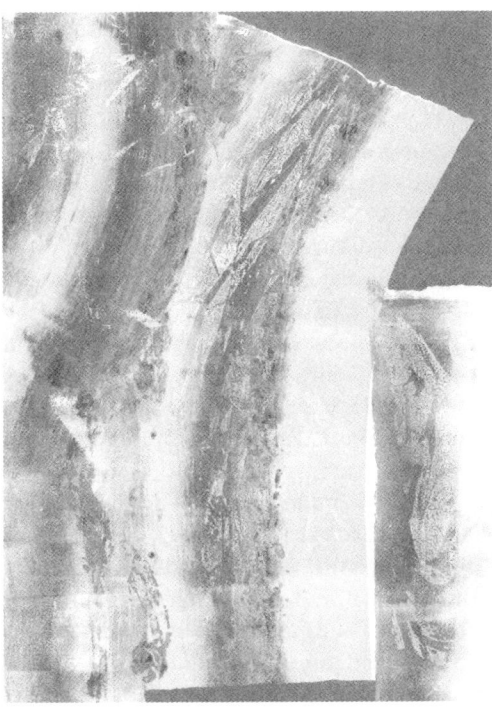

Christiane Oellerich: „Die bittende Witwe", 2018, Mischtechnik auf Papier, 38,8 x 36,8 cm

Auf diesem Bild von Christiane Oellerich finden sich senkrechte Farbstrukturen vor grauem Hintergrund. Leuchtend gelbe, orangene und hellblaue Streifen bilden einen hohen Block, der sich nach rechts neigt. Er ist oben und unten klar begrenzt. Oben links drängt eine gleichfarbige Streifenkombination ins Bild, sodass eine Wiederholung angedeutet wird. Dies Element, das entgegengesetzt gebogen ist, geht oben allerdings über den Rand hinaus und läuft nach unten hin aus. Die hellgrauen und hellblauen Elemente dieser Streifen erinnern in ihrer Struktur an die durchbrochenen abstrakten Formen der anderen Bilder. Auch rechts unten auf dem Bild, getrennt von den Streifenelementen, findet sich eine solche durchbrochene abstrakte Form. Sie ist sehr hell und steht in einem eigenen durch eine weiße Linie herausgehobenen Rechteck, klar getrennt von den Streifenelementen. Und doch gibt es in der linken oberen Ecke dieses Blockes eine kleine Überschneidung mit dem ersten Streifen.

Wenn wir nun dieses Bild vor dem Hintergrund des Lukastextes betrachten, fällt uns sofort die drängende Qualität der farbigen Streifenelemente auf. Optisch bedrängen sie geradezu den kleinen Block mit der durchbrochenen abstrakten Form. Die Witwe und den Richter finden wir auf diesem Bild nicht „ausgemalt". Und doch können wir auch hier die durchbrochenen abstrakten Formen den Personen zuordnen und so das Bild neu lesen. Ich finde in dem kleinen Block den Richter wieder. Er ist abgekapselt; sitzt da und will seine Ruhe. Aber gerade die bekommt er nicht. So kann ich dann die hellgrauen und hellblauen Elemente der farbigen Streifen mit der Witwe in Verbindung bringen. Sie kommt immer wieder und baut so Druck auf. Sie schildert ihren Fall. Sie bittet und drängt immer wieder. Sie baut immer mehr Druck auf. Sie bedrängt den Richter gewissermaßen in sich wiederholenden kräftigen Farben. Sie bittet solange, bis er hört und ihre Bitte erhört. Genauso drängend und farbig dürfen und sollen unsere Gebete sein.

7 | Kommen und gehen – Lk 24,13-35

7.1 Exegese

Prof. Dr. Christfried Böttrich

Das Lukasevangelium endet mit der großen, durchkomponierten Erzähleinheit des „Ostertages": offen, einladend, inspirierend und auf Fortsetzung hin angelegt. Die markanteste Erzählung in dieser Einheit ist die Emmausgeschichte. Ihre Eigenart hat dafür gesorgt, dass *Emmaus* geradezu als eine Art Chiffre fungiert.

Einer der am weitesten verbreiteten Glaubenskurse unserer Tage trägt diese Chiffre im Titel: „Emmaus. Auf dem Weg des Glaubens", oder „Emmaus. Dein Weg mit Gott", oder „Emmaus Street". Der Kurs zielt nicht auf Wissensvermittlung, sondern versucht, unterschiedliche Glaubensaussagen miteinander ins Gespräch zu bringen. Zu Beginn des Jugend-Kurses findet sich die Aussage: „Emmaus – das ist die beruhigende Zusage, dass man nicht immer schon am Ziel sein muss, sondern sich in Ruhe auf den Weg machen darf. Emmaus – das ist die erstaunliche Zusage, dass Gott sich für meinen Frust, meine Enttäuschung, meine Fragen und meinen Zweifel interessiert. Emmaus – das ist die ermutigende Zusage, dass der auferstandene Jesus Christus mich auf meinem Lebensweg begleitet und mir hilft, auf dem Weg des Glaubens weiterzugehen." Hier wird das Potential der Emmaus-Erzählung genutzt und für die Kommunikation des Glaubens in unserer Zeit fruchtbar gemacht.

Lk 24 ist sorgfältig strukturiert. Noch einmal weicht Lukas in dieser letzten großen Einheit deutlich von Markus ab und geht auch ganz andere Wege als Matthäus. Abgesehen von der Auferstehungsbotschaft selbst (und auch hier gibt es Eigenheiten) besteht die Periode aus Sondergut. Chronologisch hat Lukas das ganze Geschehen in den Rahmen eines einzigen Tages eingespannt. Vom Gang der Frauen am Ostermorgen zum Grab bis zur „Himmelfahrt" Jesu im Morgengrauen des folgenden Tages vergehen gerade einmal 24 Stunden. Dass sich zu Beginn der Apostelgeschichte die Zeit fortgesetzter Erscheinungen noch einmal auf insgesamt 40 Tage ausdehnt, hat mit dem Gedanken einer Vorbereitungszeit zu tun, die in dieser symbolträchtigen Zahl auf besondere Weise zum Ausdruck kommt. Interessant sind in Lk 24 erneut die strukturellen Analogien zu Johannes: Die Erscheinungen finden in Jerusalem statt, sie beziehen den Schülerkreis ein und sind auf Unterweisung und Sendung ausgerichtet. Die sogenannte „Himmelfahrt" Jesu aber ist nichts anderes als eine weitere, letzte Erscheinung des Auferstandenen.

Die Emmauserzählung bindet noch einmal alle jene Linien und Motivfäden zusammen, die sich seit Lk 1-2 entfaltet und immer wieder neu miteinander verquickt **haben.** Hier liegt der Zielpunkt des Evangeliums, und damit zugleich der Höhe- und Mittelpunkt des Lukanischen Doppelwerkes. Deshalb wird in den Kommentaren gelegentlich auch Lk 24 zum Ausgangspunkt der Erklärung gemacht und an den Anfang gestellt. In jedem Falle lässt diese Darstellung des Ostertages das theologische Profil des Evangeliums noch einmal in aller Klarheit erkennen.

1. Textstruktur

In der Emmaus-Erzählung hat Lukas verschiedene theologische Anliegen miteinander verbunden. Zusammengehalten werden sie dabei von dem Motiv des Weges, das als ihre auffälligste Signatur erscheint.

Um den Hauptteil der Erzählung ist ein Rahmen gelegt, der zwei gegenläufige Bewegungsrichtungen markiert: fort vom Ort des Geschehens, und wieder zurück. Auch hier erfolgt also noch einmal eine Art „Umkehr", die sich zugleich als Aufbruch mit weitreichenden Folgen erweist. Der Anfangsrahmen (Lk 24,13-16) führt die handelnden Personen ein. Er kennzeichnet den Weg der beiden Schüler als eine Art Absetzbewegung, weg von Jerusalem und zurück zu ihren vorherigen Lebensumständen (vgl. auch Joh 21). Sie haben mit den vergangenen Ereignissen bereits abgeschlossen, auch wenn ihnen dieselben im buchstäblichen Sinne des Wortes noch „nachgehen". Der unbekannte Wanderer aber, der sich ihnen nun anschließt, sorgt bereits für eine neue Dynamik, die in den folgenden Gesprächen dann zur Entfaltung kommen wird. Der Schlussrahmen (Lk 24,33-35) berichtet von der Rückkehr der beiden Schüler, ihrer Eile und dem Bericht von dem, was sie erlebt haben. Adressaten dieses Berichtes sind die „Elf", die noch immer in Jerusalem ausharren. Die Absetzbewegung hat also zunächst nur den weiteren Schülerkreis erfasst; die „Apostel", wie Lukas die Zwölf / Elf nennt, bewahren vorläufig noch die Ruhe. Doch auch sie haben unterdessen etwas grundstürzend Neues erlebt. Einem von ihnen, dem Simon Petrus, ist der „*kyrios* / Herr" erschienen (Lk 24,34; vgl. auch 1Kor 15,5). Die Rückkehrer tauschen mit den Zurückgebliebenen ihre Erfahrungen aus und bestärken sich gegenseitig. In der lukanischen Konzeption wird diese erzählerisch nachgeholte Erscheinung vor Petrus zur ersten, gefolgt von der zweiten Erscheinung auf dem Weg nach Emmaus und schließlich von einer dritten im Schülerkreis in Jerusalem; die Himmelfahrtserzählung stellt schließlich eine vierte und abschließende Erscheinung des Auferstandenen dar.

Den Hauptteil der Erzählung bilden zwei Einheiten, die vom Gedanken der Kommunikation getragen werden. Die erste, längere Einheit (Lk 24,17-27) besteht aus Weggesprächen. Ausgelöst werden sie von dem unbekannten Begleiter, der sich in das Gespräch der beiden Schüler einmischt. Aus seiner Frage (17) entwickeln sich drei Gesprächsgänge. Der erste (18-21a) referiert die enttäuschte Hoffnung beider „Emmausjünger", die auf die Ereignisse des Karfreitags Bezug nimmt. Der zweite (21b-24) fügt daraufhin noch die aktuellen Verunsicherungen hinzu, die aus den Ereignissen des Ostermorgens resultieren. Hier setzt der dritte Gesprächsgang an (25-27), in dem nun der fremde Wanderer das Wort ergreift und überraschend informiert eine Deutung der zurückliegenden Ereignisse beginnt. Die zweite, etwas kürzere Einheit des Mittelteiles (Lk 24,28-32) schildert sodann die abendliche Einkehr in der Herberge und ein gemeinsames Mahl. Zum Gespräch auf dem Weg tritt die Tischgemeinschaft hinzu. Dabei werden den Mahlteilnehmern „die Augen geöffnet" und sie erkennen „ihn". Dass er sich daraufhin ihrer Gegenwart entzieht, gehört zu den Stilelementen von Erscheinungsberichten. Die ganze Erzähleinheit ist von einer enormen Dynamik durchdrungen. Alles geschieht „auf dem Weg", dessen Anfang sich als Irrweg erweist und der deshalb auch folgerichtig in eine Umkehr mündet. Gleichsam „open-air" erfolgt die Aufarbeitung der als Katastrophe erlebten Ereignisse. Mit der realen Ortsveränderung entwickelt sich zugleich ein Erkenntnisprozess, der schließlich zum Umschwung, zur Umkehr und zu einem neuen Aufbruch führt. Auch diese Weggeschichte ist eine Begegnungsgeschichte, so wie das alle Erscheinungsberichte sind. **Das leere Grab vermag auch nicht annähernd zu leisten, was sich in den Erscheinungen ereignet: die direkte, persönliche Begegnung mit dem Auferstandenen.** Aus Ferne wird wieder Nähe und Gemeinschaft – und das auf eine völlig neue Weise.

2. Figurenkonstellation

Die Erzählung setzt mit dem Abschied ihrer beiden Protagonisten von Jerusalem ein. Der eine wird wenig später den Namen Kleopas erhalten; der andere bleibt anonym und wird auf diese Weise zum Platzhalter für diejenigen Leser und Leserinnen, die sich selbst in dieser Geschichte wiederfinden. Ihre Bewegung nimmt auf, was während der Passionsereignisse schon mit der Flucht der Schüler Jesu begonnen hatte. Zwar übergeht Lukas die harte Feststellung seiner Markusvorlage („Und sie verließen ihn und flohen alle." Mk 15,50) mit vornehmer Zurückhaltung, muss aber im weiteren Fortgang der Erzählung diesen Sachverhalt stillschweigend bestätigen. Die Schüler Jesu verschwinden ganz einfach von der Bildfläche – bis auf Petrus, der sich immerhin noch bis in die Höhle des Löwen wagt, dort aber schließlich von seiner Angst eingeholt wird. Die beiden „Emmausjünger" wenden sich noch am Ostertag von Jerusalem ab und kehren vermutlich wieder an ihren früheren Wohnort zurück. Das Leben, das sie einst verlassen hatten, nehmen sie nun wieder auf. Das Projekt des Propheten von Nazaret ist gescheitert. Jetzt hält wieder der Alltag Einzug.

Mit diesen beiden zunächst anonym bleibenden Erzählfiguren kommt eine Differenzierung des Anhängerkreises Jesu in den Blick. Schüler, die sich ihrem Lehrer im Modus der Nachfolge anschließen und seinen Lebensstil teilen, gibt es im Umfeld Jesu in größerer Zahl. Die Zwölf, die den inneren Kreis dieser Anhängerschaft bilden und als symbolische Größe zeichenhaft auf die Sammlung Israels bezogen sind, werden von Lukas zudem als „Apostel" bezeichnet. Sie verbleiben zunächst in Jerusalem. Da ihnen inzwischen Judas abhandengekommen ist, zählt Lukas genau nach; später wird er in Apg 1,15-26 die Komplettierung des Zwölferkreises nachholen. Die beiden „Emmausjünger" gehören indessen zum weiteren Schülerkreis. Sie signalisieren mit ihrer Absetzung von Jerusalem, was nun vermutlich weitläufig beginnt: Der Schülerkreis Jesu löst sich auf.

Allein bei Lukas bleiben alle Ostererscheinungen auf Jerusalem konzentriert. Bei Matthäus werden die Schüler nach Galiläa bestellt, wo ihnen der Auferstandene „auf einem Berg" erscheint; bei Johannes gibt es Erscheinungen sowohl in Jerusalem als auch am See Tiberias. Für Lukas aber führen alle Wege nach Jerusalem als dem maßgeblichen Ort der Heilsoffenbarung Gottes; erneut wird Jerusalem dann für ihn zum Ausgangspunkt jenes Weges, der schließlich bis „an die Enden der Erde" führt. Dennoch weiß natürlich auch Lukas um die zentrifugalen Kräfte, die im Anhängerkreis Jesu wirksam werden. Er deutet sie jedoch nur kurz an. Die „Emmausjünger" setzen sich ab, kehren aber schon nach kurzer Zeit wieder zurück. Ihr Weg fort von Jerusalem beginnt als Flucht und erweist sich darin als Irrweg. In Kürze werden sie erneut von Jerusalem fortgehen. Dann aber ist ihr Weg ein Aufbruch zu neuen Horizonten.

Einer der beiden anonymen Schüler, der in der Erzählung die Rolle des Wortführers übernimmt, wird in Lk 24,18 namentlich identifiziert: Kleopas. Ein Namensvetter mit der modifizierten Form Klopas findet sich in Joh 19,25; dort ist er der Mann jener Maria, die als Schwester der Mutter Jesu bezeichnet wird. Nach Hegesipp (im 4. Jh. von Eusebius zitiert) soll jener Klopas sogar der Bruder Josefs gewesen sein. Beide Schwestern (zwei Marien) hätten also Brüder geheiratet, sodass der Klopas aus Joh 19,25 ein Onkel Jesu wäre. Sind beide Namensträger identisch? Lukas lässt jedenfalls kein Interesse an einer solchen verwandtschaftlichen Beziehung erkennen. Sie würde der Begegnung auf dem Weg freilich noch einmal eine besondere Brisanz verleihen: Kleopas / Klopas verkennt nicht nur den „Herrn", sondern in ihm auch seinen eigenen Neffen. Sachlich trüge dieses Detail aber letztlich nicht viel aus: Die Augen der beiden „sind gehalten" ganz unabhängig davon, wie nahe oder fern sie dem fremden Wanderer einmal standen.

Das entscheidende Moment, durch das Kleopas charakterisiert wird, besteht in der Fixierung seiner Gedanken. Auf die Frage des Wanderers hin bleibt er stehen, „finster dreinschauend" (so Lk 24,17 wörtlich). Er ist ganz in seinen Erinnerungen gefangen, die um die immer gleichen Ereignisse kreisen. Er vermag sich nicht vorzustellen, dass der Fremde von alledem tatsächlich nichts wissen könne – denn für ihn gibt es kein anderes Thema als dieses. Daraus resultiert die Bedeutungsperspektive, die er seinem eigenen Erleben von Karfreitag und Ostern beimisst: „keinem Einzigen, der sich in Jerusalem aufhält", kann dies entgangen sein! Sein kurzer Bericht bringt in der Folge eine abgrundtiefe Verunsicherung zum Vorschein. Weder kann er den Tod Jesu noch die verwirrende Mitteilung der Frauen einordnen. Beides scheint ihn völlig unvorbereitet getroffen zu haben. Sein schweigender Gefährte stimmt in dieser Haltung vermutlich mit ihm überein.

Die Weggespräche, die den Hauptteil der Erzählung einnehmen, leben von der ungleichen, asymmetrischen Beziehung der Gesprächspartner. Die Leserschaft des Lukas befindet sich hier gegenüber den Protagonisten auf der Erzählebene im Vorteil. Sie weiß schon vom dritten Vers an, dass es sich bei dem Fremden um Jesus handelt. Kleopas und sein Gefährte indessen tappen im Dunkeln. Sie staunen über die Ahnungslosigkeit des Fremden und klären ihn auf. Dabei geben sie viel von ihrer Gemütslage preis. Der Fremde aber, der sich als guter Zuhörer erweist, lässt Kleopas reden. Es ist ein Stück Seelsorge, was da auf dem Weg geschieht. Der Fremde ergreift erst wieder das Wort, als der entscheidende Satz gefallen ist: Kleopas beklagt, dass die Frauen den Auferstandenen selbst nicht gesehen hätten – nichtsahnend, was er ihnen da inzwischen schon voraushat. Auch der folgende Redebeitrag des Fremden führt noch nicht dazu, dass Kleopas die Augen geöffnet würden.

Die Charakterisierung Jesu erfolgt kurz und knapp. Einführend wird er mit seinem Eigennamen bezeichnet; bei ihrer Rückkehr sprechen die beiden Schüler von dem *„kyrios / Herrn"*. Jesu Antwort beginnt mit einem Tadel, der zu seiner anfangs bekundeten Ahnungslosigkeit („Was denn?") nicht recht passen will. Was er von Kleopas vernommen hat genügt, um Unverstand und Herzensträgheit zu diagnostizieren. Das heißt – beide könnten durchaus in der Lage sein, von selbst den Zusammenhang der Ereignisse zu begreifen. Es ist kein Zufall, dass der Auferstandene dafür auf die Leidensankündigungen verweist, die auf der Erzählebene schon den Weg Jesu seit Galiläa begleiten (Lk 9,22.44; 18,32-33). Auch den Frauen am Grab hatten die beiden Gottesboten entgegengehalten: „Erinnert euch, wie er zu euch geredet hat, als er noch in Galiläa war ..." (Lk 24,6), um daraufhin die erste Leidensankündigung zu zitieren. Die Frauen beginnen sofort mit dieser Erinnerungsarbeit, während sich Kleopas und sein Gefährte damit noch schwertun. Denn offenbar haben auch sie die Mitteilung der Frauen am Morgen gemeinsam mit den Anderen nur als „Geschwätz" abgetan (Lk 24,11). Nun stellt Jesus selbst diesen Zusammenhang her und lenkt dabei den Blick seiner Gesprächspartner bis weit zurück in die Geschichte Israels. Damit kehrt sich seine Rolle um – vom scheinbar ahnungslosen Zuhörer zum kundigen Interpreten.

Diese umgekehrte Rollenverteilung bleibt auch in der Herbergsszene bestehen. Am Abend haben die beiden ihren Zielort erreicht. Ob das Haus, in das sie den Weggefährten einladen, ihr eigenes ist oder nur eine Herberge, kann offenbleiben. In jedem Falle benimmt sich der Gast untypisch. Indem er zum Brot greift, den Segen spricht und das Brot schließlich verteilt, übernimmt er die Rolle des Hausvaters. **Das wird der Punkt, an dem die beiden „Emmausjün-ger" Jesus erkennen.** Man muss nicht spekulieren, ob dafür eine Geste, der Klang der Stimme oder irgendein kleines Erkennungszeichen den Ausschlag gibt. **Die Erinnerung an die frühere Mahlgemeinschaft wirkt stärker als der theologische Diskurs.**

Zugleich zeigt sich an dieser Stelle jedoch auch, dass der Auferstandene und seine Schüler nicht einfach wieder zu gewohnter Gemeinschaft zurückkehren. Der Auferstandene ist noch immer erkennbar als der, der er einmal war. Aber jetzt ist er auf eine völlig neue, andere Weise da. Er ist kein Geist, denn er isst und trinkt. Aber er vermag auch das, was kein Mensch sonst vermag – nämlich sich zu zeigen und sich wieder zu entziehen. Bei Johannes wird er dann durch verschlossene Türen gehen. An der Körperlichkeit des Auferstandenen besteht kein Zweifel. Aber die Art dieser Körperlichkeit ist eine gänzlich andere, unvorstellbare. Das versucht Lukas (wie die anderen Evangelisten auch) unter anderem durch diesen merkwür-digen Wechsel zwischen Erscheinen und Verschwinden zu umschreiben.

Die Schlusskonstellation kehrt wieder zum Kreis der Elf zurück, deren zahlenmäßig angedeu-tetes Defizit noch an den Verlust des Judas und die Turbulenzen des Karfreitags erinnert. Aus diesen Zwei und den Elf entsteht nun so etwas wie der „harte Kern" der Jerusalemer Ur-sprungsgemeinde, zu der dann in Apg 1,14 auch noch die „Frauen und Maria, die Mutter Jesu, und seine Brüder" hinzugezählt werden. Sie alle teilen die Erfahrung, dem Auferstandenen begegnet zu sein – und erst aus der gegenseitigen Bestätigung dieser Erfahrung erwächst allmählich ihr gemeinsamer Osterglaube.

3. Sachinformationen

Der Ortsname Emmaus stellt für die historische Topographie ein Problem dar. Dem Touristen, der Israel besucht, werden heute allein sechs verschiedene Ortslagen angeboten, die das an-tike Emmaus sein könnten. Dass es 60 Stadien (ca. 11 km) von Jerusalem entfernt liegt, hilft auch nicht viel weiter, weil es sich hier offensichtlich nur um eine runde Größe handelt, für die man etwa zwei Wegstunden benötigt. Immerhin scheint an dem Namen eine Ortstraditi-on aus dem Umfeld Jerusalems zu haften, die zeigt: Bei aller Konzentration auf die heilige Stadt erfolgen auch für Lukas die Erscheinungen des Auferstandenen in einem größeren Einzugsbereich.

Das Referat der Ereignisse im Munde des Kleopas ist von Lukas nach Art der Volksmeinung stilisiert worden, die bis in den Schülerkreis Jesu hinein vertreten wird. Jesus gilt demnach als „prophetischer Mann, mächtig in Werk und Wort vor Gott und allem Volk". Für das To-desurteil und die Kreuzigung werden ausschließlich „die Hohenpriester und unsere Oberen" verantwortlich gemacht; diese völlige Entlastung der Römer geht in den Worten des Kleopas noch weiter als in der lukanischen Darstellung des Prozesses Jesu zuvor. Offen bleibt die Enttäuschung hinsichtlich der „Erlösung Israels". Die Beschreibung der Osterereignisse hält sich eng an die lukanische Erzählung, bis hin zu einem Verweis auf den Kontrollgang des Petrus zum Grab. Aus alledem folgt nur Eines: Das Geschehen von Tod und Auferstehung Jesu erschließt sich nicht von selbst. Es bedarf einer Deutung, die erst noch gefunden werden muss.

Der unerkannte Auferstandene gründet seine Interpretation der Ereignisse auf „die Schriften" – angefangen bei „Mose und allen Propheten". Liegen denn die Schriften Israels zu dieser Zeit schon allgemein zugänglich vor? Wenig später, als Jesus im Kreise seiner Schüler erscheint, beruft er sich von Neuem auf alles, „was über mich geschrieben steht in dem Gesetz des Mose und den Propheten und den Psalmen" (Lk 24,44). Gelegentlich hat man darin schon einen dreigeteilten Kanon erkennen wollen, aber das ginge sicher zu weit. Wichtig ist allein, dass genau diese noch im Werden begriffene Sammlung von Schriften nun zur entscheidenden Bezugsgröße für die Christologie wird. Die erste Generation liest möglicherweise noch im hebräischen Text. Lukas und seine Zeit benutzen dann schon die griechische Septuaginta. Sie teilen die grundlegende Überzeugung, dass die Heilsbedeutung von Tod und Auferstehung Jesu nur im Lichte dieser Schriften und damit im Lichte der Geschichte Israels zu verstehen ist.

Der Gestus des Brotbrechens während der abschließenden Mahlszene (Lk 24,30) darf nicht zu schnell auf die eucharistische Praxis der frühen Christenheit gedeutet werden. Er beschreibt zunächst nur, was bei jeder normalen Sättigungsmahlzeit geschieht: Immer geht der Segen voraus, und der Hausvater bricht das Brot, weshalb „Brotbrechen" geradezu synonym für „Mahl halten" gebraucht werden kann. Dennoch klingt zur Zeit des Lukas die christliche Mahlpraxis inzwischen unweigerlich mit. Die Idee von Christus selbst als dem Gastgeber könnte kaum eindrücklicher vorgestellt werden, als es hier geschieht.

4. Schwerpunktthemen

In der Emmauserzählung laufen viele Themenlinien zusammen, die zuvor schon das Evangelium durchzogen haben. Nur einige wenige soll im Folgenden noch einmal aufgerufen werden.

Weg-Metaphorik – Theologie im Werden
Lk 24,13-35 stellt einen Höhepunkt wie auch eine Umschaltstelle im Blick auf die Weg-Metaphorik des lukanischen Doppelwerkes dar. Dass der Auferstandene *auf dem Weg* erscheint, hat Bedeutung. Er begegnet seinen Schülern nicht etwa in der Ruhe eines vertrauten Ortes, sondern im Modus von Bewegung, Aufbruch und Veränderung. Die Zielrichtung Emmaus bleibt dafür ohne Belang. Es könnte auch jede andere beliebige Straße sein – so wie es später für Paulus die Straße nach Damaskus wird. Schon bald bevölkern die Boten des Evangeliums die großen Verkehrswege des Imperiums und sind selbst auf abgelegenen Wegen in fernen Provinzen zu finden. **„Unterwegs" entfaltet der Auferstandene seine Theologie** – und das mit einem doppelten Effekt: Einerseits bedarf die Verkündigung der ganz realen Mobilität, um zu ihren Adressatinnen und Adressaten zu gelangen; andererseits entspricht diese Mobilität aber auch den neuen Denkwegen, auf denen der Aufbruch hin zur Völkerwelt beginnt. Dabei sind auch Um- und Irrwege nicht ausgeschlossen. Die „Emmausjünger" vollziehen in der Erzählung wenigstens drei Bewegungen: a) den Fluchtweg fort vom Ort der Enttäuschung zurück in den Alltag und ihrer früheren Tagesordnung, b) die Umkehr von diesem Weg zwecks Mitteilung ihrer neuen Erfahrung an die hinterbliebenen Schüler, c) den späteren Aufbruch auf dem einstigen Fluchtweg – nun aber mit einer neuen Intention zur Verbreitung der frohen Botschaft „bis an die Enden der Erde" (Apg 1,8). Das entscheidende Moment aber stellt die Weggemeinschaft dar – miteinander und mit dem auferstandenen Herrn, der so oder so mit seiner Gemeinde mitgeht bzw. „bei ihr bleibt" (Lk 24,29).

7.1 EXEGESE

Abbruch und Neubeginn – Deutungen des Todes Jesu

Die Auskünfte des Kleopas in Lk 24,17-24 formulieren in großer Klarheit, wie die Anhänger Jesu Karfreitag und Ostern erleben: verstörend und unbegreiflich. Das gewaltsame Ende Jesu bedeutet für sie das Ende aller Hoffnungen. Nicht weniger irritiert hören sie am Ostermorgen die Mitteilung der Frauen, dass Jesus auferstanden sei – Worte, die sie nicht einordnen können. Ostern steht nicht etwa schon in ihrem Kalender. Vielmehr stellt für sie der Tod Jesu einen wirklichen Bruch dar, und die Auferstehungsbotschaft einen wirklichen Neubeginn. Ob und wie beides zusammenhängt, liegt weder auf der Hand noch irgendwie in der Luft. Die Bewältigung der Erlebnisse, die auf dem Weg nach Emmaus einsetzt, erfordert einen erheblichen rationalen und emotionalen Aufwand. Mit der Deutung des Todes Jesu, die erst von der Ostererfahrung her möglich wird, beginnt die theologische Arbeit der frühen Christenheit. Sie bedient sich dazu der Bezugsgröße der „Schriften". Der entscheidende Impuls aber kommt von außen – von dem Auferstandenen selbst, der auf dem Weg Christologie in eigener Sache betreibt. Für diesen Prozess, der sich zu einem großen Gemeinschaftsprojekt entwickelt, bedarf es nach Lk 24 vor allem dreier Dinge: der persönlichen Begegnung, des klaren und reflektierten Denkens und eines brennenden Herzens. Mit diesem Impuls kehren die „Emmausjünger" nach Jerusalem zurück.

Erscheinungsberichte – die Kraft der Begegnung

Die Ostererscheinungen sind die letzten großen Begegnungsgeschichten im Lukasevangelium. Sie allein sind es, die dem Glauben an den Auferstandenen Halt und Gewissheit geben. Das wird besonders im Gegenüber zu der Graberzählung deutlich. Drastisch stellt der Evangelist Markus dar, was das leere Grab auslöst – nämlich nichts als Angst und Schrecken; die Frauen sind von dem unerwarteten Befund derart verunsichert, dass sie noch nicht einmal den Auftrag des Gottesboten ausrichten. Matthäus liefert dann auch gleich noch die nächstliegende Erklärung mit: Der Leichnam könnte ja heimlich beiseitegeschafft worden sein. Nicht anders vermutet es Maria Magdalena bei Johannes. Auch Lukas ist sich dieser Problematik bewusst. Aus diesem Grunde lässt er die „Emmausjünger" deshalb das entscheidende Manko ganz unmissverständlich formulieren: „Ihn aber sahen sie nicht!" (Lk 24,24) Das leere Grab bleibt vieldeutig. Indizien können einen Sachverhalt stützen, aber nicht abschließend beweisen. Dazu bedarf es eines persönlichen Zeugnisses. Deshalb macht Lukas auch die Begegnung mit dem Auferstandenen „auf dem Weg" zum Herzstück des Ostertages. Die Emmausgeschichte folgt dabei wieder dem Muster der „Rekognitionserscheinung", bei der die Identität des Erscheinenden erst im Verlauf des Geschehens offenbar wird. Mit der nachfolgenden Erscheinung Jesu im Schülerkreis (Lk 24,36-49) schließt er noch eine „Auftragserscheinung" an, die auf die Sendung und Geistbegabung der Versammelten hinausläuft. Denn auch eine Begegnung allein reicht noch nicht aus. Es braucht die Erfahrungen vieler. Und so erzählt Lukas mindestens drei Erscheinungen. Die anderen Evangelisten fügen weitere hinzu; selbst Paulus hält es für wichtig, eine ganze Liste von Zeugen anzuführen, denen der Auferstandene begegnet ist (1Kor 15,5-8). **Erst dem „kumulativen Effekt" all dieser Begegnungen verdankt sich schließlich der Durchbruch des Osterglaubens.** Aus dem Bekenntnis der ersten Zeugen wird das Bekenntnis der Kirche, in das dann die folgenden Generationen einstimmen – bis zum heutigen Tag.

Christologie – Bild mit Facetten

Die „Emmausjünger" vertreten eine Christologie, die noch ganz in den Anfängen stecken geblieben ist. Dass sie in Jesus einen „prophetischen Mann" sehen, entspricht dem Bild, das Lukas von dem galiläischen Prediger und Wundertäter zeichnet. Doch das Messiasbekenntnis des Petrus (Lk 9,18-22) geht schon ein ganzes Stück darüber hinaus. Und auch der politische Messianismus, den beide Schüler mit ihrer Prophetenchristologie verbinden, ist durch die Leidensankündigungen längst überholt. Hier setzt der Auferstandene an: „Musste der Christus nicht dieses leiden und so in seine Herrlichkeit hineingehen?" (Lk 24,26) **Die Vorstellung eines leidenden Messias, der durch den Tod zur Herrlichkeit Gottes gelangt: Das ist das neue christologische Konzept,** welches sich nun erst im Rückblick auf Karfreitag und Ostern ergibt. Inwiefern schon „die Propheten davon geredet" hätten, bleibt nun zu ermitteln. Dazu bedarf es einer Lektüre der „Schriften", die verschiedene prophetische Aussagen miteinander verbindet und in einen neuen Zusammenhang stellt. Die Lieder vom leidenden Gottesknecht aus dem Jesajabuch werden dabei eine ganz besondere Rolle spielen. In den Weggesprächen der Emmausgeschichte blitzt somit schon etwas auf von dieser neuen, formativen Phase des frühen christologischen Diskurses.

Mose und alle Propheten – die Einheit der Schriften

Für Lukas steht fest: Die Geschichte Jesu Christi ist ein integraler Bestandteil der Geschichte Gottes mit Israel. Eine „neue Religion" wird damit jedenfalls nicht geboren. Deshalb eröffnen „die Schriften" auch einen einzigen großen „Wahrheitsraum", in dem die Geschichte Israels und die Jesus-Christus-Geschichte gemeinsam beheimatet sind. Mit dieser Einsicht hat sich die Christenheit der folgenden Generationen jedoch immer wieder schwergetan. Je weiter man sich von Israel entfernt, umso mehr entfernt man sich auch von seinen Schriften. Vom 2. Jh. an wächst die Bereitschaft, das „Alte Testament" lediglich als eine Vorstufe zu betrachten, die man mit dem „Neuen Testament" dann irgendwann auch einmal hinter sich lassen könne. Solchen Versuchen stehen jedoch nicht zuletzt Texte wie die Emmausgeschichte entgegen. Hier erscheint der Auferstandene selbst in der Rolle des Exegeten, der Mose und die Propheten zu Gewährsleuten macht für den Weg des Messias „durch Leiden zur Herrlichkeit". Die Schriften leisten dabei nicht nur eine befristete Starthilfe für die Christologie, sondern sind vielmehr deren Herzstück und bleibender Bestandteil.

Mahlgemeinschaft – Stärkung auf dem Weg

Die Mahlszene in Lk 24,30 schlägt schon einen Bogen zu dem, was die Versammlung der Jerusalemer Ursprungsgemeinde nach Apg 2,42 einmal prägen wird: „Sie blieben aber beständig in der Lehre der Apostel und in der Gemeinschaft und im Brotbrechen und im Gebet." Theologie, Mahlgemeinschaft und Gebet bilden den Dreiklang, der das Leben der christusgläubigen Gemeinde bestimmt. In der Emmausgeschichte ist die vorgestellte Mahlzeit zunächst noch frei von allen eucharistischen Bezügen, enthält aber bereits ein Element, das auch künftig von Bedeutung sein wird: Mahlgemeinschaft ist Gemeinschaft mit dem Auferstandenen und bietet Wegzehrung für Menschen, die im Aufbruch sind. Das Mahl ist kein erstarrtes, konserviertes Ritual, sondern ein dynamisches Geschehen, das stärkt und motiviert. Auch die Mahlgemeinschaft ist Gemeinschaft auf dem Weg.

5. Ausblick

In der Emmausgeschichte fließt alles zusammen, was für den Theologen Lukas wichtig ist: Begegnung und Kommunikation, Weggemeinschaft und Orientierung, Umkehr und Aufbruch, Stärkung und Vergewisserung. Dabei scheut Lukas auch nicht vor großen Emotionen zurück, die von dem „finster dreinblickenden" Kleopas (Lk 24,17) über das „brennende Herz" (Lk 24,32) bis hin zu den „geöffneten Augen" (Lk 24,31) reichen. Über allem aber steht die „Freude", von der die Schüler Jesu nun bewegt werden. Dabei ist „Freude" für Lukas nicht nur ein Topos unter vielen anderen, sondern die Grundmelodie seiner Theologie überhaupt. Während Markus seine Erzählung auf die Leidensgeschichte hin ausrichtet und Matthäus das kommende Gericht betont, spannt Lukas einen großen Bogen, der von der „Freudenbotschaft" der Engel auf den Hirtenfeldern vor Bethlehem (Lk 2,10) bis hin zu der „großen Freude" der Jerusalemer Gemeinde am Ostertag (Lk 24,52) reicht. Wo sich der Verstand mit einem brennenden Herzen verbindet, macht auch das Evangelium seinem Namen als „frohe Botschaft" alle Ehre!

7.2 Der Text heute – Themen und Bausteine

Kerstin Offermann

Der Weg des Kleopas und der einer anderen namenlosen Person nach Emmaus ist für viele ein Sinnbild ihres Glaubensweges. In den Download-Materialien finden Sie dazu zwei Angebote, die die TN auf den Weg mit und zu Jesus mitnehmen: eine Predigt (mit der dazugehörigen Powerpoint-Präsentation) von Stephan Zeipelt, die anhand von Verkehrszeichen diesen Glaubensweg nachzeichnet, **sowie eine Stufen des Lebens-Einheit zur Emmaus-Geschichte.**

 Es ist durchaus möglich, dass die namenlose Person eine Frau ist. So wird sie auf der Ikone „Weg nach Emmaus" von Sr. Maria Paul dargestellt. Zu finden unter: https://bibliologberlin.files.wordpress.com/2012/05/patrick-comerford-ikone-emmaus-2.png
Diese Ikone zu betrachten, kann für die TN auch eine Möglichkeit sein, sich selbst in der Geschichte wiederzufinden.

Indem die Glaubensgeschwister gemeinsam unterwegs sind und über ihre Fragen und Zweifel, über ihre Enttäuschungen und Erwartungen gemeinsam reden und nachdenken, geht Jesus mit. Selbst, wenn der Weg scheinbar von Jesus wegführt, geht Jesus doch mit. Er gibt sie nicht auf, selbst wenn sie ihn aufgegeben haben. Sie dürfen ihre Enttäuschung, ihre Fragen und Zweifel äußern. Es ist ein Weg der Trauerbegleitung, aber auch der neuen Entdeckungen und des Glaubenswachstums.
Die JüngerInnen wissen es noch nicht, aber ihre Enttäuschung lässt ihren Glauben und ihre Gotteserkenntnis wachsen. Ohne diese Enttäuschung wären sie in ihrem vorherigen unreifen Glauben stecken geblieben und Jesus nicht in dieser Nähe persönlich begegnet. Auch unser Glauben muss wachsen und sich entfalten. Dabei spielen Enttäuschungen oft eine schmerzhafte, aber wichtige Rolle. Das Bild, das wir heute von Jesus haben, die Art, wie wir heute über Gott

denken oder wie wir unseren Glauben leben, sind vermutlich nicht dieselben, die wir in unserer Kindheit hatten.

 Bitten Sie die TN kurz zu überlegen, wie sie die Veränderung ihres Glaubenslebens / Gottesbildes bei sich erlebt haben oder erleben. Wenn die TN möchten, können sie den anderen etwas über diese Erfahrung erzählen.

In dieser Geschichte ist es eine erstaunliche Wendung, dass die JüngerInnen in dem Auferstandenen nicht Jesus erkennen. Ähnlich erkennt im Johannesevangelium Maria den Auferstandenen Jesus nicht, sondern hält ihn für den Gärtner. Auch Petrus erkennt Jesus nicht, als er am Ufer auf sie wartet. Offensichtlich reicht bei den EmmausjüngerInnen weder die Botschaft der Engel noch die Begegnung mit Jesus aus, um ihnen klar werden zu lassen, dass Jesus tatsächlich wieder lebendig ist und mit ihnen unterwegs ist.
Was führt dazu, dass Menschen den Auferstandenen wirklich erkennen und an ihn glauben können? Tragen Sie mit den TN zusammen: Was führt in dieser Geschichte zum Glauben? Was führt in den anderen Geschichten dazu, dass Menschen Jesus erkennen und an ihn glauben? Auch in den letzten Einheiten ging es immer wieder darum, in die Nähe zu Jesus zu kommen und zu erkennen, wer er ist.

 Tragen sie zusammen: Jesus begegnen Menschen in ihrem Herzen, in der Gemeinschaft, in Diskussionen, im Bibel lesen, im Abendmahl, im Gebet, im emotionales Ergriffensein, in der Freude, durch den Heiligen Geist, im Zeugnis andere, im Fragen, im Suchen, im Schweigen, im Scheitern, in der Enttäuschung.

„Der Glaube an den Auferstandenen bleibt aber ein Osterwunder. Er ist ein Schöpfungsakt Gottes, so wie Gott Jesus aus dem Tod ruft, ruft er den Glauben in Menschen hervor. „Denn Ostern ist nicht eine paradoxe Behauptung gegen alle Wirklichkeit, sondern eine Erfahrung des in Jesus lebendigen und siegreichen Gottes." (Klaus Berger, *Kommentar zum Neuen Testament,* Gütersloh 2011, S. 312)
Die erste Erkenntniswelle, die die EmmausjüngerInnen erfasst, hängt mit der Betrachtung der Schriften zusammen. Sie lesen quasi mit Jesus gemeinsam in der Bibel, so wie wir es ja auch tun. Woran liegt es, dass die JüngerInnen nicht verstehen und missverstehen, worum es in den Schriften geht? Was hilft ihnen dann doch noch, zu verstehen? Teilen Sie auch hier mit den TN die Beobachtungen am Text und ihre eigenen Erfahrungen. Was hilft ihnen beim Bibellesen? Jesus deutet den JüngerInnen die Kreuzigung aus den Texten des Alten Testamentes. Welche Deutungen des Kreuzes sind die TN geläufig? (vgl. inhaltlich und methodisch die Bibelarbeit auf S. 138) Wie verstehen sie selbst die Aussage, dass „der Messias das alles erleiden musste, um zu seiner Herrlichkeit zu gelangen"? Sie erkennen Jesus aber in ihrem Bibelstudium nicht nur intellektuell. Ihr Herz brennt. **Das Herz ist nach dem biblischen Zeugnis Ort der Gottesbegegnung** oder des Gottesverhältnisses, sowohl der Gotteserkenntnis als auch der ethischen Entscheidungen.
Wenn das Herz brennt, dann ist das ein Hinweis darauf, dass der Heilige Geist hier am Werk ist. Die Dynamik des Feuers steht für den Heiligen Geist und für die Liebe, die er in den Herzen der Menschen entflammt. Es geht nie um ein rein intellektuelles Erkennen Gottes, obwohl das Denken und Nachdenken auch eine wichtige Rolle dabei spielen. Schließlich bindet sich auch Jesus hier an die Schrift, die man heute in gedruckter Form studieren und reflektieren

kann. Aber Gotteserkenntnis umfasst immer auch das Herz, also die Gefühle und die Entscheidungen und die daraus folgenden Taten: Sie erweckt Freude und entzündet Liebe. Dieser Zusammenhang kommt sehr schön in dem Taizé Lied: *Tu sei sogente viva* zum Ausdruck. Nachzuhören unter: https://m.youtube.com/watch?v=XRgb4hlTFXw

Ein weiterer Augenöffner für die EmmausjüngerInnen ist das Essen, bei dem ihnen endlich die Augen geöffnet werden. Das gemeinsame Essen war nicht nur ein Charakteristikum und eine Vorliebe des irdischen Jesus, sondern auch ein Erkennungszeichen der ersten ChristInnen. Jesus teilt seine Zeit, sein Essen und damit auch in besonderer Weise sein Leben mit seinen Freunden: Das ist mein Leib, für euch gegeben. So wie Jesus teilen auch die ChristInnen das Lebensnotwendige und ihr Leben miteinander. Im wörtlichen wie im übertragenen Sinne wird diese Mahl- und Lebensgemeinschaft zum Sinnbild für ein Leben mit Jesus. Dazu gehört auch das gemeinsame Feiern und das gemeinsame Essen und Trinken.

 Feiern Sie mit den TN zum Abschluss der Bibelwoche ein solches gemeinsames Mahl: Feiern sie gemeinsam Abendmahl, in der Form, in der es die TN gewohnt sind, oder feiern sie ein gemeinsames Abendessen, mit leckerem Essen und Trinken, guter Musik und gemeinsamem Lachen (auch dazu vgl. Ideen in der Bibelarbeit, S. 138).

Die EmmausjüngerInnen sind schon vor dem gemeinsamen Essen auf dem Weg – im gemeinsamen Nachsinnen über die Bibel, im Gespräch mit Jesus – in ihrem Herzen angerührt, bewegt und verändert worden. Sie möchten ihren Begleiter, der sie so tief berührt hat, nicht gehen lassen. Sie haben Angst, schon wieder jemanden zu verlieren, den sie liebgewonnen haben. Die Bitte „Bleibe bei uns!" stellt die Mitte der Erzählung dar (so T. P. Osborne). Vielleicht kommen uns in unserer heutigen Zeit die EmmausjüngerInnen in dieser Bitte am nächsten; die Kirche stimmt vielstimmig in diese Bitte ein: Herr, bleibe bei uns, am Abend des Tages, am Abend des Lebens, am Abend der Welt. In einem altkirchlichen Abendgebet findet sich diese Bitte wieder (vgl.: GL 18,7):

Bleibe bei uns, Herr,
denn es will Abend werden,
und der Tag hat sich geneigt.
Bleibe bei uns
und bei deiner ganzen Kirche!
Bleibe bei uns am Abend des Tages,
am Abend des Lebens,
am Abend der Welt!
Bleibe bei uns mit deiner Gnade und Güte,
mit deinem heiligen Wort und Sakrament,
mit deinem Trost und Segen!
Bleibe bei uns, wenn über uns kommt
die Nacht der Trübsal und Angst,
die Nacht des Zweifels und der Anfechtung,
die Nacht des bitteren Todes!
Bleibe bei uns
und bei allen deinen Gläubigen
in Zeit und Ewigkeit!

In gesungener Form gibt es dieses Gebet auch als Kanon, „Herr bleibe bei uns, denn es will Abend werden und der Tag hat sich geneiget!" (GL 89; EG 483), oder als Taizé-Lied: Rest a con noi, o signore, nachzuhören auf https://m.youtube.com/watch?v=fKSHbpzILKA

Diese Bitte spiegelt auch die Erfahrung der EmmausjüngerInnen, dass Jesus sich ihnen wieder entzieht. Darin begegnet uns das Ringen der christlichen Gemeinde mit der Realität beider Wirklichkeiten: Jesus ist präsent, aber nicht verfügbar. Die Gegenwart Gottes mitten unter uns erfahren wir immer nur, wenn sie sich selbst aktuell erfahrbar macht, im Abendmahl, im Bibellesen, im Gottesdienst, im Gespräch miteinander, im Gespräch mit Jesus selbst. Aber wir glauben Gottes Anwesenheit auch jenseits der aktuellen Erfahrung, getragen durch Jesu Versprechen: „Wo zwei oder drei in meinem Namen versammelt sind, da bin ich mitten unter ihnen. (Matth 18,20)

Im **Gebet** antworten wir auf diese Gegenwart Jesu Christi mitten unter uns. Wir nehmen auch die Menschen in diese Gemeinschaft mit hinein, auf deren Anliegen der heutige Text ein Augenmerk richten lässt: Wir bitten für Verzweifelte und Enttäuschte und für deren BegleiterInnen; für Telefonseelsorge, Beratungszentren, PfarrerInnen; für Menschen, die auf der Suche sind, für Menschen, die unterwegs sind zu einer neuen Heimat. (Die Bibelwoche beinhaltet das Angebot, Gebet einzuüben. Methoden und Ideen, dies gemeinschaftlich zu tun, finden Sie im Downloadbereich.)

Sie kannten ihn nicht

Abermals gingen einige über sein Feld zur Abendzeit.
Der Himmel war dunkel. Wind ging. Das Korn blühte weit.
Sie gingen gebeugt und schwer im letzten Licht.
Ein fremder Mann ging mit ihnen. Sie kannten ihn nicht.
Sie waren traurig, weil Jesus gestorben war.
Aber einmal sagte einer: Es ist sonderbar.
Er starb für sich. Und starb ohne Sinn und Gewinn.
Dass ich auch nicht leben mag: dass ich einsam bin.
Sagte ein anderer: Er wußte wohl nicht, was uns frommt.
Sagte ein dritter: ich glaube nicht, dass er wiederkommt.
Sie gingen gebeugt und schwer im Licht.
Ein fremder Mann ging mit ihnen. Sie kannten ihn nicht.
Und einer sah übers Ährenfeld und fühlte seine Augen brennen.
Und sprach: Dass es Menschen gibt, die für Menschen sterben können!
Und er fühlte Stauen in sich (als er weiterspann):
Und dass es Dinge gibt, für die man sterben kann.
Und jeder hat sie, und er hat sie nicht.l
Weil er's nicht weiß. - Das sagte er im allerletzten Licht.
Es war ein junger Mensch. Es ging um die Abendzeit.
Der Himmel war dunkel. Wind ging. Das Korn blühte weit.
Sie gingen gebeugt und schwer im letzten Licht.
Ein fremder Mann ging mit ihnen. Sie kannten ihn nicht.

Bertolt Brecht, Die Bibel in den Worten der Dichter

7.3 Vorschlag für eine Bibelarbeit

Kerstin Dominika-Urban

Inhaltlicher Schwerpunkt

Der Text für den letzten Bibelwochenabend lädt zu Begegnung in Bewegung ein. Insofern ist dieser Entwurf so geplant, dass Menschen miteinander unterwegs sind. Das kann ein kurzer Weg um den jeweiligen Veranstaltungsort sein, ein größerer Kirchenraum oder auch ein entsprechend gestalteter Innenraum im Gemeindehaus.

Die Idee ist, dass TN jeweils zu zweit unterwegs sind. Ausgangspunkt ist die Geschichte der Emmausjünger. Auf dem Weg haben die TN die Möglichkeit, diesen Weg, den die beiden Jünger von Jerusalem aus gegangen sind, nachzuempfinden und eigene Fragestellungen, Ängste, Sehnsucht miteinander ins Gespräch zu bringen.

Der Abend mündet in einer besonderen Begegnung – es könnte eine Agapefeier sein, mit der noch einmal besonders Qualität in der Begegnung mit Jesus deutlich werden kann.

Material
→ Bibeltext (Teilnehmerheft)
→ kleine Zettel und Stifte.
→ vorbereitete Zettel mit dem Text Lukas 24, 25-28.
→ Brot, Wasser, Saft, Weiteres für die Agapefeier.

Raumgestaltung
Zu Beginn: Stuhlkreis in der Mitte mit Tüchern / Klebeband einen Weg legen / kleben, evtl. Fußspuren

Begrüßung und liturgische Eröffnung
„Zusammen unterwegs – einander begegnen – Jesus begegnen" – diese drei Begegnungsebenen ziehen sich durch die Bibelwoche mit den Texten aus dem Lukasevangelium. Auch der letzte Abend steht unter dieser Überschrift.

„Zusammen unterwegs" – wir laden Sie heute ein, miteinander – zu zweit, zu dritt unterwegs zu sein. Der Geschichte, die wir hören auf dem Weg, im Gespräch nachzuhören, nachzuspüren und eigene Gedanken, Gefühle, Erkenntnisse, Bilder von Jesus, Erwartungen an ihn zu äußern und zu hören.

Die Geschichte der Emmausjünger ist bekannt. Die beiden begegnen Jesus und wissen es nicht. Vielleicht eine Erfahrung, die auch wir kennen. Er geht mit und wir sehen es nicht, wir erkennen es nicht. Ein zweiter Schritt an diesem Abend: einander davon berichten, wo wir „den Wald vor lauter Bäumen" nicht gesehen haben.

Lied
Lobe den Herrn, meine Seele (Kanon) [S. 38 im TNH]

Gebet

Herr Jesus Christus, wir sind miteinander unterwegs.
Wir haben im vergangenen Jahr erlebt, wie wichtig uns Begegnungen sind.
Sie haben uns gefehlt in den Wochen, als sie nicht möglich waren.
Wir sind miteinander unterwegs,
wir sprechen miteinander,
wir begegnen einander
und wünschen uns,
dass wir dir begegnen.
Dass du uns begegnest und unser Fragen und Suchen siehst,
dass du unser Suchen und Fragen ernst nimmst
und dass wir bei dir Antworten finden.
Amen.

Auf den Text zugehen (ca. 20 Min.)

Lesung des ersten Textteils Lukas 24,13-24 – Das kann auch in verteilten Rollen geschehen oder reihum, jede/r einen Vers.

Impuls des / der Leitenden

Der eine Jünger berichtet von enttäuschten Hoffnungen, von Erwartungen, die Jesus (nicht) erfüllt hat. Er berichtet, dem, der zu ihnen gestoßen ist, über das, was die beiden vorher miteinander gesprochen haben.

Es ist eine besondere Situation: Jesus – nicht mehr da – weder bei ihnen, noch im Grab. Das Grab: leer. Bitte überlegen Sie ein paar Minuten, was Sie in dieser Situation, auf dem Weg nach Emmaus denken und sagen würden. Wer mag, kann sich Stift und Papier nehmen und es aufschreiben. Danach tun Sie sich zu zweit zusammen und machen einen gemeinsamen Emmausweg (draußen oder im Raum).

Impuls des / der Leitenden

Gehen Sie zu zweit hinaus. Sie nehmen Ihre enttäuschten Hoffnungen, Ihre Erwartungen mit hinaus, und auch das, was Sie von diesem Jesus wünschen, erwarten, hoffen. Sie sprechen es in diesem geschützten Zweierraum aus, auf dem Weg. Sie dürfen dabei gerne auch einmal stehen bleiben, sich umschauen, wahrnehmen und dann wieder weitergehen, der nächsten Hoffnung miteinander nachgehen.

Nach ca. 10 Minuten lesen Sie die Verse Lukas 24,25-28 (den zweiten Absatz).
→ Könnten Sie (als Jünger/in) mit der Antwort Jesu etwas anfangen?
→ Welche Szenen oder Aussagen aus der Schrift könnte Jesus wohl zitiert haben? (Vielleicht fallen Ihnen Erfahrungen anderer biblischer Personen ein, die zum Weg Jesu als Leidender Gerechter passen?)
→ Welche Fragen bleiben offen?
→ Fallen Ihnen andere Begegnungsgeschichten aus der Bibel ein, die etwas vom Weg Jesu widerspiegeln?

Austausch: Tauschen Sie sich auch darüber aus und bringen Sie Ihre persönliche Begegnungsgeschichte mit ins Plenum.

Alternative

Möglicherweise sind einige TN etwas ratlos – nicht alle haben so fundierte Bibelkenntnisse, um die „Predigt" Jesu selbst nachvollziehen zu können. Hier bieten die Beispiele im Teilnehmerheft eine Hilfestellung:

> *„Wir meinten, er sei von Gott geschlagen, von ihm getroffen und gebeugt. Doch er wurde durchbohrt wegen unserer Vergehen, wegen unserer Sünden zermalmt. Zu unserem Heil lag die Züchtigung auf ihm, durch seine Wunden sind wir geheilt. Wir hatten uns alle verirrt wie Schafe, jeder ging für sich seinen Weg."*
>
> *(Jes 53,4-6)*

> *„Die ihr den HERRN fürchtet, lobt ihn; all ihr Nachkommen Jakobs, rühmt ihn; erschauert vor ihm, all ihr Nachkommen Israels! Denn er hat nicht verachtet, nicht verabscheut des Elenden Elend. Er hat sein Angesicht nicht verborgen vor ihm; er hat gehört, als er zu ihm schrie."*
>
> *(Ps 22,24-25)*

> **„Es gibt keine größere Liebe,** *als wenn einer sein Leben für seine Freunde hingibt."*
>
> *(Joh 15,13)*

Es gibt in der Bibel Begegnungen, die das Herz öffnen. Was ereignete sich z. B.
→ bei Mose am brennenden Dornbusch (Ex / 2. Mose 15)?
→ bei Abraham, als drei Männer ihn besuchten und ihm die Geburt eines Sohnes ankündigten (Gen 18)?
→ bei den Brüdern Josefs, als Josef sich ihnen als der Totgeglaubte und Lebende zeigte und ihnen ihre Schuld verzieh (Gen 45,4-5)?
Fallen Ihnen weitere verändernde Begegnungen aus der Bibel oder aus anderen Kontexten ein?

Mit dem Text weitergehen (ca. 40 Min.)

Wir treffen uns hier wieder, an Tischen (Servietten, kleine Teller, Gläser stehen schon da); nach einem Weg, den wir jeweils zu zweit gegangen sind. Wir bringen unsere Gedanken und Hoffnungen, unsere Begegnungsgeschichte(n) mit und singen erst einmal zusammen: **Lobe den Herrn, meine Seele**.

Die Bibel ist voll von Begegnungsgeschichten – sowohl im Ersten wie im Neuen Testament finden sie sich. Gottes Geschichte mit seinen Menschen, mit uns ist Begegnung. Die Begegnung mit ihm richtet auf, gibt neue Perspektive, lässt Hoffnung aufkeimen, schenkt Leben. Sie haben sich darüber zu zweit ausgetauscht. Nun sitzen Sie zu mehreren an den Tischen. Geben Sie einander Anteil an Ihrer Begegnungsgeschichte. Nennen Sie sie einfach, wenn es eine unbekannte ist, erzählen sie zwei drei Sätze. Sie haben dazu 10 Minuten Zeit. Und bereichern Sie so die Tischgemeinschaft.

Kanon

Herr, bleibe bei uns, denn es will Abend werden

Währenddessen werden jeweils Brotkörbe, Saft / Wein und / oder Trauben an die Tische gebracht

Lesung des dritten Textteils (Lk 24,30-32)

Als er dann mit ihnen am Tisch saß, nahm er das Brot, dankte Gott dafür, brach es in Stücke und gab es ihnen. Da wurden ihnen die Augen geöffnet, und sie erkannten ihn. Doch im selben Augenblick verschwand er; sie sahen ihn nicht mehr. „War uns nicht zumute, als würde ein Feuer in unserem Herzen brennen, während er unterwegs mit uns sprach und uns das Verständnis für die Schrift öffnete?", sagten sie zueinander.

Impuls

Vielleicht sind auch dem einen oder der anderen die Augen (wieder) neu geöffnet worden, die Augen des Herzens – wie Antoine de Saint-Exupéry im *Kleinen Prinzen* schreibt. „Ach ja, das war ja so", „Plötzlich wusste ich: Da ist Gott. Da hat Jesus mir beigestanden". „Da bin ich ihm in diesem oder jenem Menschen begegnet, bei einer Wanderung auf dem Gipfel oder in einem Tal von Traurigkeit und Not". „Da habe ich seinen Blick gespürt, der mich wiederaufgerichtet hat."

In der Emmausgeschichte verbindet Lukas das, was für ihn theologisch wichtig ist, zu einem Ganzen: Begegnung, miteinander kommunizieren, zusammen unterwegs sein, Orientierung, (gegenseitige) Vergewisserung, immer wieder aufbrechen, umkehren, sich stärken und gestärkt werden.

Nun sind sie zusammen mit einem Unbekannten in Emmaus angekommen. Christliche Weggemeinschaft und Tischgemeinschaft gehören zusammen. Deshalb wollen wir jetzt auch miteinander essen. Das Brot teilen. Im Brot brechen erkannten sie ihn. Möge es auch bei uns so sein, dass wir ihn erkennen – in dem, was er sagt, in dem, was wir mit Jesus erleben, im Teilen und Empfangen von geistlicher und leiblicher Speise.

Es wird eingeladen, miteinander die Dinge auf dem Tisch zu teilen, dem, der Nachbarin ein gutes Wort, einen Wunsch zu sagen. Es geht in ein lockeres Gespräch über.

Als Abschluss des Mahles:

Unverzüglich brachen sie auf und kehrten nach Jerusalem zurück. Dort fanden sie alle versammelt, die Elf und die, die sich zu ihnen hielten. Man empfing sie mit den Worten: »Der Herr ist tatsächlich auferstanden! Er ist Simon erschienen!« Da berichteten die beiden, was sie unterwegs erlebt und wie sie den Herrn erkannt hatten, als er das Brot in Stücke brach.

Impuls

Er blieb nicht bei ihnen, er verschwand vor ihren Augen und doch blieb ihnen diese besondere Auferstehungsbegegnung im Herzen. Und sie blieben auch nicht dort, wo sie waren. Sie wollten zurück, zurück zu den anderen, zurück in ihren neuen Alltag. Sie wollten davon erzählen, von Ihm, von seiner Auferstehung, davon, dass ihr Herz brannte. „Wes das Herz voll ist, des geht der Mund über". Das kennen wir. Wir müssen es erzählen, mit anderen teilen. Ein wenig haben wir das heute Abend gemacht.

Auch wir gehen weiter, brechen wieder auf, zurück in unseren Alltag, gestärkt, ermutigt, vergewissert. Ich wünsche Ihnen, dass Sie mit Freude und Zuversicht gehen, mit der Vertrauen ins Leben, das Gott uns durch die Auferstehung Jesu neu geschenkt hat. Lebendig trotz mancher Krisen.

Liturgischer Abschluss

Gebet

Bleibe bei uns, Herr, denn es will Abend werden und der Tag hat sich geneigt.
Bleibe bei uns und bei deiner ganzen Kirche.
Bleibe bei uns am Abend des Tages, am Abend des Lebens, am Abend der Welt.
Bleibe bei uns mit deiner Gnade und Güte, mit deinem Wort und Sakrament, mit deinem Trost und Segen.
Bleibe bei uns, wenn über uns kommt die Nacht der Trübsal und der Angst, die Nacht des Zweifels und der Anfechtung, die Nacht des bitteren Todes.
Bleibe bei uns und bei allen deinen Gläubigen in Zeit und Ewigkeit. Amen.

Vaterunser

Segen

Gottes Segen leuchte uns wie das Licht am Ostermorgen.
Gottes Nähe stärke uns.
Gottes Gnade führe uns.
Gottes Friede leite uns.
Gottes Geist beflügle uns.
Gottes Freude begeistere uns.
Gottes Liebe erfülle uns.
Gott segne uns und behüte uns
heute und alle Tage unseres Lebens.
Amen.

Lied

Steh auf, bewege dich (Kanon zur Bibelwoche)

Johannes Beer

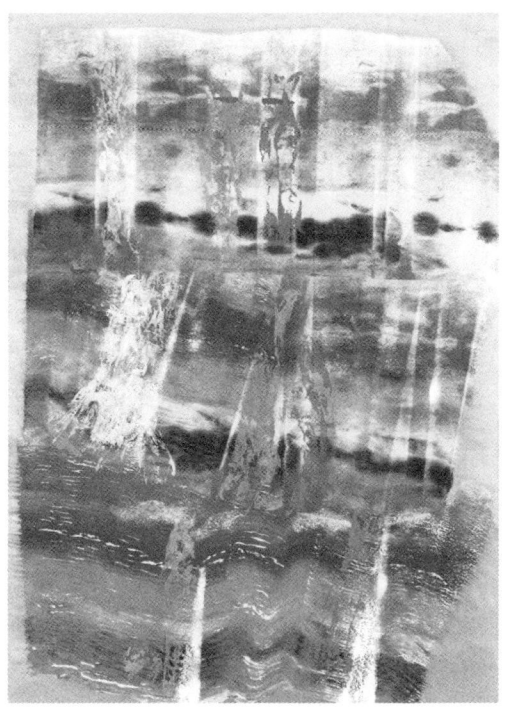

Christiane Oellerich: „Die Emmausjünger", 2018, Mischtechnik auf Papier, 38,8 x 36,8 cm

Drei Ebenen gliedern dieses Bild von Christiane Oellerich. Drei Mal wiederholen sich die waagerechten Farbstreifen, die sich in Feldern vor einem sehr hellen Blau finden. Da sind ein helles Gelb, ein helles Blau, ein helles Rot und ein Streifen, der mit Blau, Gelb und Grün durchsetzt ist. Die Felder wirken wie gewelltes Papier, sodass jeweils eine eigene Dynamik in die drei Teile kommt. Das oberste Feld wirkt fast noch ruhig. Das mittlere scheint etwas ins Kippen zu kommen, während das untere richtig Schwung aufnimmt.

Auf den Feldern finden sich wieder senkrechte durchbrochene Formen. Im obersten Feld sind es drei. Sie wirken fast statisch. Die linke ist säulenhaft in Weiß gehalten. Die anderen beiden, die auch zusammenstehen, sind in abgestuftem Blaugrau gearbeitet. Diese Farbigkeit wiederholt sich grundsätzlich im mittleren Feld, allerdings ist die weiße Form hier jetzt kräftiger und breiter. Rechts von ihr ist eine schmale helle Form, die an einen Lichtstrahl erinnert. Auch scheinen alle drei Formen in Bewegung geraten zu sein. Im unteren Feld finden wir nur noch die zwei blaugrauen Formen, die nun ihrerseits mit einer schmalen hellen Form, die an einen Lichtstrahl erinnert, verbunden sind.

Wenn wir nun dies Bild vor dem Hintergrund des Lukastextes betrachten, kommt es uns wie eine Bildergeschichte in drei Szenen vor. Natürlich bringen wir auch auf diesem Bild die hellen Formen mit Jesus in Verbindung. Und selbstverständlich sind dann die anderen beiden Formen die beiden Jünger auf dem Weg nach Emmaus. Im ersten Feld, der ersten Szene, bleiben sie traurig stehen und fragen den vermeintlich Fremden, ob er der einzige sei, der das von Jesus nicht mitbekommen habe. Im zweiten Feld, der zweiten Szene, sind die drei zusammen auf dem Weg und Jesus legt ihnen die Schrift aus. Er ist erfüllt vom Licht Gottes und lässt sie teilhaben. Da ist bei ihnen etwas in Bewegung geraten. Im dritten Feld, in der dritten Szene, sind die beiden Jünger wieder allein. Nun haben sie den Strahl von Gottes Licht. Nun sind sie auf dem schnellen Rückweg, um dieses Osterlicht nach Jerusalem zu den anderen Jüngern zu bringen.

Ökumenischer Bibelsonntag 2021: ...
Das Reich Gottes ist mitten unter euch (Lk 17,20-21)

Arbeitsgruppe der Arbeitsgemeinschaft Christlicher Kirchen

Thema des Gottesdienstes:
„... das Reich Gottes ist mitten unter euch" Lk 17,21

Liturgie des Gottesdienstes

Einführende Überlegungen/Informationen zum Gottesdienst

Der Gottesdienst wurde von einer multilateralen Arbeitsgruppe der Arbeitsgemeinschaft Christlicher Kirchen in Deutschland erarbeitet.

Er lässt sich so feiern, wie in diesem liturgischen Ablauf abgedruckt. Die Arbeitsgruppe zeigt an einzelnen Stellen alternative Möglichkeiten auf und stellt damit Gottesdienst-Bausteine für den ökumenischen Bibelsonntag zur Verfügung, die anregen sollen, vor Ort einen eigen geprägten Gottesdienstablauf zu erarbeiten, der im ökumenischen Feiern den Gott ehrt, der uns durch seine begleitende Gegenwart Wege öffnet und stark macht.

Abkürzungen

EG   Evangelisches Gesangbuch
GL   Gotteslob. Katholisches Gebet- und Gesangbuch
L   Liturgin / Liturg
A   Antwort der Gemeinde

Versammelt in Jesu Namen

Präludium/Lied

Lasst uns den Weg der Gerechtigkeit gehen (EG-Wü 658)

Lass uns den Weg der Gerechtigkeit gehn. /
Dein Reich komme, Herr, dein Reich komme.
1. Dein Reich in Klarheit und Frieden, Leben in Wahrheit und Recht. /
Dein Reich komme, Herr, dein Reich komme.

Kehrvers

2. Dein Reich des Lichts und der Liebe lebt und geschieht unter uns. /
3. Wege durch Leid und Entbehrung führen zu dir in dein Reich. /
4. Sehn wir in uns einen Anfang, endlos vollende dein Reich!

Text: Diethard Zils, Christoph Lehmann 1983 nach dem spanischen Anunciaremos tu reino, Seilore von Maria Pilar Figuera Lopez 1965
Melodie: Cristobal Halffter Jimenez 1965

Liturgische Eröffnung

L Im Namen des Vaters und des Sohnes und des Heiligen Geistes.
A Amen

L Gnade sei mit euch und Friede von Gott, unserem Vater, und dem Herrn Jesus Christus. (1 Kor 1,3)

Einführung in den Gottesdienst

... „das Reich Gottes ist mitten unter euch" – diese Zusage erhalten wir heute aus Jesu Mund im Evangelium und sie ist zugleich Thema unseres Gottesdienstes zum ökumenischen Bibelsonntag. Es ist ein hoffnungsvoller und frohmachender Gedanke, der uns am heutigen Morgen zukommt: Das Reich Gottes ist nicht ein ferner Gedanke oder etwas Abstraktes, das uns am Ende der Zeiten erwartet. Es ist bereits jetzt mitten unter uns. Oder – wie es auch im griechischen Text heißt – „in uns". Das heißt, das Reich Gottes – diese alles übersteigende Zusage Gottes – ist uns nicht fremd, sondern beginnt bei jedem einzelnen Menschen. Dann sind wir Botschafterinnen und Botschafter des Reiches Gottes. Damit mutet uns Christus aber auch einiges zu: Diese Botschaft im eigenen Leben Wirklichkeit werden zu lassen, sich von ihr tragen zu lassen und sie an den oder die Nächsten weiterzugeben, ist keine leichte Aufgabe. Aber wir können uns der Gnade Gottes sicher sein und mit dieser Zuversicht diesen Gottesdienst als Zeuginnen und Zeugen des Reiches Gottes miteinander feiern und auf sein Wort hören. Nicht immer werden wir dieser Aufgabe gerecht. Darum rufen wir den Herrn um sein Erbarmen an.

Kyrie

L Herr Jesus Christus, wir haben gesündigt und gegen dich und deinen Willen gehandelt; erbarme dich unser!

A Kyrie eleison *(gesprochen oder gesungen):*

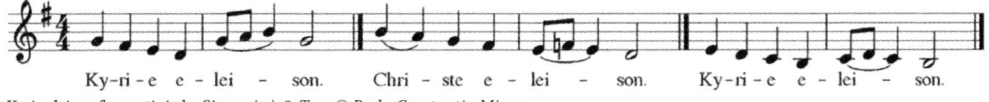

Kyrie eleison (byzantinische Singweise), 8. Ton, © Radu Constantin Miron

L Herr Jesus Christus, wir haben den Weg deiner Gerechtigkeit verlassen und sind nach dem Willen unserer Herzen gewandelt; erbarme dich unser!

A Christe eleison *(gesprochen oder gesungen):*

L Herr Jesus Christus, unser Bekenntnis zu dir ist leise geworden und unser Zeugnis verstummt; erbarme dich unser!

A Kyrie eleison *(gesprochen oder gesungen):*

L Gott sei uns gnädig und segne uns: Er lasse leuchten sein Angesicht über uns, und erbarme sich unser.

A Amen.

Gloria
Lobe den Herrn, meine Seele (GL (Rottenburg) 838, Meth. Gesangbuch 15)

Tagesgebet
L Gott.
In Jesus von Nazaret hast du der Welt den neuen Menschen gegeben.
Wir danken dir,
dass wir ihn kennen dürfen;
dass sein Wort und Beispiel
in dieser Stunde unter uns lebendig wird. Öffne uns für seine Gegenwart.
Rühre uns an mit seinem Geist.
Mach durch ihn auch uns zu neuen Menschen. Darum bitten wir durch ihn, Jesus Christus, unseren Bruder und Herrn.

Messbuch © 2020 staeko.net

Gottes Wort hören

Antiphon
Die Gott suchen (GL 447, 2; zunächst einstimmig, dann im Kanon)

Schriftlesung – Jes 55,1-3a.6.9-13 (EÜ 2016)
In verteilten Rollen (Sprecher 1 = Prophet, Sprecher 2 = JHWH) vorlesen.

Sprecher 1: Auf, alle Durstigen, kommt zum Wasser! Die ihr kein Geld habt, kommt, kauft Getreide und esst, kommt und kauft ohne Geld und ohne Bezahlung Wein und Milch!

Sprecher 2: Warum bezahlt ihr mit Geld, was euch nicht nährt, und mit dem Lohn eurer Mühen, was euch nicht satt macht? Hört auf mich, dann bekommt ihr das Beste zu essen und könnt euch laben an fetten Speisen! Neigt euer Ohr und kommt zu mir, hört und ihr werdet aufleben!

Sprecher 1: Sucht den HERRN, er lässt sich finden, ruft ihn an, er ist nah!

Sprecher 2: So hoch der Himmel über der Erde ist, so hoch erhaben sind meine Wege über eure Wege und meine Gedanken über eure Gedanken. Denn wie der Regen und der Schnee vom Himmel fällt und nicht dorthin zurückkehrt, ohne die Erde zu tränken und sie zum Keimen und Sprossen zu bringen, dass sie dem Sämann Samen gibt und Brot zum Essen, so ist es auch mit dem Wort, das meinen Mund verlässt: Es kehrt nicht leer zu mir zurück, ohne zu bewirken, was ich will, und das zu erreichen, wozu ich es ausgesandt habe.

Sprecher 1: In Freude werdet ihr ausziehen und in Frieden heimgebracht werden. Berge und Hügel brechen vor euch in Jubel aus und alle Bäume auf dem Feld klatschen in die Hände. Statt Dornen wachsen Zypressen, statt Brennnesseln Myrten. Das geschieht zum Ruhm des HERRN zum ewigen Zeichen, das niemals getilgt wird.

Antiphon

Die Gott suchen (GL 447, 2; zunächst einstimmig, dann im Kanon)

Psalm

Psalm 40 in Auswahl und Überschreibung (W. Baur) mit orthodoxer Antiphon (R.C. Miron)

Brei-te dein Er - bar-men aus ü - ber die, die dich er-ken - nen, und dei - ne Ge-rech-tig -

keit den Men - schen mit red - li - chem Her - zen.

Antiphon (byzantinische Singweise – 1. Ton) © Radu Constantin Miron

Ich harrte des HERRN,
    und er neigte sich zu mir und hörte mein Schreien.
Er zog mich aus der grausigen Grube, aus lauter Schmutz und Schlamm, und stellte meine
    Füße auf einen Fels, dass ich sicher treten kann;
er hat mir ein neues Lied in meinen Mund gegeben,
    zu loben unsern Gott.
Das werden viele sehen und sich fürchten
    und auf den HERRN hoffen.
Wohl dem, der seine Hoffnung setzt auf den HERRN
    und sich nicht wendet zu den Hoffärtigen
    und denen, die mit Lügen umgehen!
Deine Gerechtigkeit verberge ich nicht in meinem Herzen;
    von deiner Wahrheit und von deinem Heil rede ich.
    Ich verhehle deine Güte und Treue nicht vor der großen Gemeinde.
Du aber, HERR, wollest deine Barmherzigkeit nicht von mir wenden;
    lass deine Güte und Treue allewege mich behüten.
Lass deiner sich freuen und fröhlich sein alle, die nach dir fragen;
    und die dein Heil lieben, lass allewege sagen:
    Der HERR sei hochgelobt!
Denn ich bin arm und elend; der Herr aber sorgt für mich.
    Du bist mein Helfer und Erretter;
    mein Gott, säume doch nicht!

Evangelium

Lk 17,20-21

Predigtmeditation zu Lk 17,20-21

20 Als er (Jesus) aber von den Pharisäern gefragt wurde:
    „Wann kommt die Königsherrschaft Gottes?"

antwortete er ihnen und sprach:
„Die Königsherrschaft Gottes kommt nicht so, dass man sie beobachten kann.
21 *Man wird auch nicht sagen können: ‚Sieh hier!‘, oder ‚Dort!‘,*
denn siehe, die Königsherrschaft Gottes ist mitten unter euch.“

In Bad Kösen an der Saale gibt es eine Gaststätte mit dem schönen Namen „Himmelreich". Wer dort einkehrt, ist am Ziel. Oder? Wo liegt eigentlich das Himmelreich? Und was genau ist damit gemeint?

Beziehungsreiche Wortspiele

Schon der Sprachgebrauch lässt erkennen, wie bunt und vielfältig die Vorstellungen vom „Himmelreich" sein können. Die hebräische Bibel gebraucht dafür besonders gerne die Wendung *malkut JHWH*, was (abgeleitet von *mäläk* = König) die „Königsherrschaft Gottes" heißt. Darin folgt ihr die griechische Übersetzung *basileia thou Theou* (abgeleitet von *basileus* = König), die dann in den Evangelien Karriere macht; bei Matthäus steht dafür stets *basileia thou ouranoū* (= Königsherrschaft der Himmel), weil der Evangelist „Gott" in dieser Wendung mit „Himmel" zu umschreiben versucht. Die Begriffe *malkut* und *basileia* können freilich auch mit „Königreich" übersetzt werden – und so ist schließlich das „Reich Gottes" bzw. das „Himmelreich" entstanden. Beide Übersetzungen bezeichnen aber bei näherem Zusehen etwas ganz Unterschiedliches: die „Königsherrschaft Gottes" ist eine dynamische Größe, das „Reich Gottes" lässt hingegen an ein territoriales Gebilde denken. Beide Auffassungen sind immer wieder vertreten worden.

Politische Programme

Mit der offenen Bedeutung von „Gottesreich / Gottesherrschaft" verbindet sich ein weiteres Problem: In den Aussagen, die Jesus über die Gottesherrschaft trifft, wird ihre zeitliche Bestimmung auf höchst unterschiedliche Weise in den Blick genommen. Zum einen erscheint die Gottesherrschaft als eine rein zukünftige Größe – wie z.B. im Vaterunser, wo die zweite Bitte lautet (Mt 6,10 / Lk 11,2): „Deine Herrschaft / dein Reich komme!" Daran schließt sich eine zweite Aussagenreihe an: Noch ist die Gottesherrschaft nicht da, aber sie kommt den Hörerinnen und Hörern des Evangeliums entgegen bzw. „nahe" – wie das z.B. die ersten Worte Jesu in Mk 1,15 („die Gottesherrschaft ist nahe herbeigekommen") oder die sogenannten „Wachstumsgleichnisse" (z.B. Mk 4,1-34) anschaulich machen. Schließlich erscheint die Gottesherrschaft in einer dritten Gruppe von Worten als ganz und gar gegenwärtig – wofür Lk 17,21 das sicher markanteste Beispiel bietet. Was nun? Steht uns die Gottesherrschaft noch bevor, oder hat sie schon begonnen?

An diesen unterschiedlichen Aussagen haben sich auch unterschiedliche Auslegungen entzündet. Kommt das „Reich Gottes", wenn es denn schon da oder zumindest in der Annäherung ist, nicht vor allem in der Entwicklung menschlicher Kultur und staatlicher Ordnung zum Zuge, für die eine christliche Gesellschaft die geborene Anwältin wäre? Vor allem im 19. Jh. hat man das mit dem ganzen Fortschrittsoptimismus der Zeit so sehen wollen. Spätestens die Erfahrungen des Ersten Weltkrieges setzten solchen Illusionen jedoch ein ernüchterndes Ende. Ist die „Herrschaft Gottes" dann nicht eher das ganz Andere, eine außer- und überweltliche Realität, die zu unserer Wirklichkeit in frontalem Gegensatz steht? So sah man es ganz besonders im Umfeld der dialektischen Theologie während der ersten Hälfte des 20. Jh.s und insistierte damit auf der Unverfügbarkeit dessen, was Jesus die *basileia thou Theou* genannt hatte. Wie aber kann man nach 2000 Jahren Kirchengeschichte noch deren „Nähe" verstehen? Ist damit überhaupt eine zeitliche oder nicht vielmehr eine sachliche Kategorie gemeint? Die beliebte Formel von „schon und noch nicht" versucht, die Spannung der verschiedenen Aussagereihen aufzufangen. Aber letztlich bleibt es auch damit nur bei tastenden Annäherungen an ein Phänomen, das sich dem festen Zugriff jeder rationalen Erklärung entzieht. Denn die Gottesherrschaft steht für den Einbruch von Gottes Wirklichkeit in die Lebenswelt von Menschen, die sich zwar erfahren, aber kaum verallgemeinern oder objektivieren lässt.

Begründete Hoffnungen

Der Begriff „Gottesreich / Gottesherrschaft", wie auch immer modifiziert, gehört in den Bereich gleichnishafter Rede. Er präsentiert Gott nach dem Bild eines orientalischen Großkönigs, der von seinem Hofstaat umgeben ist und mit unumschränkter Vollmacht regiert. Wie sollten sich die Menschen der biblischen Zeit den Schöpfer und Erhalter der Welt auch anders vorstellen? In unserer modernen, demokratisch organisierten Gesellschaft hat dieses Bild nicht mehr die gleiche Überzeugungskraft. Doch es wirkt noch immer auf unmittelbare Weise, wenn man sich dabei an die Kategorien „Nähe" und „Ferne" hält.

Großkönige sind unnahbar und den Blicken ihrer Untertanen entzogen. Wer zur Audienz geladen ist, nähert sich dem Herrscher mit Zittern und Zagen. Dieser Abstand entzieht den König zunehmend der Sphäre des Menschlichen. Um wie viel mehr aber gilt das dann für Gott! So versteht man zur Zeit Jesu die Transzendenz Gottes, worin sich Theologie und Philosophie völlig einig sind. Philo von Alexandria etwa bündelt seine Gotteslehre in dem Begriff des „unfassbaren Gottes"; von Gott kann man sicher nur das sagen, was er nicht ist. Umso stärker wird dabei aber auch die Sehnsucht nach der Nähe dieses Gottes. Lässt sich die Distanz nur durch Mittlergestalten überbrücken? Oder wird Gott vielleicht selbst aktiv und tritt aus seiner Verborgenheit hervor? Darauf richtet sich die Hoffnung der Frommen. Natürlich ist diese Hoffnung nicht naiv – so als könne der unfassbare Gott einfach erscheinen und den vakanten Posten des Königs in Jerusalem übernehmen. Die Hoffnung auf das Kommen Gottes fällt vielmehr mit der Erwartung eines Endes von Geschichte und Zeit zusammen. Sie sprengt alle politischen Strukturen und übersteigt letztlich jedes Vorstellungsvermögen.

An diesem Punkt setzt die Botschaft Jesu ein. Gott tritt in der Tat aus seiner Verborgenheit heraus. Die Evangelisten werden später sagen: Er wird in Jesus Christus Mensch. Der Prophet aus Nazaret aber belässt es vorerst bei einer „frohen Botschaft": Gott wendet sich seinem Volk und der ganzen Menschheit zu, sein Kommen wird Realität, die Ferne schrumpft zusammen. Das alles geschieht bereits dadurch, dass dieses „Evangelium" verkündet wird. Gott bleibt Gott, und der Mensch bleibt Mensch. Aber im Lichte dieser Botschaft beginnt sich schon etwas zu verändern. Auch darüber kann man keine logischen Aussagen treffen – und so nimmt es nicht wunder, dass die „Gottesherrschaft" in der Verkündung Jesu eben vorzugsweise in Gestalt von Gleichnissen zur Sprache kommt. Die häufige Anfangsformel „Mit der Gottesherrschaft verhält es sich wie mit ..." signalisiert, dass die Nähe Gottes keine abstrakte Theorie bleibt, sondern ihren Ort mitten im Alltag der Adressatinnen und Adressaten Jesu hat.

In dem Spiel von Ferne und Nähe löst sich auch die missverständliche Frage nach einer Lokalisierung der Gottesherrschaft auf. Wo ist Gott? Natürlich nicht „hier" oder „dort" an bestimmbaren Orten, wie Lk 17,21 karikiert. Gott ist dort, wo Menschen seine Zuwendung wahrnehmen, sich ergreifen und verändern lassen. Seine „Herrschaft" hat auch nicht die Gestalt von „law and order", sondern kommt in einem Beziehungsgeschehen zum Ausdruck.

Überraschende Aufbrüche

Das kleine Streitgespräch aus Lk 17,20-21 präsentiert die Problematik der Gottesherrschaft in äußerster Dichte. Formal besteht es aus einer knappen Frage und einer dreifachen, nicht weniger knappen Antwort.

Die Frage setzt die in AT und frühem Judentum weit verbreitete Überzeugung voraus: Gott ist der wahre König der Welt, aber seine Herrschaft ist nicht mit den erfahrbaren Machtstrukturen identisch. Sie steht ihnen gegenüber und wird sie eines Tages ablösen. Dann wird Gott selbst in Erscheinung treten und eine neue, gerechte Welt schaffen. Noch aber ist diese Gottesherrschaft nicht da, und wenn sie kommt, muss man sich ihr gegenüber verhalten. Die Frage der Pharisäer ist (wie man der Antwort Jesu entnehmen kann) deshalb eine doppelte: Wann wird das so weit sein, und welche Vorzeichen wird es dafür geben? Darin schwingt auch die Besorgnis mit: Wie wird man sich vorbereiten können?

Jesus teilt die Hoffnung seiner Zeitgenossen auf die Nähe und Gegenwart Gottes. Aber er bricht mit einigen der Erwartungen, die in der Frage seiner Gesprächspartner anklingen. Die Frage des Zeitpunktes weist er ab – nicht etwa, weil man den nicht wissen könnte, sondern weil er längst schon da ist. Auch Vorzeichen gibt es nicht mehr – zumal dann nicht, wenn diese Herrschaft keine lokale, territoriale Größe meint. Gott stellt nicht einfach nur das alte Davidsreich wieder her; er gründet auch nicht einen global organisierten Superstaat und erst recht keine fundamentalistische Theokratie. Vielmehr steht seine Herrschaft im Horizont einer neuen, ganz anders gearteten Wirklichkeit. Bei seinem Kommen geht es deshalb auch nicht um eine Art Revolution, mit der die alte durch eine neue Ordnung ersetzt würde. Gottes Herrschaft stellt etwas Neues, Unvorstellbares dar, was letztlich alle Bilder von „Herrschaft" verblassen lässt. Das meint auch der Evangelist Johannes, wenn er Jesus dem römischen Präfekten gegenüber sagen lässt, seine Herrschaft sei „nicht von dieser Welt" (Joh 18,36) – nicht von, aber durchaus in ihr. Denn mit dem Auftreten Jesu leuchtet schon etwas auf von jener anderen Wirklichkeit Gottes, das sich fortan nicht mehr verdrängen lässt.

In diesem Licht ist auch die vieldiskutierte Schlusswendung von Vers 21 zu verstehen, die Gottesherrschaft sei *entos hymōn*. Gerne und immer wieder hat man das mit „inwendig in euch" übersetzen wollen – und hat die Gottesherrschaft damit zu einem Thema individueller Frömmigkeit gemacht. Aber ein solcher Gedanke liegt Lukas völlig fern. Stets hat er Menschen in ihren konkreten, sozialen Lebensbezügen vor Augen. Die Wendung kann deshalb nur heißen: Die Gottesherrschaft ist „mitten unter euch". Sie hat nicht die Gestalt eines idealen Staates mit einer vollkommenen Verfassung, sondern kommt unübersehbar in der Dynamik zwischenmenschlicher Beziehungen zum Vorschein – Beziehungen, die aus Gottesferne, Ängsten, Zwängen, Unterdrückung, Armut und Entfremdung befreien. Das ist etwas anderes als fromme Erbauung und Innerlichkeit. Im Gegenteil – darin äußert sich ein hoher politischer Anspruch. Denn wenn die Gottesherrschaft „mitten unter uns" Gestalt gewinnt, dann erweist sie sich als Chiffre für eine gerechte Gesellschaft, wie sie sein sollte. Mit der Gottesherrschaft bricht Gottes Wirklichkeit in die Lebenswelt von Menschen ein und wird zu einer gesellschaftsverändernden Kraft, die ihre Spuren hinterlässt.

Wo genau liegt das „Himmelreich"? Ganz sicher ist es nicht in der Bierseligkeit eines Stammtisches zu finden. Denn Jesus von Nazaret spricht von der Dynamik geklärter Beziehungen – zwischen Gott und Mensch, und damit auch zwischen Mensch und Mensch. Überall dort, wo Menschen, die zu Christus gehören, nach der befreienden Botschaft des Evangeliums zu leben versuchen, kann man die Gottesherrschaft schon entdecken – noch unvollkommen und gebrochen, aber schon ganz authentisch und in jedem Falle stimulierend. Sie ist weder Kennzeichen verinnerlichter Erbaulichkeit noch politischer Programmatik. Sie zeigt sich als ein Phänomen sozialer Beziehungen und als Gegenentwurf zu den Teufelskreisen gesellschaftlicher Strukturen. Dazu aber muss man sie erst einmal erkennen – „mitten unter uns" – und als einen Lebensentwurf anerkennen, der Zukunft hat. Ihre Vollendung bleibt glücklicherweise Gottes Sache. Der Herrschaft Gottes aber „mitten unter uns" Raum zu geben – das allein ist schon Chance und Aufgabe genug.

Christfried Böttrich, Greifswald

Amen

Instrumentalmusik oder Chor

Im Glauben antworten

Kreative Möglichkeit
1) Die Gemeindemitglieder werden gebeten, ein Wort aus dem sehr kurzen Evangelium zu wiederholen, das sie besonders beeindruckt hat.
2) Im Laufe einer Woche werden aus verschiedenen Tageszeitungen „gute Nachrichten" ausgeschnitten und im Gottesdienst verlesen, um die Verortung des Reiches Gottes sichtbar zu machen.
3) Schlechte Nachrichten aus der vergangenen Woche werden in gute Nachrichten umformuliert.
4) Die Gemeinde wird gefragt, welches Bild sie mit dem Wort „Reich Gottes" assoziiert.

Danach folgt eine Stille oder eine Murmelphase mit dem Sitznachbarn.

Glaubensbekenntnis
In der ökumenischen Fassung des Nicänums gesprochen oder als Lied gesungen (z.B. GL 355 – EG 184).

Fürbitten mit Gebetsruf
Guter Gott, Du richtest unseren Blick von dem, was wir erwarten, was wir erhoffen, zurück in unsere Mitte. In die Mitte unseres Lebens, unserer Gemeinschaft, in die Mitte unserer Welt. Wir bitten Dich für alle Menschen, die es sehen und spüren können, dass Du da bist. Wir bitten für die, die nicht warten, sondern losgehen, um von Dir zu erzählen. Die deine gute Botschaft unter die Menschen bringen, über alle Grenzen gehen, scheinbar unermüdlich.
Für sie rufen wir zu Dir:
Gebetsruf der Gemeinde: **Ubi caritas** (GL 445, EG 587)

Wir bitten Dich für alle Menschen, die es suchen, dein Reich. Die darauf warten, dass endlich etwas geschieht. Dass Ungerechtigkeit endet und Unterdrückung aufhört. Dass Leid und Geschrei Frieden finden. Dass sie selbst durch Dich und in Dir geborgen werden.
Für sie rufen wir zu Dir:
Ubi caritas (GL 445, EG 587)

Wir bitten Dich für alle, die nicht mehr nach Dir suchen können. Weil sie alle Hoffnung verloren haben, an Liebe nicht mehr glauben und sich von Dir verlassen fühlen. Wir bitten Dich für all jene, die mitten unter uns ohne Dich leben.
Für sie rufen wir zu Dir:
Ubi caritas (GL 445, EG 587)

Gott, wir bitten Dich auch für uns selbst, ermutigt, ermüdet oder ernüchtert. Alles, was uns bewegt und bedrückt, bringen wir vor Dich in der Stille. Gebetsstille
Für uns rufen wir zu Dir:
Ubi caritas (GL 445, EG 587)

Vater unser
L Alle unsere Bitten fassen wir zusammen in dem Gebet, das der Herr uns gelehrt hat.
A Vater unser im Himmel ...

Friedensgruß
L Das Evangelium sagt uns den Frieden Gottes zu – wir dürfen den Frieden seines Reiches schon jetzt erfahren und weitergeben. Der Friede des Herrn sei allezeit mit euch.
A Und mit deinem Geiste.
L Gebt einander ein Zeichen des Friedens und der Versöhnung.

Kollekte
Projekt: „Hilfe für Familien auf der Flucht"
Der Libanon, ein Land, das nur halb so groß ist wie Hessen, gewährt derzeit schätzungsweise bis zu zwei Millionen Flüchtlingen Schutz. Bei einer Bevölkerung von 6,8 Millionen ergibt das einen Flüchtlingsanteil von über 25%. Die geflüchteten Menschen haben oft alles verloren, gehören zu den Ärmsten der Armen und brauchen dringend Hilfe – materiell und geistlich. Die Bibelgesellschaft im Libanon versorgt deshalb regelmäßig Familien mit Hilfspaketen. Sie enthalten jeweils ca. 15 bis 20 verschiedene Produkte – neben Vorräten und Hygieneartikeln auch christliche Literatur für Kinder, Jugendliche und die Eltern, zum Beispiel ein Neues Testament, eine Kinderbibel und ein Malbuch. Sie arbeitet dabei mit unterschiedlichen Organisationen (wie z.B. der Caritas) sowie Kirchen aller Denominationen zusammen (wie z.B. der chaldäisch-katholischen Kirche, der orthodoxen Kirche und verschiedenen evangelischen Gemeinden). Die Bibelgesellschaft stellt die Pakete zur Verfügung, die jeweilige Organisation oder Kirche übernimmt die Logistik und die Verteilung und bietet auch ein Kinderprogramm vor Ort an.

Mit einer Spende können Sie Flüchtlingsfamilien neue Zuversicht und etwas Freude schenken! Ein Paket kann für etwa 18 € zusammengestellt werden.

Weitere Informationen unter www.bibelsonntag.de/austausch/
Spendenkonto: Weltbibelhilfe
IBAN: DE59520604100000415073
BIC: GENODEF1EK1
Verwendungszweck: Ökum Bibelwoche - Libanon

Lied
Komm, Herr, segne uns (GL 451)

Sendung und Segen

Segen

Der Herr segne dich.
Er erfülle deine Füße mit Tanz
und deine Arme mit Kraft.
Er erfülle dein Herz mit Zärtlichkeit und deine Augen mit Lachen.
Er erfülle deine Ohren mit Musik und deine Nase mit Wohlgerüchen. Er erfülle deinen
Mund mit Jubel und dein Herz mit Freude.
Er schenke dir immer neu seine Gnade: Stille, frisches Wasser und neue Hoffnung. Er gebe
uns allen immer neu die Kraft, seinem Reich ein Gesicht zu geben.
Er schenke uns Mut,
Botschafterinnen und Botschafter seines Reiches zu sein.
Er schenke uns die Hoffnung auf die Vollendung seines Reiches. Und so segne euch der
allmächtige Gott,
der Vater und der Sohne und der Heilige Geist.

Aus Afrika

Postludium

Kerstin Offermann, Katharina Wiefel-Jenner

Jens Herzer: „Pontius Pilatus. Henker und Heiliger".
Biblische Gestalten Bd. 32, Evangelische Verlangsanstalt, Leipzig, 2020.

In der Reihe „Biblische Gestalten" der Evangelischen Verlagsanstalt ist nun der schon seit langem geplante Band zu der Figur des Pontius Pilatus erschienen. Jens Herzer, Professor für Neues Testament an der Theologischen Fakultät der Universität Leipzig, hat die Fertigstellung dieses Bandes von seinem Vorgänger auf dem Leipziger Lehrstuhl, Werner Vogel, übernommen, der das begonnene Manuskript wegen seines frühen Todes nicht mehr abschließen konnte.

Nun ist Pontius Pilatus unbestritten eine biblische Gestalt. Sein Name gehört sogar zu den bekanntesten Namen der christlichen Tradition. Sätze, die Pontius Pilatus nach biblischem Zeugnis gesagt haben soll, sind sprichwörtlich geworden: „Ich wasche meine Hände in Unschuld!" „Was ist Wahrheit?" Er taucht im Glaubensbekenntnis auf – „... gelitten unter Pontius Pilatus." **Was hat Pontius Pilatus an so prominenter Stelle im christlichen Credo zu suchen?** Wie ist er zu diesem exponierten Platz in der Tradition gekommen? Diesen Fragen versucht Herzer in seiner Untersuchung auf den Grund zu gehen. Was allerdings angesichts der dürftigen Quellenlage nicht ganz einfach ist. So stellt Herzer fest: „Eine historisch verlässliche Rekonstruktion der Person des Pilatus ist mit dem vorhandenen Material nicht möglich." (S. 125) Um zu belastbaren historischen Einschätzungen kommen zu können, betrachtet Herzer Pontius Pilatus zunächst vor einem zeitgeschichtlichen historischen Hintergrund. Was ist aus dem, was wir über die römische Welt wissen, heraus erwartbar und wahrscheinlich? Herzer beschreibt kundig die Hintergrundgeschichte, auf der Pontius Pilatus als römischer Politiker agiert hat; seine Verflechtungen mit den Hohepriestern, sein diplomatisches Geschick und sein Augenmaß in seiner Amtsführung. Wahrscheinlich hat Pontius Pilatus sein Amt überraschend lange innegehabt, so Herzer, was ihn als guten Strategen nach innen und nach außen auszeichnet.

Herzer lässt seine LeserInnen teilhaben am Wortlaut der Quellenlage bei Josephus, bei dem Pilatus eher neutral dargestellt wird, und bei Philo von Alexandria, der ein deutlich negativeres Pilatusbild zeichnet. Herzer macht die Hintergründe dieser unterschiedlichen Darstellungen aus der Eigenmotivation des Autors deutlich. Man kann beim Lesen quasi einem Historiker dabei zusehen, wie dieser aus den vorliegenden Quellen Schlüsse zieht. Das macht Herzer sehr transparent und nachvollziehbar.

Genauso untersucht er im zweiten Teil des Bandes auch die neutestamentlichen Zeugnisse über Pontius Pilatus, sowohl in den Evangelien – vor allem in seiner Rolle während des Prozesses von Jesus Christus und in seinem Zusammenspiel mit den Hohepriestern und mit Herodes – als auch in der Apostelgeschichte und in der Briefliteratur. In den folgenden Jahrhunderten der Auseinandersetzung zwischen römischer Herrschaft und christlicher Gemeinde wird er zum Träger für Propaganda und Gegenpropaganda und eine Gestalt der Legendenbildung. In einem dritten Teil dieses Bandes geht Herzer mit vielen Abbildungen auch auf die Rolle von Pontius Pilatus in Kunst und Literatur ein.

Es wird deutlich: Pontius Pilatus erscheint als spannungsvolle und damit reizvolle Figur für Kunst und Literatur, aber auch für religiöse Identifikation. **Pontius Pilatus wird mal als despotischer Herrscher, mal als verkannter Heiliger dargestellt, in Gewissenskonflikte und**

Machtinteressen verstrickt. Weil man so wenig Verlässliches von ihm weiß, sein Name aber schon seit urchristlicher Zeit im Glaubensbekenntnis der Christen genannt wird, und untrennbar mit dem Schicksal von Jesus Christus verbunden ist, ist er eine ideale Projektionsfigur.

Dem Autor bei einem historischen Puzzlespiel zuschauen zu können, macht das Lesen dieses Buches interessant. Die Figur des Pontius Pilatus wird in ihrer Vielschichtigkeit anschaulich, bleibt aber wegen der Redlichkeit, mit der Herzer mit der dürftigen Quellenlage umgeht, trotzdem unscharf.

Armin Kistenbrügge:
#deine geschichte: Lebe deinen Glauben,
Neukirchener Verlagsgesellschaft, Neukirchen-Vluyn 2020

Nach der erfolgreichen Erzählbibel **#gottesgeschichte** ist nun das zweite „#hashtag-Buch" von Armin Kistenbrügge erschienen. Darin stellt sich Kistenbrügge die Frage: „Was ist, wenn der Glaube, wenn die Verbindung zu Gott den Alltag bestimmt?"

Kistenbrügge hatte dabei junge Menschen im Blick, die gerade erst den Glauben entdecken und für die Vieles noch Neuland ist. Das Buch ist aber auch für Erwachsene interessant und unterhaltsam zu lesen. Es bietet eine gute Gelegenheit, seinen eigenen Glaubensweg zu reflektieren und dem eigenen Glauben neuen Schwung zu verleihen. **Kistenbrügge teil seinen Weg durch die Welt des Glaubens klassisch in drei Etappen: Glaube, Liebe und Hoffnung.** Er beginnt mit einer Beziehungsberatung: Gott nimmt mit uns Kontakt auf. Aber wie können wir ihn verstehen? Wie können wir mit ihm Kontakt aufnehmen?

Daran schließt sich die These an: Wenn du deinen Glauben ernst nimmst und ihn zu leben versuchst, ist es die Liebe, die dein Verhalten prägt. Wie aber wird aus dem Glauben Liebe? Wie lebst du deine Liebe?

Und schließlich stellt er sich auch der Frage: Wo geht die Reise mit uns allen in der Zukunft hin? Warum ändert sich anscheinend überhaupt nichts? Warum ist die Welt nicht besser als sie ist? Aus welchem Grund dürfen wir eigentlich trotzdem hoffen, dass am Ende alles gut ausgeht?

An der inhaltlichen Klarheit der Gedanken merkt man, dass Kistenbrügge weiß, wovon er spricht. Er hat eine Doktorarbeit in Systematischer Theologie über das Gebet geschrieben, seine gedanklichen Entdeckungen dann aber auch als Dorfpfarrer in der Gemeindearbeit und im eigenen Ringen mit den Glaubensfragen einem Realitätscheck ausgesetzt. Daraus entstand ein kurzweiliges Buch mit Tiefgang, das nah an der Alltagswelt bleibt und sich an den Lesegewohnheiten der Jugendlichen orientiert: Die einzelnen Kapitel sind kurz, Sprache und Bildwelt sind humorvoll und erfrischend unkonventionell. Die gelungene grafische Gestaltung des Buchs durch Andreas Sonnhüter (https://grafikbuero-sonnhueter.de) rundet diesen Eindruck ab. Nach jedem Kapitel gibt Kistenbrügge eine pointierte Zusammenfassung des Inhalts, stellt eine korrespondierende Bibelstelle zum Nachdenken daneben und ergänzt seine Gedanken durch anregende Fragen und Icebreaker. So kann das Buch auch als Basis für Gruppengespräche mit Jugendlichen, in Hauskreisen und im Konfirmandenunterricht eingesetzt werden.

Kistenbrügge macht es sehr deutlich: Gott ist erfahrbar. Das hat mit Jesus Christus zu tun. Was es mit Jesus auf sich hat, kann man intellektuell begreifen. Glauben heißt nicht, die unwahrscheinlichsten Dinge für bare Münze zu nehmen, sondern sich mit klarem Kopf, mit wachem Verstand, mit mutigem Herzen und mit seinem ganzen Leben darauf einzulassen, dass Gott hier und jetzt erfahrbar und für das eigene Leben relevant ist. Dabei spricht Kistenbrügge seine LeserInnen direkt an. Das Buch ist keine theoretische Abhandlung, sondern eine persönliche Lektüre. Es geht um den eigenen Glauben und das eigene Leben. **Es lädt zu einer spannenden Reise ein, auf die LeserInnen über ihren eigenen Glauben und über ihr Gottesbild nachdenken**; eine Reise, auf der sie beten lernen und die sie herausfordert, nicht nur zu fragen, was sie von Gott wollen, sondern was Gott von ihnen will. Seine These ist: Gott will nicht eine Rolle in deinem Leben spielt, sondern der Regisseur sein. Das Buch bietet eine echte Chance, glauben, lieben und hoffen neu durchzubuchstabieren und mit dem eigenen Leben in Verbindung zu bringen.

„Bleib mit Gott im Gespräch. Hör auf die Bibel. Frag die anderen. Knips deinen Verstand nicht aus. Mach dir nichts vor. Gott kann dich gebrauchen. Du bist Gottes Baustelle. Du wirst nicht umso größer, je näher du Gott kommst. Du wirst wie Jesus.“

Konrad Schmid / Jens Schröter:
Die Entstehung der Bibel. Von den ersten Texten zu den heiligen Schriften,
C. H. Beck, München 2019

Der in Berlin lehrende Neutestamentler und Experte für neutestamentliche Apokryphen ist den Lesern der Texte zur Bibel durch seine Exegesen für die Ökumenische Bibelwoche zum Markusevangelium 2012 / 13 vertraut. Zusammen mit dem in Zürich lehrenden Alttestamentler und Spezialisten für Frühjüdische Religionsgeschichte Konrad Schmid hat er eine Entstehungsgeschichte der Bibel vorgelegt. **Dabei ist die erste Klärung zu Beginn des Buches wichtig: Die Bibel gibt es nicht.** Unterschiedliche Zusammenstellungen der einzelnen Schriften, von unterschiedlichem Umfang und unterschiedlicher Anordnung, zeigen, dass die Bibel in der Ausgabe, die wir normalerweise lesen, nicht durch einen einmaligen und endgültigen Beschluss entstanden ist. Die Autoren führen uns zurück zu den Anfängen, aus denen dann die Bibel entstanden ist, die wir in den Händen halten. Zugleich wird aber deutlich, dass die Bibeln, die in anderen Konfessionen und im Judentum gelesen werden, aus dem gleichen Entwicklungsstrom stammen, aber aus guten Gründen in Anordnung und Umfang voneinander abweichen. Die Autoren schauen – entsprechend ihrer Spezialisierung – vor allem auf die Zeit vom 10. Jh. v. Chr. bis zum 3. Jh. n. Chr., auch wenn der Blick in die Reformationszeit und die Aufklärung nicht fehlt.

Die Lektüre ist für zwei Themenbereiche, die im Kontext der Bibelwochenarbeit relevant sind, aufschlussreich: zum einen der Weg, auf dem die Schriften unseres Alten Testaments zu ihrer jetzigen Gestalt fanden, zum anderen, in welchem Verhältnis unser Neues Testament zur Bibel des Judentums zu sehen ist. Daran erinnernd, dass in den biblischen Texten die erzählte Zeit und die Zeit der Erzähler voneinander abweichen, wird die Geschichte Israels im Hinblick auf die biblischen Schriften und ihre Textwerdung geschildert.

Die einschneidende Erfahrung Israels im babylonischen Exil spielt zwar für die neue Sicht auf den Gott Israels und die Herausbildung des Monotheismus eine Rolle. Aber **für die Formierung der biblischen Literatur wird gezeigt, dass die Zeit des zweiten Tempels die wichtigere Epoche ist**. Die Tora hat in der Perserzeit ihre erste feste Form gefunden. Die Politik der Perser hatte kein zentrales Reichsrecht, verlangte aber von den von ihnen unterworfenen Völkern einen regional gültigen Gesetzestext, den die Zentralregierung autorisierte. Die Tora als Gesetz für Israel umfasst nun das Gesetz und den Bericht über die biblische Geschichte, der relevant ist, um die Vorgeschichte des Gesetzes zu erklären. Damit steht ein erster Textbestand, der zur Tora der Bibel wurde, fest.

Die Formierung der prophetischen Schriften, zu denen in der jüdischen Zählung auch die Bücher Josua bis Maleachi zählen, wird unter dem Gesichtspunkt des innerbiblischen Diskussionsprozesses betrachtet, der sich auf die in der Tora fixierten Erfahrungen und Gottesaussagen bezieht. Die prophetischen Schriften sind Zeugnis der innerbiblischen Textauslegung, mit der die Aktualisierung der Überlieferung möglich wurde, und sie gewinnen dadurch ihre Gestalt. Von dem Zeitpunkt an, an dem die Tora und Propheten in ihrer Textgestalt vergleichsweise festgefügt waren, musste die innerbiblische Diskussion auf einem anderen Weg geführt werden. Die sog. Rewritten Bible tritt neben die bestehende Überlieferung. Sie greift nicht in den Textbestand ein, sondern erzählt aus einem neuen Blickwinkel noch einmal neu und legt so die vorhandene Schrift aus. Diesem Vorgang verdanken wir das Chronistische Geschichtswerk.

Dieser Vorgang ist zugleich für die Entstehung des Neuen Testaments bedeutsam. Die frühen Christen nahmen an diesem Prozess der Auslegung der Schriften teil. Sie lasen die Schrift aus der Perspektive des Glaubens an die Auferstehung und sahen im Wirken Jesu die Schrift erfüllt. So traten die jüdische und die christliche Schriftauslegung in Konkurrenz zueinander und es entwickelte sich die zweifache Auslegungsgeschichte der Schriften Israels. Damit steht die Frage nach der christlichen Vereinnahmung im Raum. **Für die frühen Christen waren die Schriften verbindliche Zeugnisse des Handelns Gottes, die auch für sie Geltung hatten**. Für sie steht aber fest, dass Gott durch Christus handelt, sodass sich die christliche und jüdische Auslegung voneinander zu unterscheiden beginnen und sich die christliche Auslegung in den Schriften des Neuen Testaments ausbildet. In der theologischen Diskussion der letzten Jahrzehnte wird diese Entwicklung so verstanden, dass sich hier die Wege zwischen Judentum und Christentum getrennt haben.

Die Autoren werben aber für ein anderes Bild: „Treffender wäre die Metapher eines Hauses mit verschiedenen Räumen, von denen einige untereinander verbunden sind, oder, in Anlehnung an Paulus, das Bild eines Baumes mit einer gemeinsamen Wurzel und verschiedenen Zweigen (vgl. Römer 11,17-24)" (S. 299). Die Autoren zeigen, wie üppig die Räume in diesem Haus der Bibel ausgestattet sind, wie verwinkelt manche sind und auch, wie komplex die Baugeschichte war. Dabei werfen sie auch manchen Blick aus dem Fenster in die Zeit der Alten Kirche, der Orientalischen Geschichte, der Wirkungsgeschichte und sogar der Kunst. In jedem Fall wecken sie die Neugier auf dieses Haus. Dazu trägt auch der Anhang bei. Zu jedem Kapitel gibt es ein ausführliches Literaturverzeichnis mit der neuesten Literatur zum Thema. Zusätzlich zu den Namens-, Sach- und Schriftstellenregistern wartet das Buch auch mit einem Register zu den antiken Autoren und Schriften auf, das ein komfortables Auffinden von Themen und Einzelfragen erlaubt.

Dieter Vieweger:
Geschichte der biblischen Welt,
3 Bände, Gütersloh 2019

Der Archäologe und Alttestamentler Dieter Vieweger hat in einem faszinierenden Projekt anhand der archäologischen Funde die Geschichte, die Lebenswelt, die Lebensbedingungen und das Sozialgefüge der Levante von prähistorischer Zeit bis zu den Römern nachgezeichnet. Wie sahen die jeweiligen Lebensbedingungen aus? Was haben die Menschen gearbeitet? Was haben sie gegessen? Wie haben sie gewohnt? In welchen politischen Situationen lebten sie? Was haben sie geglaubt?

Die drei Bände behandeln das Paläolithikum bis zur Bronzezeit (Bd. 1), die Eisenzeit (Bd. 2) und die persische bis römische Zeit (Bd. 3). Die Bände sind nachvollziehbar und übersichtlich nach Regionen gegliedert, mit jeweils einem eigenständigen Kapitel zur Religionsgeschichte des Judentums und der Samaritaner zur behandelten Zeit. Dass gerade der erste Band wenig zum Bibelthema selbst beizutragen hat, ist transparent reflektiert und erhellend begründet. Mit viele Abbildungen, Fotos, Zeichnungen, Tabellen, Karten, Zeittafeln und einem ausführlichen Register sind die Bände hilfreiche und versierte Arbeitsbücher. Sie laden aber auch zum Blättern und Schmökern ein und sind daher auch für Laien durchaus zu empfehlen, da sie übersichtlich gestaltet und gut lesbar geschrieben sind.

Die Bücher vermitteln einen detailreichen Überblick, der hin und wieder allerdings auch einiges an geschichtlichem, historischem oder terminologischem Vorwissen voraussetzt. Gerade die Geschichtsüberblicke wirken in ihrer Kürze manchmal etwas verwirrend. Vieweger nimmt seine LeserInnen mit in eine wissenschaftlich transparente, spannende und nachvollziehbare Suchbewegung. Oft lassen die archäologischen Befunde unterschiedliche Rückschlüsse zu, die Vieweger darstellt und diskutiert. **Außerdem können archäologische Sachverhalte nur bedingt exegetische Probleme erklären** – und umgekehrt, das wird von Vieweger deutlich betont.

Daher bleibt man mit Fragen nach dem Glaubenszeugnis und dem theologischen Gehalt der biblischen Texte etwas ratlos zurück. **Dafür entsteht beim Lesen aber durchaus ein plastisches Bild der biblischen Welt**, wobei Vieweger immer wieder darauf hinweist, den Unterschied zwischen der erzählten Welt und der Lebenswelt der biblischen Autoren zu beachten. Die Skizzierungen Viewegers machen daher vor allem den Abstand und die Fremdheit der Lebenswelten zu uns deutlich.

Wer möchte, kann sich mit den archäologischen Fragestellungen ins Detail gehend beschäftigen, aber auch zum Weiterlesen gibt es viele Querverweise für diejenigen, die es so präzise nicht brauchen. Vieweger präsentiert Fakten, Schlussfolgerungen und Forschungsüberblicke. Dabei eröffnet er einen Diskurs mit offenem Visier und wertschätzendem Umgang mit der biblischen Überlieferung. Er macht auch deutlich, inwiefern sich aus den archäologischen Funden Schlüsse ziehen lassen und wie dabei redlich vorgegangen werden sollte. Das schließt auch die deutlich formulierten Grenzen der Deutung und Erkenntnisse mit ein. Die biblischen Texte sind eben nicht an einer historischen Fragestellung interessiert. Ihnen geht es um theologische Fragen. Diese ganz anders geartete Qualität der biblischen Zeugnisse achtet Vieweger und schafft doch hin und wieder einen erhellenden Ausblick, bei dem beide Fragestellungen füreinander und damit auch für die heutigen LeserInnen der Bibel fruchtbar gemacht werden können.

Arbeitshilfen zur Bibelwoche 2020/2021

Prof. Dr. Christfried Böttrich / Kerstin Offermann
„In Bewegung, in Begegnung"
Exegesen, Anregungen und Bibelarbeiten zum Lukasevangelium

Arbeitsbuch
Texte zur Bibel 36
kartoniert, s/w-Abbildungen, 16,5 x 23,5 cm. 168 Seiten. ISBN 978-3-7615-6747-0

Wolfgang Baur
„In Bewegung, in Begegnung"
Zugänge zum Lukasevangelium
Ökumenische Bibelwoche 2020/2021
Teilnehmerheft
geheftet, durchgehend farbig, 16,5 x 24 cm. 40 Seiten, ISBN 978-3-7615-6748-7

Volker A. Lehnert
Unerwartet Gott begegnen
Ökumenische Bibelwoche 2020/2021.
Der Gemeinde zur Bibelwoche. Sieben Bibelarbeiten zu Lukas
geheftet, 14,8 x 21 cm, ca. 48 Seiten, ISBN 978-3-7615-6750-0

Plakat zur Bibelwoche
DIN A3, gefalzt auf DIN A4, mit Platz für individuellen Eindruck
ISBN 978-3-7615-6749-4

Flyer
Alle Infos zum Bibelwochenmaterial der Ökumenischen Bibelwoche 2020/2021

Downloadmaterial

1. Texte zur Bibel und Teilnehmerheft

2. Bibelübersetzungen
Einheitsübersetzung (revidiert 2016), Gute Nachricht Bibel (durchgesehen 2018), Lutherbibel (revidiert 2017).

3. Materialien und Ergänzungen zu den Abenden

1. Lk 1, 1,39-56: Hörbibel-Auszug von Rufus Beck, Leseprobe

3. Lk 7,36-50: Leseprobe #gottesgeschichte von Armin Kistenbrügge, Artikel „Panoptikum der Männerfantasien" aus dem *andere-zeiten*-Magazin

6. Lk 18,1-8: Bible Art Journaling, Bild- und Tonmaterial zur Bibelarbeit

7. Lk 24,13-35: „Stufen des Lebens"-Glaubenskurs, Emmaus-Predigt von Stephan Zeipelt, Themen- und Begegnungsübersicht des Lukasevangeliums, Leseprobe aus *Die lebendigste Jesus-Erzählung* von Thomas P. Osborne

Ideensammlung für die Gebetsgestaltung in der Gruppe

4. Bilder zur Bibelwoche von Christiane Oellerich

5. Cartoons von Johann Mayr und Thomas Plassmann

6. Jugendbibelwoche (Sven Körber / Stephan Zeipelt)

7. Informationen zur Kinderbibelwoche (Friedemann Heinritz)

8. Meine Woche zur Bibel (Kerstin Offermann)

9. Öffentlichkeitsarbeit
Grafik-Elemente (Plakat zur Bibelwoche, Buchcover)
Einladungstext zur Bibelwoche: Gemeindebriefartikel

10. Ökumenischer Bibelsonntag (Arbeitsgruppe der ACK)
Homiletische Überlegungen von Pastorin Ruth Raab-Zerger
Predigtimpuls zu Lk 17,20-21 von Superintendent Scott Morrison

11. Bible Art Journaling

12. praise&pray

13. Linkliste

14. Autorenverzeichnis

15. Medienempfehlungen

16. Literaturliste

Verzeichnis der Autorinnen und Autoren

Prof. Dr. Christfried Böttrich

hat in Leipzig Evangelische Theologie studiert. Seit 2003 lehrt er Neues Testament an der Theologischen Fakultät der Universität Greifswald. Seine Forschungsschwerpunkte liegen im Bereich der frühjüdischen Literatur als einem Kontext neutestamentlicher Theologie, in der Erschließung der Apokryphen und Pseudepigraphen sowie in der Arbeit am lukanischen Doppelwerk.

Kerstin Offermann

ist leidenschaftliche Pfarrerin, verheiratet, zwei Kindern, lebt in Greifenstein in Hessen. Sie ist begeistert davon, dass durch die Bibeltexte immer wieder überraschend Gott redet, und begeistert dafür, mit anderen zusammen diese Entdeckung zu machen.

Wolfgang Baur

ist Stellvertretender Direktor des Katholischen Bibelwerks e. V. und verheiratet mit einer evangelischen Theologin. Das ökumenische Paar hat drei erwachsene Kinder. Seit dem gemeinsamen Studium in Jerusalem sind zwei Überzeugungen immer präsent: Die Bibel ist Grundlage allen Glaubens und Lebens als Christen, und wir verstehen diese Urkunde des Glaubens am besten, wenn wir sie aus ganz unterschiedlichen Perspektiven (ökumenisch und auch interreligiös) gemeinsam entdecken. Dafür bietet die Bibelwoche eine großartige Chance.

Johannes Beer

lebt und arbeitet als Pfarrer in Herford. Er ist verheiratet und hat zwei Kinder. Kunst und Bibel gehören unbedingt zu seinem Leben. Mit Begeisterung arbeitet er in diesem Spannungsfeld.

Katharina Falkenhagen

ist Pfarrerin in Frankfurt (Oder), geb. 1966, verheiratet, 7 Kinder. Die Bibelwoche inspiriert mich zum persönlichen Bibelstudium im turbulenten Alltag von Familie und Pfarramt. Die intensive Beschäftigung mit einem biblischen Buch gibt der Gemeinde und mir die Chance, die jeweiligen Texte genau anzuschauen und in den persönlichen Alltag hineinsprechen zu lassen. Die Bibelwoche leistet für mich einen wichtigen Beitrag zur modernen „Inneren Mission".

Friedemann Heinritz

ist dreifacher Vater und als Diakon bei *Kirche Unterwegs* der Bahnauer Bruderschaft in Unterweissach bei Stuttgart tätig. Schon als Referent für Kinderbibelwochen motivierte er Gemeinden, die Erwachsenen als eigene Zielgruppe der KiBiWo zu entdecken. Heute unterstützt er als Referent für Glaubenskurse, Bibelwochen und Campingdienste die Gemeinde- und Kinderbibelwochenarbeit mit Angeboten für Erwachsene.

Sven Körber

ist als Religionspädagoge im Amt für missionarische Dienste der Ev. Kirche von Westfalen für die Werkstatt Bibel in Dortmund zuständig. Es fasziniert ihn, immer wieder neu zu entdecken, wie die Botschaft der Bibel im Alltag erfrischend aktuell bleibt: „Gott ist mit uns."

Dörte Melzer

ist Diplom-Bibliothekarin, leitet die Büchereifachstelle der Evangelischen Kirche von Westfalen und lebt in Bielefeld. Sie freut sich, wenn sie außerhalb der Bibel literarische Texte findet, die die biblische Botschaft mit neuen Worten und in anderem Kontext erzählen oder durch sprachliche Verfremdung aufmerken lassen und zum Nachdenken anregen.

Rita Müller-Fieberg

verheiratet, zwei Kinder, kommt aus Bergisch Gladbach (NRW). Ob in der Lehrerfortbildung, mit Studierenden, mit „kleinen" oder „großen" Menschen: Bleibend spannend findet sie, dass wir beim Hören auf die Bibel eigentlich alle immer wieder gemeinsam Lernende und Beschenkte sind.

Claudia Elisabeth Pfeiffer

ist Referentin für Bibelprojekte bei der Deutschen Bibelgesellschaft und lebt mit ihrem Mann in Gärtringen in der Nähe von Stuttgart. Schon im Pfarrdienst war es der gebürtigen Thüringerin ein Anliegen, biblische Texte relevant in das Leben der Menschen zu sprechen. Für sie ist die Bibel wie ein vergrabener Schatz – je tiefer man gräbt, umso wertvoller werden die Erkenntnisse.

Kerstin-Dominika Urban

arbeitet im Amt für Gemeindedienst in Nürnberg als Referentin im Bereich „Öffentlichkeitsarbeit und Kirchentag". Ihr liegt die Verknüpfung von biblischen Texten und Alltagserfahrungen am Herzen.

Katharina Wiefel-Jenner

ist Pfarrerin und lebt in Berlin. Mit Leidenschaft unterrichtet sie vor allem die Menschen, die selbst mit Leidenschaft in ihren Gemeinden predigen, mit anderen Gottesdienste feiern, und selbst unterrichten. Bibellesen gehört für sie zur Basis des Lebens und Arbeitens in der Gemeinde. Deswegen müssen alle bei ihr damit rechnen, dass sie regelmäßig an den großen Schatz der Bibel erinnert werden und auch an die Bedeutung der biblischen Überlieferung für alles im Leben.

Stephan Zeipelt

lebt mit seiner Frau und seinen beiden Kindern in der Fußball-hauptstadt Dortmund. Er ist Pfarrer der schönsten Pfarrstelle der westfälischen Landeskirche: In der Werkstatt Bibel des Amtes für Gemeindeentwicklung und missionarische Dienste darf er mit allen Altersgruppen die Bibel und ihre Inhalte vorstellen und Menschen zeigen, wie aktuell Gott in seinem Wort heute zu jedem redet.

Weitere an der Ökumenischen Bibelwoche beteiligte AutorInnen:

Gudrun Karrer (Evangelisches Medienhaus, Stuttgart), Dr. Verena Hammes (Geschäftsführerin ACK), Pastorin Ruth Raab-Zarger (Arbeitsgruppe der ACK), Pfarrer Scott Morrison (SELK; Arbeitsgruppe der ACK), Erzpriester Constantin Miron (griech.-orthodox).

Für Tiefschürfer, Sinnsucherinnen und Wissbegierige

Ein Loslese- und Studienbuch, das Glauben ergründen und begleiten will: mit einer genauen, aber sehr gut verständlichen Übersetzung der Evangelien aus dem Griechischen und ausführlichen Erklärungen, die beim (Neu-)Entdecken der Texte helfen. Christiane von Boehn erschließt die Schwerpunkte der Evangelien und macht auch komplexe Themen leicht nachvollziehbar.

Christiane von Boehn
**Neukirchener Bibel –
Die Evangelien**
Übersetzt und erklärt

gebunden, mit Leseband,
544 Seiten,
ISBN 978-3-920524-88-7

---

neukirchener